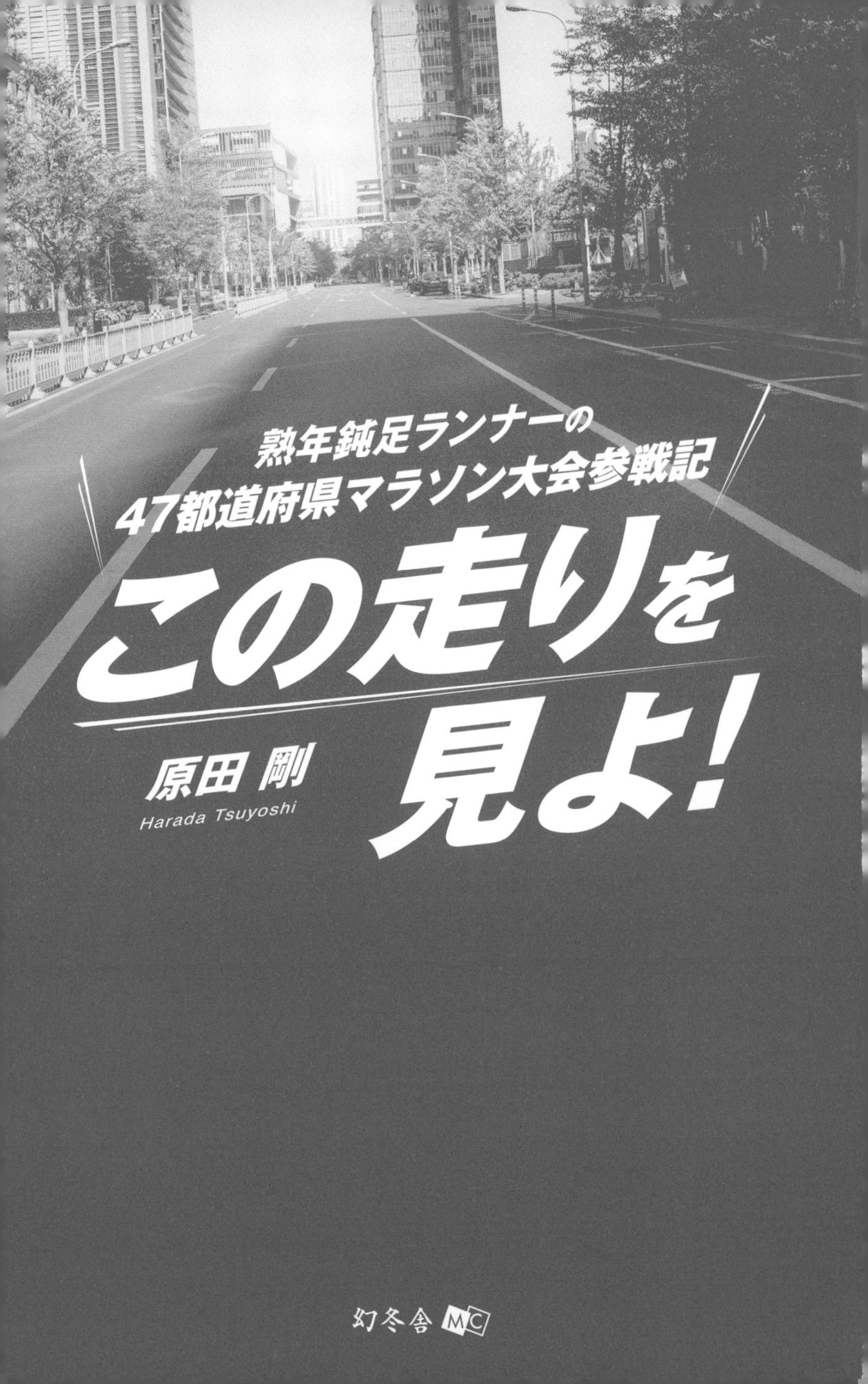

熟年鈍足ランナーの
47都道府県マラソン大会参戦記

この走りを見よ!

原田 剛
Harada Tsuyoshi

幻冬舎MC

この走りを見よ！　熟年鈍足ランナーの47都道府県マラソン大会参戦記

はじめに

50歳になる年に走り始めた。2003年のことだ。ストレス解消と体力回復を目的に、自宅周辺を走った。近所の人に見られるのは恥ずかしいので、見られても誰か分からない夜に走った。そのうちに市民マラソンの大会に出場するようになり、出場回数は増えていった。2014年に全国制覇を目指している人に出会ったが、そのときは他人事だった。自分もやろうとは思わなかった。しかし、地元以外の大会にも出場しているうちに、走った都道府県も増えていった。2016年の秋、走った都道府県を数えると27。全都道府県の半分以上を走っていた。全国制覇を思い立ったのはこのときだ。計画を立て、ひとつずつ実行していった。そして3年後の2019年10月、全都道府県制覇を達成した。目標達成はもうすぐという段階までほぼ計画通り順調に進んでいたが、台風のために翌年に持ち越された。そして、最後の段階で予期せぬことが起こった。妻の事故である。そのあと足の故障もあって、目標達成は危ぶまれた。が、達成した。これは熟年鈍足ランナーが老骨に鞭打って全国制覇するまでの、自分で言うのは恥ずかしいが、大真面目な記録である。そして、マラソン前夜に飲んだビールの数と、マラソン当日に行ったトイレの回数の記録でもある。最後までお読みいただければ幸いである。

目次

第1章 全国制覇を決めるまで

50歳になる年に走り始めた。当初は自宅周辺だけだったが次第に物足りなくなり、市民マラソンの大会に出場するようになった。最初は5㎞や10㎞の短い距離だったが、走れるようになるとそんな距離では満足できなくなった。徐々に距離を伸ばし、ハーフマラソンやフルマラソンに挑戦するようになった。もともと鈍足（コラム1参照）なので平凡なタイムしか出ないが、出場回数は増えていった。

最初のフルマラソンは、始めた年の年末。地元の加古川マラソンだった。この大会の制限時間は5時間（今は5時間半）だ。それまでハーフを3回走っただけだったが、フルに挑戦しようと思った。大会で知り合った人から、「フルを走れば何かが見える」と言われたのだ。「何か」とは何だろう。分からないが、奥深くて貴いもののように思える。その何かを見てみたい。そう思って申し込んだ。

結果は「完走ならず」。前半は順調だったが、このあと両腿とふくらはぎが張り始め、25㎞でエネルギーを使い果たした。そこからは歩いてばかり。最終関門は通過したものの、ゴールでは制限時間を過ぎていた。タイムは5時間06分。ビリから2番目のゴールだった。完走証はもらったが、名前も記録も記載されておらず、完走者として扱われなかった。

初めて完走したのは2回目のマラソンだ。初フルから3か月後の篠山ABCマラソン（現丹波篠山ABCマラソン）だ。この大会も制限時間は5時間（今は5時間10分）。このときも苦しいマラソンだったが、4時間52分台でゴールした。

ストレス解消と体力回復という当初の目的は、走ることで叶えることができた。大会の出場回数は増えていったが、ほとんどが日帰りだ。息子のアパートに泊まって出場した京都木津川マラソン（２００６年、京都府）、運よく当選した東京マラソン（２００８年）を除けば、全て日帰りだった。

フルを完走できるようになると、ウルトラマラソンに興味を持つようになった。鈍足の自分にウルトラを走る力があるのだろうか。分からない。でも、やってみたい。距離は長いがその分、制限時間も長い。結果はやってみないと分からない。そう思ったのだ。

２００６年５月、ユリカモメマラソン（兵庫県）に挑戦した。距離は70㎞、制限時間は８時間半である。武庫川（注：尼崎市と西宮市の境を流れて大阪湾に注いでいる）の河川敷がコースで、片道５㎞のコースを７往復する。結果はまたも、「完走ならず」。50㎞を６時間09分で通過したが、そこでリタイアした。力不足だった。同じ５月に、小浜（福井県）から出町柳（京都市）までの76㎞を走る鯖街道ウルトラマラソンにも挑戦した。８００ｍ級の山を３つも越える、累積標高差１８００ｍの難コースだが、制限時間（12時間）内に何とか完走した。９月には村岡ダブルフルウルトラランニング（兵庫県、88㎞、制限時間14時間）と歴史街道丹後ウルトラマラソン（京都府、１００㎞、制限時間14時間）にも出場し、両方とも完走した。鈍足の自分でもウルトラを走れる。それが分かった。

このようにフルやウルトラも走るようになったが、しばらくはハーフが中心だった。２０１０年になってやっとフルの回数がハーフを上回るようになった。

大会出場にかける費用は最小限に抑えていた。出場する大会数は増えたが、支出は抑えて節約に努めた。各大会にかける費用を節約し、その分多くの大会に出場したい。そう思ったからだが、徐々に遠くの大会に足を伸ばすようになった。いろんな大会に興味を持ち始めたからだ。走ることは生活の一部になり、目標にもなっていた。マラソンは生涯続けたいと思うようになっていた。

２０１４年に隠岐の島ウルトラマラソン（島根県）を走ったとき、同じ宿に全都道府県制覇を目指している40歳前後のランナーがいた。埼玉県在住のこの人は全都道府県、ハーフマラソン以上の大会を2年間で走るのだと言っていた。この種のランナーに会うのは初めてで、刺激を受けた。すごい人がいるものだと思った。

マラソン大会はほとんど週末に開催される。祝日開催の大会もあるが、日曜日の開催がほとんどだ。日曜日の数は2年間で、365日／年×2年÷7日／週＝105程度だ。効率よく47回で制覇したとしても、平均すると2・23週に1回の出場が必要だ。ほぼ隔週で遠くの大会に出かけることになる。40歳前後は働き盛り。仕事を持っていてやり遂げるのは簡単ではない。それだけでも大変なのに、気になるのはお金である。北海道の大会に出場したあと、その翌週に青森で大会があるとは限らない。沖縄の大会に出場したあと、ついでに鹿児島の大会に出場というわけにはいかない。どこへ行くにも一回一回、自宅との往復が必要だ。エントリー料のほかに、交通費や宿泊費がかかる。馬鹿にならない金額になるのは、容易に想像がつく。すごい人だ。2年間という期間でやり遂げようとする意志も感心だが、40歳という年齢（推定です）で、多額の出費をしてもやろうとしている。こんな人がいるのだ。

でも僕はこのとき、この人をすごいと思ったけれども、興味を持つことはなかった。自分もやろうとは思わなかった。世の中にはいろんな人がいる、世間は広い。そう思っただけだった。

大会出場を続けているうちに、会社を卒業する年齢になった。定年は60歳の2013年だが、会社を辞めたのは2015年の年末だ。望めば65歳まで働けたが、定年後は2年働いて辞めた。自分の時間が欲しかったからだ。残り少なくなった自分の人生を納得いくように生きたいと思ったからだ。この時点でフルマラソン出場は64回、ウルトラマラソン出場は42回だった（うち6回は途中棄権）。

収入は年金だけになったが、いろんな大会に出場したいという思いは変わらなかった。変わらないどころか、強くなっていた。おかげさまで、いま自分は健康だ。健康だけど長生きするとは限らない。予期せぬことで突然死ぬかもしれない。死なないまでも事故や病気で走れなくなるかもしれない。1年後も走れる体とは限らない。そんなことを考えると、走ったことのない大会に出たい、遠くの大会に出たいと思うようになった。自分の気持ちに素直でありたい。出費は増えるがそれでもいい。人生は一回限り。悔いを残して死にたくない。そう思った。

それ以来、遠くの大会への出場が増えた。退職した翌年（2016年）の秋、47都道府県のうちフルマラソン以上を走ったのはどれだけあるか調べてみた。その時点で走っていたのは30都道府県だった。走っていないのは主に九州、関東、東北地方だ。このとき初めて思った。全国制覇したい。ここまで来たら47都道府県全てを走りたい。そう思った。自分は今年63歳になった。昨年12月にフルマラソン3回と自転車で台湾一周という念願を果たしたが、2年後には65歳になる。政府の定義では「高齢者」である。今の高齢者は若いと言われるが、遅かれ早かれ枯れて死ぬ身だ。枯れる前にもう一度夢を見たい。そう思った。

僕は無精な性格だが、これまで出場した大会はタイムなどの記録だけではなく、お金がいくらかかったかも記録している。シューズやウエアにかかる費用も含め、趣味のマラソンにどれぐらいかかるのかを把握しておきたかったからだ。把握したあとも、記録は続けてきた。この記録によると他県への出場回数が増えた2014年は年間で47万円、2015年は60万円を出費している（表1参照。2014年は20大会にエントリー、故障で4大会に出場できず16大会に出場。2015年は19大会にエントリーして全て出場）。この実績からすると、あと100万円ほどでできそうである。小さくはないがびっくりするほどの金額ではない。退職金を切り崩せば何とかなる。ここまで来たら全国制覇しよう。そう思った。

いつ、どの県のどの大会に出場するかをシミュレーションしてみた。すると2年余りで残り17県の大会に出場できることが分かった。この通りにいけば、全国制覇達成は2018年の12月。よしっ、決めた！

表1　マラソンにかかった費用

当年	年月日	レース名	距離	タイム	参加費(同)	年累計(同)
1	2014/1/26	たつの市梅と潮の香マラソン	ハーフマラソン	1時間51分45秒	3,080	3,080
2	2014/2/2	紀州口熊野マラソン	フルマラソン	4時間28分32秒	21,350	24,430
3	2014/2/9	愛媛マラソン	フルマラソン	4時間01分21秒	24,273	48,703
4	2014/2/16	京都マラソン	フルマラソン	4時間06分29秒	20,362	69,065
5	2014/2/23	そうじゃ吉備路マラソン	フルマラソン	4時間07分54秒	5,330	74,395
6	2014/3/16	鳥取マラソン	フルマラソン	4時間32分22秒	9,836	84,231
7	2014/4/20	チャレンジ富士五湖100km	100km	12時間51分10秒	75,039	159,270
8	2014/4/27	香住ジオパークフルマラソン	フルマラソン	4時間20分07秒	19,204	178,474
9	2014/5/18	星の郷八ヶ岳野辺山高原100kmウルトラ	71km	9時間47分05秒	73,591	252,065
10	2014/6/8	みかた残酷マラソン	24km	2時間33分42秒	6,326	258,391
11	2014/6/15	隠岐の島ウルトラマラソン	100km	12時間38分22秒	68,965	327,356
12	2014/9/14	歴史街道丹後100kmウルトラマラソン	100km	故障で参戦できず	18,926	346,282
13	2014/9/28	村岡ダブルフルウルトラマラソン	88km	故障で参戦できず	15,132	361,414
14	2014/10/5	能登半島すずウルトラマラソン	102km	故障で参戦できず	21,364	382,778
15	2014/10/26	大阪マラソン	フルマラソン	4時間54分08秒	18,794	401,572
16	2014/11/2	あいの土山マラソン	フルマラソン	故障で参戦できず	4,080	405,652
17	2014/11/9	赤穂シティマラソン	ハーフマラソン	1時間57分35秒	4,323	409,975
18	2014/11/15	南伊豆町みちくさマラソン	75km	11時間02分32秒	51,796	461,771
19	2014/11/30	加古川みなもロードフルマラソン	フルマラソン	4時間31分55秒	6,086	467,857
20	2014/12/23	加古川マラソン	フルマラソン	5時間03分44秒	6,147	474,004
1	2015/1/25	たつの市梅と潮の香マラソン	ハーフマラソン	1時間53分20秒	3,580	3,580
2	2015/2/15	高知龍馬マラソン	フルマラソン	4時間33分28秒	25,200	28,780
3	2015/2/22	そうじゃ吉備路マラソン	フルマラソン	4時間19分22秒	7,380	36,160
4	2015/3/1	篠山ABCマラソン	フルマラソン	4時間26分24秒	7,221	43,381
5	2015/3/15	鳥取マラソン	フルマラソン	4時間17分08秒	10,224	53,605
6	2015/3/28	伊豆大島ふれ愛ランニングストーリー	100km	13時間15分00秒	59,016	112,621
7	2015/4/19	津山加茂郷フルマラソン	フルマラソン	4時間25分38秒	5,999	118,620
8	2015/4/26	知多半島一周ウルトラマラソン	100km	12時間47分45秒	32,780	151,400
9	2015/5/24	黒部名水マラソン	フルマラソン	4時間30分48秒	28,938	180,338
10	2015/6/6	阿蘇カルデラスーパーマラソン	100km	12時間30分58秒	80,682	261,020
11	2015/6/14	みかた残酷マラソン	24km	2時間42分34秒	6,139	267,159
12	2015/8/30	木曽町グレートトラバース100kmウルトラ	100km	14時間20分35秒	59,016	326,175
13	2015/9/20	歴史街道丹後100kmウルトラマラソン	100km	73.8kmで途中棄権	22,626	348,801
14	2015/9/27	村岡ダブルフルウルトラマラソン	88km	12時間34分05秒	21,109	369,910
15	2015/10/18	能登半島すずウルトラマラソン	102km	12時間37分26秒	54,262	424,172
16	2015/11/1	あいの土山マラソン	フルマラソン	4時間23分39秒	9,300	433,472
17	2015/12/6	NAHAマラソン	フルマラソン	4時間50分49秒	35,676	469,148
18	2015/12/20	台北マラソン	フルマラソン	4時間30分57秒	120,185	589,333
19	2015/12/23	加古川マラソン	フルマラソン	4時間19分32秒	7,749	597,082

やろう！　やることにしよう！

ただ、決めなければならないことに気がついた。ウルトラマラソンには県境をまたがる大会がある。この扱いをどうするかだ。具体的には、２００６年の「鯖街道ウルトラマラソン」（福井県と京都府、76㎞）、２００７年の「剣豪と忍者の里マラニック」（奈良県と三重県、45㎞）、２０１３年の「しまなみ海道ウルトラ１００㎞遠足」（広島県と愛媛県、１００㎞）の３つだ。この３つについては、両方をカウントするのか、それとも、距離が42・195㎞以上ならカウントし、42・195㎞未満ならカウントしないのか。フルマラソン以上を基準とする限り、後者とすべきだ。地図上の計測はやろうと思えばできる。でもそれはやめた。47都道府県全部を走ったら、全部走ったんやでーと自慢したい。自慢するからには誰からも文句を言われないようにしたい。フルマラソン以上を走ることにしよう。

そう決めると、これまでに走った都道府県は30から27に減り、残りは20県になった（表２参照）。そしてこの20県を走破するシミュレーションをやってみた。すると、この３県が増えても同じ２年間で、２０１８年12月に20県を走破できることが分かった（表３参照）。よし、やろう。やってやるぞ！

全都道府県を制覇するにあたり、以下のことを決めた。

①距離はフルマラソン以上とする。そして、完走を前提とする。ウルトラに出場し、42・195㎞以上走ったところでリタイアしたとしても、その県を制覇したことにはしない。

②せっかく遠くまで行くのだから、マラソンだけでなく、大会前後に周辺各地も訪ねて「旅ラン」をする。旅先ではできるだけ歩いて見聞を広める。移動時間はできるだけ読書をする。

③退職して自由な身なのだから、２週連続で出場できる大会を探す。つまり、マラソンのはしごをする。マラソンの間は旅で繋ぐ「マラソンはしご旅」をする。再訪の機会はないと考え、行けるところは可能な限り行く。

表2
2016年秋までに完走した大会

ウルトラマラソンの大会名のあとの数字は距離。
（ ）内数字は走った年。

			未走県	フルマラソン	ウルトラマラソン
北海道・東北	北海道	1		北海道（2016）	サロマ湖100（2016）
	青森県	2	1		
	秋田県	3	2		
	山形県	4	3		
	岩手県	5	4		
	宮城県	6	5		
	福島県	7	6		
関東	群馬県	8	7		
	栃木県	9	8		
	茨城県	10	9		
	埼玉県	11	10		
	東京都	12		東京（2008）	伊豆大島ふれ愛100（2015）
	千葉県	13	11		
	神奈川県	14		湘南国際（2016）	三浦半島みちくさ100（2016）
甲信越	山梨県	15			チャレンジ富士五湖100（2014）
	新潟県	16			えちご頚城野100（2016）
	長野県	17			野辺山71（2014）、木曽町グレートトラバース100（2015）
東海・北陸	富山県	18		黒部名水（2015）、富山（2016）	
	石川県	19		金沢（2016）	能登半島すず102（2015）
	福井県	20			東尋坊愛のマラニック103（2013）
	岐阜県	21			飛騨高山ウルトラ72（2012）
	静岡県	22			南伊豆町みちくさ75（2014）
	愛知県	23			知多半島一周100（2015）
	三重県	24	12		
近畿	滋賀県	25		あいの土山（2012、2013、2015）	
	京都府	26		京都木津川（2006）、福知山（2006）、京都（2014、2016）	歴史街道丹後100（2006）、歴史街道丹後60（2008、2009、2012、2016）
	大阪府	27		大阪（2014）	
	兵庫県	28		加古川（2003、2004、2005、2006、2007、2008、2009、2010、2013、2014、2015）、篠山（2004、2005、2006、2007、2008、2009、2010、2011、2012、2013、2015、2016）、赤穂義士（2006）、神戸（2012）、香住ジオパーク（2014）、加古川みなもロード（2014）、姫路城（2016）	村岡88（2006、2015）、村岡66（2012）、村岡44（2007、2008、2009、2010、2011）
	奈良県	29		奈良（2010）	
	和歌山県	30		紀州口熊野（2014）	奥熊野韋駄天100（2016）、高野龍神50（2016）
中国	岡山県	31		津山加茂郷（2004、2005、2006、2007、2009、2010、2011、2012、2013、2015、2016）、そうじゃ吉備路（2010、2011、2012、2013、2014、2015）	鬼たいじ50（2005、2006、2007）
	広島県	32	13		
	鳥取県	33		鳥取（2010、2011、2012、2013、2014、2015、2016）	にちなんおろち100（2009、2010）
	島根県	34			隠岐の島100（2014）
	山口県	35		下関海響（2016）	萩往還70（2012）
四国	香川県	36		瀬戸内海タートル（2016）	小豆島寒霞渓100（2013）
	愛媛県	37		愛媛（2014）	
	徳島県	38	14		
	高知県	39		四万十川桜（2012）、高知龍馬（2015）	四万十川100（2013）
九州・沖縄	福岡県	40	15		
	大分県	41	16		
	宮崎県	42	17		
	佐賀県	43	18		
	長崎県	44	19		
	熊本県	45			阿蘇カルデラ100（2015）
	鹿児島県	46	20		
	沖縄県	47		NAHA（2015）	宮古島100（2016）

この3つを決め、目標達成までの過程も楽しむことにした。

表3
47都道府県制覇のための
未走20県のシミュレーション

2016年の秋作成

	2017年	2018年
1月		
2月	呉とびしま（広島県）	北九州（福岡県） 五島つばき（長崎県）
3月	ヨロン（鹿児島県） とくしま（徳島県）	さが桜（佐賀県） 佐倉朝日健康（千葉県）
4月	みんなで楽しく42.195kmリレーマラソン in 中央緑地公園（三重県）	
5月		
6月	いわて銀河チャレンジ（岩手県）	
7月		
8月		
9月	秋田内陸リゾートカップ（秋田県）	
10月	東北みやぎ復興（宮城県） 長井（山形県） 水戸黄門漫遊（茨城県）	弘前・白神アップル（青森県）
11月	ぐんま（群馬県） 湯のまち飯坂・茂庭っ湖（福島県）	仏の里くにさき・とみくじ（大分県） さいたま国際（埼玉県）
12月	青島太平洋（宮崎県）	はが路ふれあい（栃木県）

コラム1　もともと鈍足

卒業した高校では、毎年1月末に校内マラソンがあった。3年生は受験前なので参加しないが、1年生と2年生は原則として全員参加である。男子は10マイルの距離を走る。1マイルは約1609mだから約16㎞である。3学期に入ると、体育の授業は運動場を何周も走るだけだった。僕らの頃は1学年10クラス、440人くらいだった。男女の内訳は男子は26人、女子は18人だった。ということは、男子は26人×10クラス×2学年＝520人になる。風邪をひいたり、悪知恵を働かせてずる休みした人間もいただろうから、当日走ったのは500人程度と思われる。そのなかで僕はビリから7番だった。一度も歩かずに走り切ったのに、500人も走ったなかでビリから7番だったのだ。100人に換算すると99番である。確かに中学時代も遅かった。高校でも、体育の時間に運動場を周回中に、何人かの女子に抜かれていた。だから、自分は遅い方だという認識はあった。でも、500人も走ってビリから7番。こんなに遅いとは思っていなかった。とてもショックだったので今でもはっきり憶えている。現在の母校の定員は7クラス、280人だそうだ。卒業してから49年。時代の変化を感じる。

第2章 全国制覇を計画してからの歩み

1）島から島へ駆け抜けた　呉とびしまマラソン（28番目、広島県、2017年2月26日）

広島県は「しまなみ海道ウルトラ100km遠足」で走ったが、走り直すことに決めた。この「呉とびしまマラソン」の開催日は、「東京マラソン」と地元「世界遺産姫路城マラソン」と同じである。どちらの大会も完走メダルがある。僕はどちらかに当選して欲しいと思い、両方に申し込んでいた。広島県を走るのは、来年でもいいと思っていた。ところが、両方とも落選。それで仕方なくと言っては申し訳ないが、この大会に申し込んだ。近年のマラソンブームで、抽選で参加者を選ぶ大会や、抽選ではないがエントリー開始してから1時間もしないうちに定員に達して締切りになる大会が増えた。でもそうではなく、定員に満たない地方の大会もたくさんある。この「呉とびしまマラソン」もそのひとつだ。エントリー開始は9月5日だったが、東京と姫路城の落選が決まった11月19日でもエントリーできた。

エントリーと同時に呉駅近くのホテルを予約し、呉と会場を結ぶ臨時バスも申し込んだ。広島までの往復は、いつものようにJR西日本のおとなびの格安切符を購入した。

この大会は瀬戸内海に浮かぶ上蒲刈島、豊島、大崎下島の3つの島が舞台だ。呉とびしまの「とびしま」は、「飛び島」だろう。フルマラソンのほかに10kmと2kmの種目がある。フルは上蒲苅島を発着点とし、豊島、大崎下島まで渡って戻ってくる。島と島の間は橋を渡る。島の海岸線を走るコースなのでほとんどが平坦だが、橋の前後はアップダウンがある。橋は下を船が通ることができるように高く造られているからだ。このアップダウンを克服しなければ、いいタイムは出ない。

　大会前日、９時15分に自宅を出発。新幹線のこだまで12時18分に広島駅到着。呉線に乗り換え、13時03分、目的の呉駅に到着した。改札口を出たところで、「旧海軍の遺産巡り」というちらしを見つけた。読んでみると今からでも参加できる。面白そうなので参加を決め、集合地点に急ぐ。

　予定外だったが、旧海軍ファンとしてはいい観光になった。終了後は近くのスーパーで夕食の食材と５００㎖のビール３本を買い、ホテルにチェックイン。

　部屋に入る。まずビールを冷蔵庫に入れる。風呂上がりに冷えたビールを飲むためだ。湯船に湯を入れる。その間にＴシャツにゼッケンをつけ、シューズにチップをつける。必要な準備を終えた頃に湯は入っている。これは僕が数年かけて編み出した手順で、我ながら気に入っている。風呂から上がった19時、トランプ新大統領を扱った池上彰の番組を見ながらビールを飲み始める。ＣＭ中はＮＨＫの『ブラタモリ』に切り替える。あちらこちらと両方を見た結果、中途半端になった。二兎を追う者は一兎をも得ず。反省しながら眠りに入ったのは、おそらく22時頃。

　夜中に２～３度目覚め、あまり眠れなかった。６時10分に目覚ましをかけていたが、６時に起床。25分に１階に下りると、食堂は人でいっぱいだった。オープンは６時半なのでその前にと思ったのだが、少し遅かった。みんなランナーのようだ。全員がとびしまマラソンを走るのだろう。20分かけて朝食を終え、自分の部屋に戻る。トイレをすませて荷物をリュックに詰め、７時20分にチェックアウト。直行バスが出る合同庁舎に向かう。

　合同庁舎の前にはもう列ができていた。大型バスが３台停まっている。スタッフに予約証を示し、２台目のバスに乗車。７時35分に出発し、安芸灘大橋を渡って下蒲刈島を通り、上蒲刈島の県民の浜に到着。１００ｍほど歩いたところが会場だった。

まずトイレに並ぶ。実はバスに乗っていたときから便意を感じていた。20分並んで目的を果たす。今朝起きてから大はこれで3回目。これで大丈夫だろう。

更衣室になっているB&G海洋センターに入る。人でいっぱいだが、僅かな隙間を見つけて場所を確保。レースウエアになって荷物をまとめ、すぐに外に出る。寒さは心配したほどではない。曇っているが、雨の心配はなさそうだ。風もほとんどない。絶好のマラソン日和だ。

次は荷物預け。指定のポリ袋にリュックを入れ、荷物置き場になっているテントに入り、ゼッケン番号別に指定された場所に置く。場所は提供されているが、預けるのは自分。セルフサービスである。

開会式が終わり、スタート地点に向かう。スタート地点は400mほど離れたところだった。ゴールの予想タイムを書いたプラカードがいくつか用意されている。「4時間まで」のところに並ぶ。このタイムのゴールは難しいが、目標は高い方がいい。

スターターは呉市長。10時、号砲が鳴る。スタートラインを越えたのは30秒後。数百m走って右折。上りが始まり、上り終わったあと長いトンネルに入った。トンネルを抜けると豊島大橋を渡り、豊島に入った。長い坂を下り終えたところで左折。ここからは豊島の海岸沿いを反時計回りに進む。5㎞地点の通過は28分56秒。速い。最近にない速いペースだ。いつもと同じように走っているつもりだが、どうしたのだろう。日が差して、暑くなってきた。10㎞を56分40秒で通過。速い。この5㎞も28分ほどで走っている。こんなペースで走るのは久し振りだ。今日はひょっとしたらいいタイムが出るかもしれない。

と思いながら走っていたら、予想以上の急な上り坂になった。豊浜大橋への上りだ。コースの高低図で、ここに上りがあるのは知っていた。でも、豊島大橋の上りよりも小さな山だった。こんな急坂だと思わなかった。何とか歩かずに上り切り、2つめの橋である豊浜大橋を渡る。これも立派な橋だ。

大崎下島に入った。坂を下り、海岸に出たところで左折。この大崎下島も、海岸沿いの道を反時計回り

■コース図

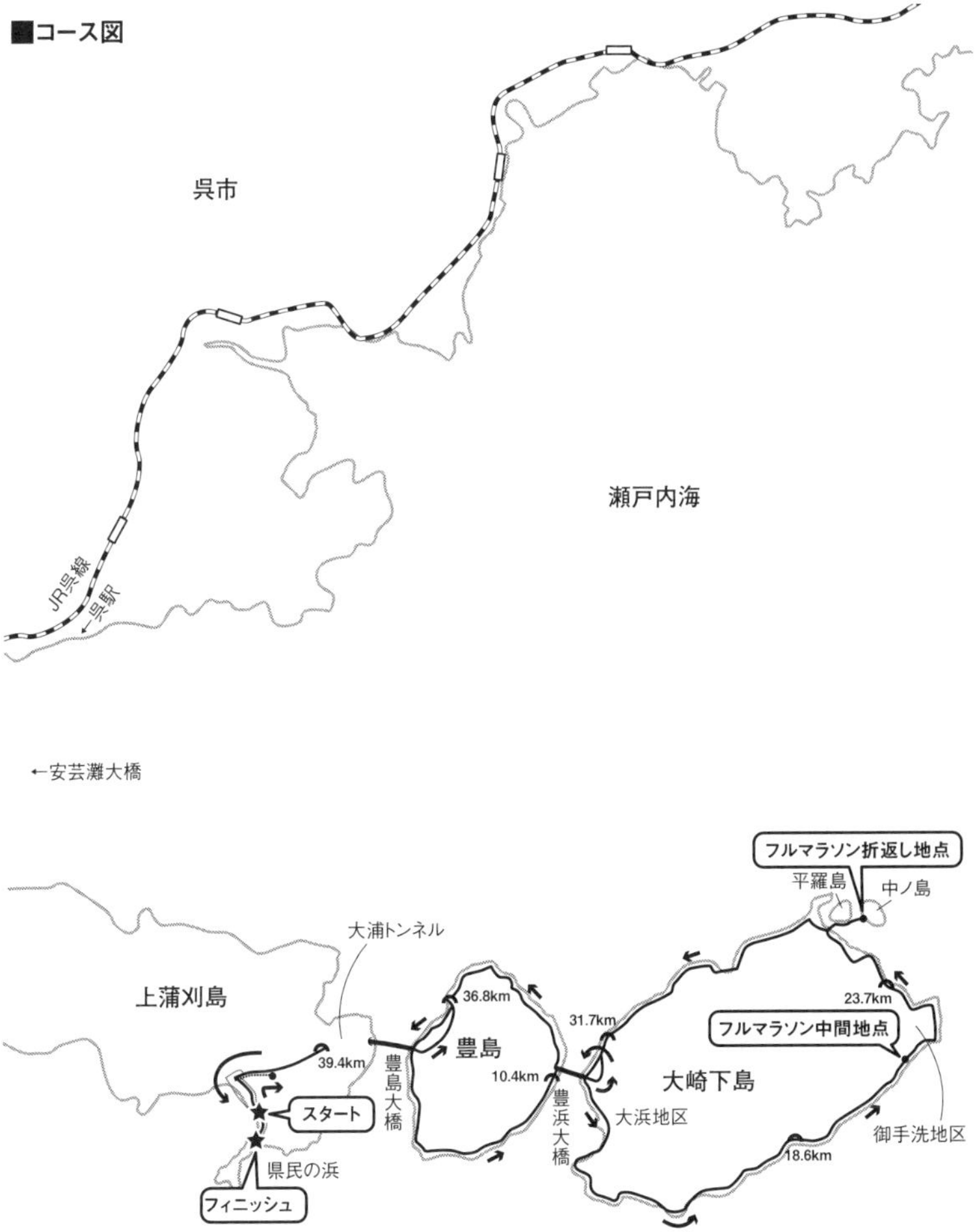
呉市
瀬戸内海
JR呉線
←呉駅
←安芸灘大橋
大浦トンネル
上蒲刈島
豊島
大崎下島
フルマラソン折返し地点
平羅島
中ノ島
23.7km
31.7km
36.8km
39.4km
10.4km
18.6km
フルマラソン中間地点
豊島大橋
豊浜大橋
大浜地区
御手洗地区
スタート
県民の浜
フィニッシュ

■高低図

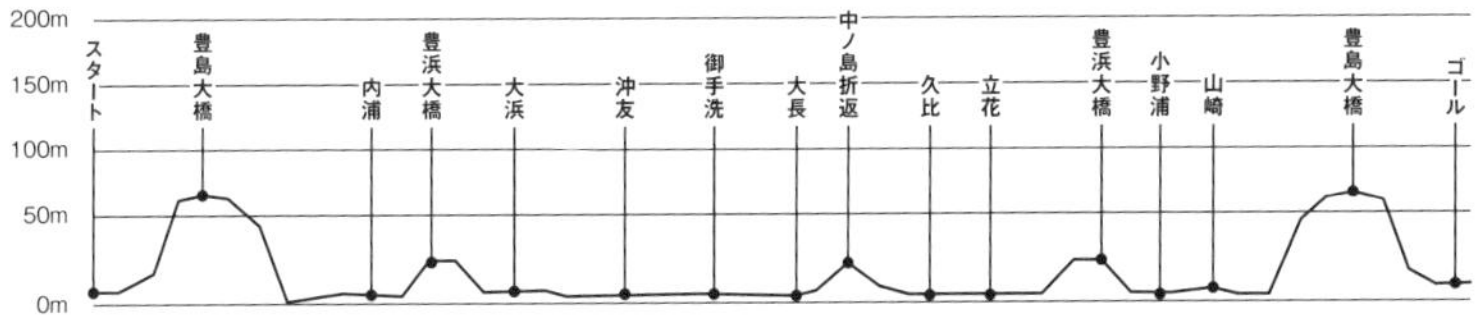
200m
150m
100m
50m
0m
スタート
豊島大橋
内浦
豊浜大橋
大浜
沖友
御手洗
大長
中ノ島折返
久比
立花
豊浜大橋
小野浦
山崎
豊島大橋
ゴール

に1周する。大浜地区の手前で急に便意を感じた。今日はもう大丈夫と思っていたのだが、また催してきた。我慢しようかと思ったが、それは危険と思い直す。ちょうどそのとき、エイドの手前にトイレを見つけた。ラッキーと飛び込む。入るとすぐに排出。しかも予想以上の量だ。我慢しなくてよかった。昨夜のビール3本がいけなかったのか。2本に抑えるべきだったようだ。

手を洗ってコースに戻る。タイムロスは5分ほど（推定）。エイドで水分補給して、走りを再開したところで見覚えのあるランナーに抜かれた。大会でよく一緒になるT氏だ。人のことは言えないが、こんなところまで足を伸ばしている。T氏も姫路城マラソンを申し込んでいたに違いない。彼は僕より年長である。負けるわけにいかない。離されないようについていく。先は長いのでここで抜き返す必要はない。スピードアップはせず、同じペースで進む。今は無理をしない。

海岸沿いの単調な道を進む。15㎞を1時間28分台で通過。トイレで時間を使ったのに、1時間30分もかかっていない。最近になく速いペースだ。T氏はまだ前だが、負けるつもりはない。彼との15ｍほどの間隔は変わっていない。今は先行を許していますが、最後は勝ちますからね。

20㎞を1時間57分台、中間点を2時間03分台で通過。20㎞と中間点の間に私設エイドがあった。「鶏の唐揚げがありますよー」という声につられて立ち寄る。美味しかったので2個いただく。こうして時間をロスしたのに、あまり遅くなっていない。この調子で行けば4時間10分を切れるかもしれない。

御手洗地区に入った。手前で、「街並みを楽しんでください」と声をかけられた。この地区の住民なのだろう。言われた通り景色を眺めながら走っていると、見たことのある風景だと気づいた。ＮＨＫの『鶴瓶の家族に乾杯』で見た景色だ。間違いない。

25㎞地点を2時間27分台で通過。この5㎞も30分ほどで走っている。また橋が現れた。橋の手前は必ず坂がある。20㎞以上走ったあとの上りは辛い。折り返してきたランナーを眺めながら懸命に走る。渡り切ったあと、しばらく走るとまた橋が現れた。2つ目の島に渡ったようだ（あとで調べるとひとつ目は平羅島、2つ目は中ノ島という名の小島だった）。2つ目の島に渡って少し下ったところが折返し点。どうしてこんなややこしいところで折り返しさせるのか。上ったり下ったりで大変じゃないですか。

今度は後続のランナーを眺めながら進む。「もうすぐ折返しですよ。もう少しの辛抱ですよ」。しんどいので口には出さない。心の中で呟くだけだ。

大崎下島に戻ってきた。島の北側を西に進む。海を眺めながら、30㎞を2時間56分台で通過。順調だがT氏はまだ前だ。このままゴールしてしまうのか。不安が頭をよぎる。いや、負けないぞ。これまで彼に負けたことはないはずだ。

大崎下島を一周し、豊浜大橋への坂を上る。我慢して上っても、上ったあとで歩いてしまうようではいけない。この橋の先にもうひとつ大橋がある。ここで力を使ってしまってはいけないのだ。

歩かずに何とか上り切り、豊浜大橋を渡る。渡り終えて豊島に入った。右折して坂を下り、豊島の北側を西に進む。35㎞を3時間28分台で通過。ペースが落ちた。残り7㎞余りを6分／㎞で走ると、4時間11分台のゴールになる。4時間10分以内のゴールはもう無理だ。しかし、頑張る。結果も大事だが、過程も大切だ。全力を尽くしてこそ喜びとなる。

豊島大橋に戻ってきた。また上りだ。もう歩きたいが、歩けば悔いが残る。ここにメッセージを書いた立札があった。「今、試されます。諦める自分なのか、諦めない自分なのか」。今の状況にぴったりだ。ここまで何枚か立札があったが、これが一番いい。自分で限界を決めてはいけない。自分の限界は思っているよりも向こうにある、ことがある。ない方が多いけれど、あることもある。この坂も走り切るぞ。

思うのは簡単だ。思っただけでできるなら苦労はない。この坂はどこまで続くのか。ここは何時間か前に通った。そのときは下りだった。余力十分だった。でも今は違う。36㎞以上走って疲れている。しかも上りだ。状況が違うから、歩いても仕方がないじゃないか。甘い囁《ささや》きが聞こえる。しかし、T氏はまだ前を走っている。歩けば離される。離されれば、抜き返すのは難しくなる。

とうとう限界が来た。歩いてしまった。歩いたのは仕方がない。すぐに走り出せばまだチャンスはある。そう思い直し、大きく深呼吸して走りを再開。しかし、苦しくて続かない。また歩く。T氏の姿が遠くなる。このまま負けてしまうのか。悔しいなあ。しかし、ベストは尽くそう。今日は久し振りにいいタイムが出そうなのだ。

走りを再開する。大橋の手前でスタッフが飴を配っていた。受け取って口に入れる。大橋に入った。勾配は緩くなったが、大橋の中央まではまだ上りだ。自分を叱咤して走っていると、T氏が走りをやめた。そして、大橋の欄干に近づき、欄干につかまって屈伸運動を始めた。彼も走り続けられなくなったのだ。苦しそうな表情で屈伸運動をするT氏。よし、チャンスだ。とても苦しいが、内心ニンマリで横を通過。

上蒲刈島に入った。すぐに大浦トンネルに入る。適度な下りが有難い。いいリズムでトンネル内を駆ける。T氏を抜いたけれど油断は禁物だ。油断していたら抜き返されてしまう。

トンネルを出て展望が開けた。いい見晴らしだ。上りでは気づかなかったが、素晴らしい景色だ。このペースでゴールまで走るぞ。

40kmを4時間01分台で通過。残りは2・195km。13分かかると4時間14分台のゴールになる。4時間10分以内でゴールできそうと思ったのは甘かった。今となっては恥ずかしい。しかし、最近ではいいタイムだ。最後までしっかり走るぞ。

県道を左折。残り1km地点を4時間08分02秒で通過。ゴールは4時間14分を切れるかどうか。悔いを残さないよう、力の限り走るのだ。

下りが終わり、平坦になった。スタート地点を過ぎると上りになった。坂を上り切り、下りに入る。あとは開会式があった会場にゴールするだけ。もう少しだ。頑張れっ、ツヨシ！　道路からグラウンドに入り、１００ｍ走ってゴール！

疲れた。本当に疲れた。流れのままに進み、完走証を受け取る。ゴールタイムは4時間13分54秒、ネットタイムは4時間13分24秒。起伏の多いコースだったがよく頑張った。給水所でスポーツドリンクを2杯飲み、みかんを口に入れ、潮汁（うしおじると言うらしい）も2杯いただき、ようやく人心地ついた。

荷物置き場でリュックを受け取り、近くの日陰にベンチを見つけて腰かける。周囲に女性がいるので、注意しながら着替えを終了。ちょうどそのタイミングで、昨日の旧海軍遺産巡りで一緒だったIさんがやってきた。ゴールしたばかりのようで、疲れた表情だ。座る位置をずらして、Iさんに席を作る。しばらく話したあと、次に出場する大会を訊かれた。来週のヨロンマラソンと答える。Iさんは羨ましそうな顔になった。そうです。僕は無職の自由人です。Iさんはと訊くと、6月の黒部名水マラソンと答えた。なるほどIさんは新潟県だからね。でも僕は、とても6月まで待てません。

15時30分発のシャトルバスで、広島駅に17時10分に到着。改札口を通り、新幹線の待合室でメモをとる。缶入りハイボールを買って18時17分発のこだまに乗る。ハイボールのタブを開け、持参した本を開く。残念ながらハイボールは期待した味ではなく、ビールの方がよかったと後悔。これも経験。いつでもどこでもビールでは、熟年男性としては深みに欠けると思ったのだが失敗だった。開いた本も途中で眠くなり思ったほど読めず、満足とまではいかない思いで21時15分に帰宅。でも今日のマラソンは予想以上の好タイムだった。良しとしよう。

2）前夜祭も後夜祭も飲んで騒いだ　ヨロンマラソン（29番目、鹿児島県、2017年3月5日）

鹿児島県のフルマラソンは、1月の「いぶすき菜の花マラソン」、3月の「ヨロンマラソン」、「鹿児島マラソン」、「たねがしまロケットマラソン」、4月の「喜界島マラソン」、10月の「出水ツルマラソン」の6つあるが、完走メダルのある「ヨロンマラソン」と「鹿児島マラソン」の2つに絞った。この2つの大会は、ともに3月の第一日曜日に開催される。後発の鹿児島マラソンが、県庁所在地という地位と資金力をバックに離島の弱小大会にケンカをしかけた、と言ったら言い過ぎだろうか。僕にはそう思える。なにも同じ日にしなくてもいいのに、と思うのだ。

ヨロンマラソンは鹿児島県最南端の与論島で開催される、今年が26回目の実績のある大会だ。フルとハーフの2種目があり、募集人員は合わせて1100人。制限時間はフルが7時間、ハーフが5時間と緩い。与論島は宿が少なく、エントリーよりも宿の確保の方が難しいらしい。島の周囲の海岸線は23・65㎞だから、ハーフはほぼ1周、フルは1周して折り返すコースになっている。与論島は全体的に平坦な島だが、コースは最大高低差が55ｍもあり起伏が多い。一方の鹿児島マラソンは今年が2回目の新しい大会で、フルと8・9㎞のファンランがある。抽選なので当選しなければ走れない。

両大会のエントリーが確定するまでのスケジュールを調べてみた。ヨロンマラソンのエントリーは11月に入ってからだが、ツアー情報は7月に公開される。公式ツアーに申し込めばエントリーを代行してくれるので、出場も宿も確定する。鹿児島マラソンは9月の1か月間がエントリー期間で、抽選結果は11月1日に発表される。ヨロンマラソンは、大会前夜に開催されるウエルカムパーティ（有料）のほかに、走ったあとの完走パーティ（無料）がある。お酒も出てすごく楽しいらしい。僕は一人での大会参加が多いので、走ったあとに仲間と喜び合う機会はほとんどない。ツアーで参加してお酒も出るなら、一人で参加しても誰かと喜び合える可能性は大きい。以上の調査結果から、ヨロンマラソンにエントリーすることにした。数社あるツアーの中から、沖縄で集合と解散ができるC社のツアーを選んだ。沖縄まで行ったついでに、翌週は台湾のマラソン大会に出ることにしている。沖縄で解散できるのは好都合なのだ。

2-1）3月3日（金）

妻に頼んでいたおにぎりをリュックに入れ、８時55分に出発した。神戸空港には10時58分到着。飛行機は12時15分発だ。宇宙戦艦ヤマトが描かれた機体に乗り、那覇に到着。ゆいレールに乗り、県庁前駅で降りて10分ほどでツアー指定のホテルに着いた。小さなホテルだが、部屋の広さはまずまずだ。

荷物を置いて、明日の集合場所である那覇港に向かう。明日は朝早いので、場所と到着までの所要時間を確認しておくのだ。約15分で到着することを確認。これで大丈夫だ。

那覇に来たのは一昨年の12月以来だ。思い出の場所を巡る。台湾へ行く前日に泊まる宿の場所も確認した。コンビニで夕食（ビールも含む）と朝食を購入し、18時40分、ホテルに戻る。

まず風呂に入る。上がったあと、テレビをつける。冷蔵庫に入れていたビールを取り出す。プシュッという開栓の音。喉を通るビールの冷たさと苦み。あーっ。思わず出るため息。自分のペースで飲み、自分のペースで食べる。誰にも文句を言われず、誰に気遣うこともない。全て自分の思い通り。至福を感じながらテレビを見ていたら、いつの間にか眠っていた。

2-2）3月4日（土）

５時20分に起床。今日はフェリーで与論島に行く。到着後はマラソンの受付をしてから民宿に行き、ウエルカムパーティに参加する予定だ。おにぎり２個の朝食をとり、５時55分にホテルを出発。真っ暗な街を歩き、6時10分に那覇港旅客ターミナルに到着。6時30分に乗船開始となり、10人ほどが二列に寝転ぶことができる船室に入る。リュックを入れるスペースもあり、心配したほど狭くない。

乗客のほとんどはマラソン客のようだ。与論港までは沖縄本部港経由で5時間弱。デッキに出て出港風景を眺めたり、船室に戻って本を読んだりして過ごす。グループ参加者の中には、早くも酒を飲み始めている者もいる。本を読むのに飽き、隣りの男性に話しかける。30歳くらいのこの彼は昨年も参加したらしい。ヨロンマラソンの魅力を尋ねると、2つのパーティだと言う。やはりそうか。僕と同じだ。ワクワクしてきた。

デッキに出る。素晴らしい天気だ。本部港を出たあと、伊江島が見えた。塔頭《たっちゅう》がはっきりと見える。いつか走りたいと思っているムーンライトマラソンの伊平屋島も見えた。

与論島には11時50分に到着。岸壁に宿泊先の車が何台も停まっている。大勢の人がホテルや民宿名を書いたプラカードを持ち、手を振って歓迎してくれている。僕が泊まる民宿「海水館」からも来ているのだろうな。下船するとそれぞれが自分の宿のマイクロバスに乗り込む。下船した全員が20台ほどのバスに乗り込み、揃った順に出発する。海水館のバスには10人ほどが乗った。行き先はマラソンの受付会場。受付はすぐに終わり、ゼッケンに「初与論　兵庫代表」と書き込む。このあと、明日走るコースを案内してもらい、海水館には13時到着。同室になったのは千葉県のIさん、42歳だ。この大会は初参加だと言う。僕と同じく、お酒も飲めて楽しそうなので申し込んだと言う。似た者同士のようだ。よかった。

夕方のウエルカムパーティまで時間があるのでIさんと散歩に出る。向かったのは近くの百合ヶ浜。今日の天気は本当に素晴らしい。砂浜も珊瑚礁も海の色も本当に美しい。男2人なのに何度も、「きれいですね」と言い合う。引き返して赤崎浜にも足を伸ばし、15時半に宿に戻る。

16時、パーティ券を持ち、マイクロバスでウエルカムパーティのある砂美地来館《さびちらかん》体育館に出発。着いたらすぐに飲めると期待していたが、準備中でまだ入れない。Ｉさんと一緒に列に並ぶ。やっと開館して席に着くが、まだ始まらない。同じ宿のＯさん（女性）とここで知り合いになる。周囲の人たちが動き始めた。我々もそれに倣う。列に並び、券を出して軽食（10品ある。少食の人は夕食になるボリュームだ）と飲み物（３５０㎖缶ビール２本）を受け取る。

17時30分、待ちに待った開会だ。最初に与論町長の歓迎挨拶。終わると島の踊りが披露され、次は島のバンドのライブ演奏。飲み食いしながら雰囲気を楽しんでいると、我々の席に一升瓶と杯を持った人が現れた。手渡された名刺には、「ヨロンマラソン特別大使」とある。周りを見回すと、このように場内を回って島の焼酎を勧めている人が何人かいるようだ。聞くと、これは献奉《けんぽう》といって、客人をもてなす与論の伝統儀式らしい。客は杯を受け取り、入れてもらった酒を飲む。飲み干した証に、杯をさかさまにして見せるのだという。面白いじゃないか。Ｉさんも僕も喜んで献奉の洗礼を受けた。

バンドの演奏は次第に熱を帯び、いつの間にか何十人もがステージ前に集まっている。会場全体が浮き立ってきた。前の人の両肩につかまり、列になってステージの前を行ったり来たりしている。これは参加せねばならぬ。いい歳をして恥ずかしいと思ってはいけない。その気持ちはなくはないが、そんなのは捨ててしまおう。Ｉさんと目が合った。ステージに向かう。急げ、急げ。早く行かないと終わってしまう。

間に合った。２人とも列に加わり、ジグザグジグザグ。行ったり来たりのワイワイワイ。声を発しているが、自分でも何と言っているのか分からない。演奏に合っているのかどうかも分からない。すれ違う顔はどれも笑顔。参加者全員が楽しんでいる。飲めや踊れや、ワッショイワッショイ、与論に来たのだ、ワッショイワッショイ、与論に来たなら踊らにゃ損々、歌わにゃ損々。

楽しい時間も楽しくない時間も永遠ではない。楽しかったパーティは19時半に終了した。バスで海水館に戻ったのが20時。入浴後、今度は宿の夕食。パーティで食べたものがまだ腹に残っているが、出されたものは残さない。苦しさに耐えながら自分の分は完食。22時に就寝。

2-3）3月5日（日）-ヨロンマラソン当日-

5時半に起床し、6時に朝食。トイレに行って排出するも、希望量以下。少ししてまた催してきた。またトイレに入る。それを繰り返すこと3回。二日酔いではないが、昨夜の飲酒が影響しているのは間違いない。飲み過ぎたかと後悔しながら、7時45分に海水館を出発。8時、会場に到着。また催してきた。役場のトイレを借りてまた排出。今日はこのあとどうなるのだろう。ちゃんと走れるだろうか。コースにトイレはたくさんあるだろうか。不安が頭をよぎる。マラソンを翌日に控えているのに、主催者があんなに酒を出したらアカンよね。難しいコースなので4時間半ぐらいで完走できればと思っていたが、この調子では5時間以上かかるかもしれない。

8時半、開会式が始まる。ゲストの谷川真理がステージに立ち、挨拶のあとはストレッチ。怪我をしないように、気を引き締めてストレッチする。しかし、周囲を見ると仮装のランナーが多い。南の島だからか、緩ーい雰囲気だ。

スタートは9時。すぐに上りが始まったかと思うと、下りになる。下ったと思うと上りになる。序盤から起伏が多い。裸足で走っているランナーもいる。すごいと思うが真似しようとは思わない。

空港の滑走路の横を通って5㎞を29分台で通過。まずまずのペースだ。さとうきび畑が続く道を走る。8㎞付近から上りが始まった。ここはコース一番の難所だ。一気に50ｍの高さを上る。こんな序盤で歩いてはいられない。懸命に上る。何とか歩かず上り切ったところにエイドが見えた。その瞬間に歩いてしまう。安心して気が緩んだのだ。ジュースを飲んで走りを再開する。ジュースを勧めてくれたのはＣＡか。ＣＡの制服を着ていたような気がする。しっかり見ておくべきだった。もう引き返すことはできない。

■コース図

20km
25km
フル折返し点
フル
スタート
40km
GOAL
与論町役場
百合ヶ浜
15km
5km
フェリーターミナル
30km
海水館
10km
35km
赤崎浜

■高低図

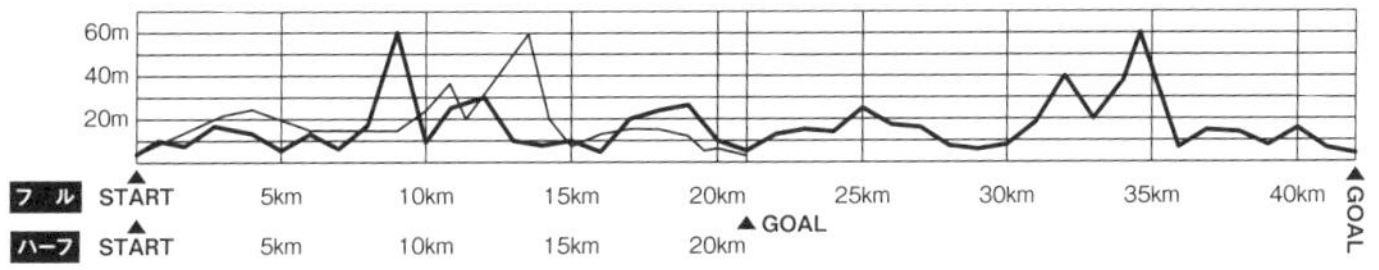
60m
40m
20m
フル
START
5km
10km
15km
20km
25km
30km
35km
40km
GOAL
ハーフ
START
5km
10km
15km
20km
GOAL

上りがあれば下りがある。スタートとゴール地点が同じなので、上った分だけ下ることになる。勿体ないと思うほど一気に下る。下り切ったと思ったらまた上る。ほどほどにしてもらいたい。10㎞の標示を見逃し、11㎞を1時間06分台で通過。まずまずのペースだがまだ4分の1が終わったばかり。安心するのはまだ早い。海水館はこの辺りにあった。奥さんが海水館の前で応援してくれている。合図をして通過。僕は10数人の宿泊者のうちの一人だ。合図をしないと分かるはずがない。すぐあとに、三線《さんしん》を弾くおばさんが一人。南国風のゆったりしたリズムが何とも言えない。とても心地がいい。でも応援に相応しいとは思えない。三線の音は、頑張ろうという気持ちを萎えさせる。

百合ヶ浜に来た。天気は昨日ほどよくないが、浜の白さと海の青さが対照的で美しい。昨日ゆっくり見てよかった。今日は横目でチラチラ見るだけだ。景色を楽しむことはできない。

15㎞を1時間30分台で通過。順調である。この先は厳しくなるのだろうが、今のところアルコールの影響は感じられない。ということは満足するまで飲んだのは正解だったようだ。自分でブレーキをかけてはいけないというが、その通りだ。前を女性ランナーが走っている。どうやらこの島のランナーのようだ。沿道に知人がいるようで、声援を受けている。背中のゼッケンに「トートゥガナシ」と書いてある。方言のようだが、どういう意味だろう。

海岸を離れて少し内陸に入った17㎞付近、先頭のランナーとすれ違う。ランニングシャツの胸に鹿児島国際大学の文字。2番目も同じ大学の学生。さすがに大学生は元気だ。

相変わらず起伏が多い。疲れてきた。思ったよりも厳しいコースだ。19㎞付近でIさんとすれ違う。力強い走りだ。手を挙げて合図する。ここからがまた急な下り坂。平坦なところがほとんどないコースだ。20㎞を2時間00分台で通過。いいタイムである。順調というよりそれ以上だ。

もう少し走ったところだった。沿道の応援が増えたと思った瞬間、大勢のランナーが向かってきた。

ハーフの集団だ。ハーフマラソンがスタートしたのだ。ハーフのスタートは、フルのスタートから２時間後の11時。制限時間はそれぞれ７時間と５時間だ。両方とも16時までのゴールを目指す。集団とすれ違ったあと、折返し点に到達。声援に応えながら折り返し、ハーフの集団を追う。

上りになった。急に足の疲れを覚える。ここでこの状態では、これから何度も歩くことになりそうだ。応援が多い。特別な応援ではないが、何とも言えない島民の温かさを感じる。

ハーフの集団を追いながら、対面するフルの後続ランナーを眺めて進む。すれ違い始めた頃は走っているランナーが多かったが、今は歩いているランナーの方が多い。はじめは、７時間もあるのでゴールできるだろうと思っていた。でもそのうち、この時間でこの位置ならゴールは難しいと思うようになった。その中に同じ宿の、80歳を超えたオジイサンランナーがいた。80歳を過ぎてのフル挑戦は素晴らしい。本当に素晴らしい。心から尊敬する。でも、この人はゴールできるのだろうか。できなかったときのことを想像すると、頑張ってくださいと念じるしかない。

往路で通った道を思い出しながら進んでいると、「兵庫県ですか。私も高校まで兵庫県だったんですよ」と後ろから声をかけられた。可愛い女性である。聞けばハーフ初挑戦らしい。若い人の挑戦は結構なこと。頑張ってもらいたい。

このコースにはエイドがたくさんある（あとで調べると10か所だった。往復で20か所だから、平均２㎞毎の配置だ）。スポーツドリンクや水などの飲料はもちろんのこと、島特産の食べ物もたくさん並べてある。エイドでは大人のスタッフだけでなく、子供も手伝っている。小さな子供がちょこちょこと走ってきて、両手で「どうぞー」と水を差し出してくれれば、スポーツドリンクを飲むつもりでも要らないと言えない。「ありがとー」と受け取る。そんなことが何度かあった。

海水館に戻ってきた。宿のオーナー夫妻が声援を送ってくれる。手を振って応える。

34㎞を過ぎ、大きな上りになった。頑張り切れずに歩きに変える。やっと頂上に着くと、エイドがあった。スポーツドリンクを飲んで出発しようとすると、「山羊汁を食べていってください」というスタッフの声。そうか。有名な山羊汁のエイドはここなのだ。コースを外れ、テントの中に入って山羊汁をいただく。汁が熱いのですぐに飲めない。フーフーしながら汁を飲み、山羊肉を口に入れる。でも、口に合わなかった。残すのは主義に反するので完食したが、食べたことを後悔。隣りにあった豚汁で口直しする。

思わぬ時間をかけてしまった。エイドを出て下り始める。下り切った辺りが35㎞地点。3時間48分台で通過。ここでまた、可愛い女の子から声をかけられた。兵庫代表と書いたゼッケン効果だ。「どこですか」と訊くと、「山奥です」との答え。県北の但馬地方を頭に浮かべながらもう一度「どこですか」と訊くと「三田《さんだ》です」との答え。三田は山奥などではない。「神戸の友人から、三田は山奥と言われるんです」と言う。都会の人間は田舎を馬鹿にするが、それはよくない。田舎あっての都会である。都会にないものが田舎にはたくさんある。それを分かってもらいたい。この子は可愛い。このまま一緒に走ろうかと思ったが、ゴールが遅くなってしまう。「頑張ってねー」と言って前に出た。

36㎞付近。かなり疲れてきた。医療テントにあったスプレーを足に吹きかけ、コースに戻る。いくつかの集落を過ぎ、与論空港に戻ってきた。入口の前に、職員と思われる人たちが応援に出ている。業務に支障がないのだろう。南の島ならではの光景だ。

40㎞を4時間21分台で通過。もう4時間半以内のゴールはない。目標を4時間35分に切り替える。できるかどうか分からないが、これを目標に走る。行けーっ！　走れーっ！

言うは易く行うは難し。僕より年長と思われる前のランナーを追い抜くつもりで走ったが、逆に離されてゴール。ゴール横のデジタル時計は4時間35分30秒を示していた。

高校生スタッフに完走メダルをかけてもらい、近くのベンチに座り込む。動けない。しばらくしてようやく息が整い、荷物預かりに向かっていると、「マッサージはどうですか？」と中学生が勧めてきた。マッサージがあるのなら、もちろんやってもらいたい。受けてみると、とてもよかった。気持ちのこもったマッサージだった。中学生も一生懸命働いていた。

荷物を受け取ったあと、完走証と完走Tシャツを受け取る。完走証には4時間35分32秒となっていた。40km以降は時計も見ずに走ったが、気持ちほどに足は動いてくれなかった。

トイレに行ったあと、迎えに来てもらおうとしたら、宿の電話番号を知らないことに気づく。大会本部で調べて来てもらった。会場から遠い宿だと、こんな不便さはある。でもこれぐらいは我慢だ。15時に宿に到着。

完走パーティに行かなければならない。急いでシャワーを浴び、15時半に宿のバスでまた出発。パーティ会場は昨日と違ってスタート、ゴール地点に隣接するビーチだ。すぐ後ろは海である。16時、パーティが始まる。走っていない人も無料で参加できる。マラソン参加者には飲み物と軽食が用意されている。表彰式や、表彰式に続くエイサー、琉球舞踊、フラダンスなどを見ているうちは静かに進行したが、島の人が黒糖焼酎を持って会場を巡り始めると賑やかになり、島出身のミュージシャン川畑アキラのライブが始まるとノリノリになった。観客がステージに集まり始めると、会場のボルテージが一気に上がった。踊って歌って楽しもう。みんな一緒に楽しもう。与論に来たのだ、楽しもう。ワッショイワッショイ、ワッショイショイ。楽しまなければ意味ないじゃん。ワッショイワッショイ、ワッショイショイ。

楽しい時間は短い。最後は大盛り上がりでパーティは終わった。暗くなる前の18時過ぎ、宿のバスで会場を離れる。

20時からの夕食では、宿のオーナーが焼酎を提供してくれた。ここでも与論献奉が始まる。オーナーは、飲める客にも飲めない客にも一人ずつ勧めていく。飲めない人には空注ぎする。勧められた客は飲み干したあと自己紹介し、このマラソンの結果やツアーの感想などを述べ、返杯して終わる。聞く側は、ここで初めてその人を知る。献奉の順番が来ると誰もが主役になる。主役以外は聞き役だ。楽しく笑える話ばかりではない。そうでない話もある。そのときはしみじみ聞く。いろんな年代のいろんな境遇の人が、それぞれの思いを抱いて参加し、走ったヨロンマラソン。マラソン後のこういう時間はいい。心地よい疲労感と開放感が混じりあって素直になれる。家に帰ればまた日常に戻らなければならない。献奉が一巡したあとも解散しがたく、お開きしたのは23時だった。

昨日も楽しんだが、今日も楽しんだ。どちらかと言うと今日の方が楽しかった。昨日はずーっと今日のマラソンが気になって、心の底から楽しむことはできなかった。そう見えなかったと思うけど。

2‐4）3月6日（月）‐与論を離れて沖縄に着くまで‐

起きると雨が降っていた。窓を開けると風もある。よかった。昨日の天気に感謝だ。完走パーティまでよく持ち堪えてくれた。8時からの朝食をすませ、そのあとは、Iさん推奨のコミックエッセーを読んで過ごす。

宿を12時に出発。港まで送ってもらって宿のオーナーとお別れする。雨は降り続いている。風もあるので寒い。岸壁まで歩き、屋根と柱だけの待機所で震えながらフェリーの接岸を待つ。フェリーに乗り込む前、一人ひとりに昨日の成績表が配られた。見るとランナー全員の名前が掲載されている。小さな大会だからこそできることだが、迅速な対応は素晴らしい。ランナーにとっては予期せぬプレゼントだ。

Iさんと一緒にフェリーに乗り込み、席を確保してからデッキに出る。乗船前に渡された紙テープを岸壁に向かって投げる。送る人と送られる人を繋ぐ色とりどりのテープ。軽く100本以上はあるだろう。14時10分、フェリーが岸壁を離れる。離れるにつれ、垂れ下がっていたテープは名残りを惜しむようにピンと張り、やがて堪え切れずに切れる。終わった。楽しかった2日間が終わった。寒いデッキから船室に戻る。

船が揺れる。来たときとは大違いだ。Iさんにラインを設定してもらう。Oさんからラインをやりましょうと言われていたのだ。これでIさん、Oさんと繋がった。16時35分、沖縄の本部港に到着。またどこかでお会いしましょうとIさんと別れる。乗船時にはぐれてたOさんと、ここで再会。Oさんはここに停めていた車で浦添に帰るらしい。またラインで連絡しましょうと別れた。

〈あとがき〉

・ゴールタイムは4時間35分32秒だった。完走メダルは焼き物製で、リボンは芭蕉布である。素朴なメダルで気に入っている。

・エントリー費用（6000円）も、ウエルカムパーティの費用（2000円）も良心的だ。これは与論町が熱心ということだ。それは結構だが、マラソン前夜やマラソン後のアルコールはやはり心配だ。事故が起きると町の責任が問われる。そうならないことを願わずにいられない。

・せっかくIさん、Oさんと繋がったラインだが、別れた2日後に消えてしまった。理由は長くなるので書かないが、2人が僕に失望しただろうと思うと残念でならない。

・同じ海水館に泊まっていた83歳のおじいさんは7時間33分28秒で完走していた。制限時間オーバーなので完走と言えるかどうか分からないが、完走者名簿に載っていた。緩い大会なので、ゴールすれば完走なのだろう。それでいいと思う。

・トイレを借りるために役場に入ったとき、与論町の人口が書いてあった。何に書いてあったかというと、縦30㎝、横40㎝くらいの緑色の黒板である（緑色なのに黒板というのは変だが、昔から黒板と言っていた)。僕が中学校の頃の教室にあったような黒板にチョーク(昔は白墨と呼んでいた)で地区別と島全体の人口が書いてあり、総人口は5353人となっていた。毎年減っているのだろう。きっと一人でも変動があると書き替えているのだ。プラスチックの白板と水性マジックではなく、昔ながらの黒板とチョークだった。質素さに感心(感動と言ってもいいくらいだ)するとともに、人口減少の深刻さを感じた。

3)窓口嬢にシュシュッとしてもらった とくしまマラソン(30番目、徳島県、2017年3月26日)

四国四県のうち、徳島県だけが残っていた。この大会は15000人の大きな大会で、抽選ではなく先着順である。エントリー開始は11月8日の22時。繋がらなくて心配し始めた25分後、エントリーできた。コースは徳島県庁をスタートし、北上して吉野川大橋を渡ったところで左折。吉野川左岸を上流に向かう。西条大橋を渡ってから吉野川右岸を下り、徳島市陸上競技場にゴールする。四国随一の大河、吉野川を満喫するコースだ。

宿泊は、徳島市内のホテルは泊まれないと考え、鴨島のゲストハウスにした。鴨島は徳島駅からJR徳島線で西に9個目の駅である。徳島までの交通手段は、時間と費用の両面で高速バスにした。

出発の前日(24日)に会社時代の同期会があった。一次会で十分飲んだのだが、二次会に行こうということになり、二次会でも飲んだ。無事に帰宅はしたものの、翌朝は酒が残っていた。それだけでなく、下痢状態だった。これはまずい。マラソンに影響しそうな感じだ。出発するまでにトイレに3回行った。

9時10分に家を出て、10時13分に明石海峡大橋の付け根にある舞子公園駅到着。高速バスの停留所・高速舞子から徳島に向かう。10時40分発が10分遅れで出発し、徳島駅前には12時に到着。夕方まで徳島市内を散策するつもりだ。

駅前の松屋で牛めしを食べたあと、阿波おどり会館（阿波踊りの上演を見た）へ行き、県庁前（明日のスタート場所を確認した）から徳島中央公園を歩いた。眉山に上る予定だったが、登山道が分からず断念。16時29分発のＪＲで鴨島駅に17時04分到着。そこから20分歩いて宿にチェックイン。食事は近くのコンビニで食材を買って食べた。翌朝はとくしまマラソンが２回目だという香川県の女性と一緒に、宿のオーナーに駅まで送ってもらった。

７時05分、電車は定刻に来た。多くの乗客が乗っていたが、２人ともぎりぎり座ることができた。停車する駅々でランナーが乗ってきて、ほぼ満員で徳島駅に到着。この電車は南の阿南駅まで行く。会場は次の阿波富田駅の方が近い。徳島駅で降りようかと思っていたが、先輩女性（香川県の女性のこと）に従って阿波富田駅まで行くことにする。しかし、接続列車の遅れで出発が８分遅れた。また、阿波富田駅に着いたものの、ホームは大渋滞。普段はない大人数が降りたので、小さな無人駅はオーバーフロー状態だ。駅の出口で駅員（運転士だったかも）が切符を受け取っている。出口が狭いので、ちっとも進まない。５分ほどかかってやっと外に出た。

会場は近いのに、人が多くて進めない。やっと国道55号線に出たと思ったら、信号で待たされる。まだ交通規制をしていないらしい。その赤信号の長いこと長いこと。スタートまで１時間を切っているのにまだ交通規制をしていない。重要な幹線道路なのだろうが、どうかと思う。予定より15分も遅れて更衣室のあるエリアに到着。スタート前の15分遅れは痛い。８時30分までにスタートエリアに入らなければならないのに、あと15分しかない。更衣室テントに入る時間がないので、トイレの後ろの空きスペースで着替えることに決める。リュックを置き、急いでランニングウエアになる。ランニングウエアは着てきたので、上も下も脱ぐだけだ。すぐ横で着替えていた同年輩の男性のゼッケンに兵庫県とあるのを見て、兵庫県ですかと訊くと「神戸の西区です」という答え。僕も「姫路です」と答える。この男性は、「天気がもつか気になりますね」と言う。今日の午後は降水確率が40％らしい。えーっ、昨日チェックしたときは10％だったのに。降らないことを願い、「お互いに頑張りましょう」と別れた。

次は荷物預けだ。本当は大回りしなければならないのだが、トラックに預けるのだが、トラックとの間の植え込みが邪魔だ。ゼッケン番号毎に決められたトラックに預けるのだが、トラックとの間の植え込みが混雑して思うように進めない。歩幅10㎝ほどで進む。数分かかってようやく目的のトラックに辿り着き、やっとの思いで荷物を預ける。次は指定のスタートエリアまで行かなければならない。ところがここも混雑して進めない。この荷物預けエリアから脱出しないと駄目だと判断し、トラックの向こう側に出る。思った通り人が少なく、やっと普通に歩けるようになった。

さて、スタートのBブロックだ。そこに行くには交差点を渡らなければならない。でもまだ交通規制をしていない。赤信号で待たされる。スタートまで30分だというのに、まだ規制をしていない。規制する時間を短くしたいのは理解できるが、ここまでやらないといけないのか。

仮設トイレに列ができている。僕も並びたいが、並んでいたら間に合わない。涙を飲んで通り過ぎ、時間ぎりぎりでBブロックに入る。

寒い。ネックウォーマーをするつもりだったが、急いでいて忘れた。周囲のランナーの話を聞きながらスタートを待つ。僕は今日、荷物預けのトラックへの動線に大いに改善の余地ありと感じた。でも周囲の話によると、これでも昨年よりかなりよくなったらしい。昨年はスタート位置とかなり離れたところだったという。10回目にして、改善余地がまだこんなにあるとは。事情はあるのだろうが残念だ。

8時45分に開会式が始まった。司会者が、今年は改善したと強調している。「今年はウエーブスタートを取り入れたので、昨年のようにスタートラインを越えるのに30分もかかりません」と。昨年はかなり評

■コース図

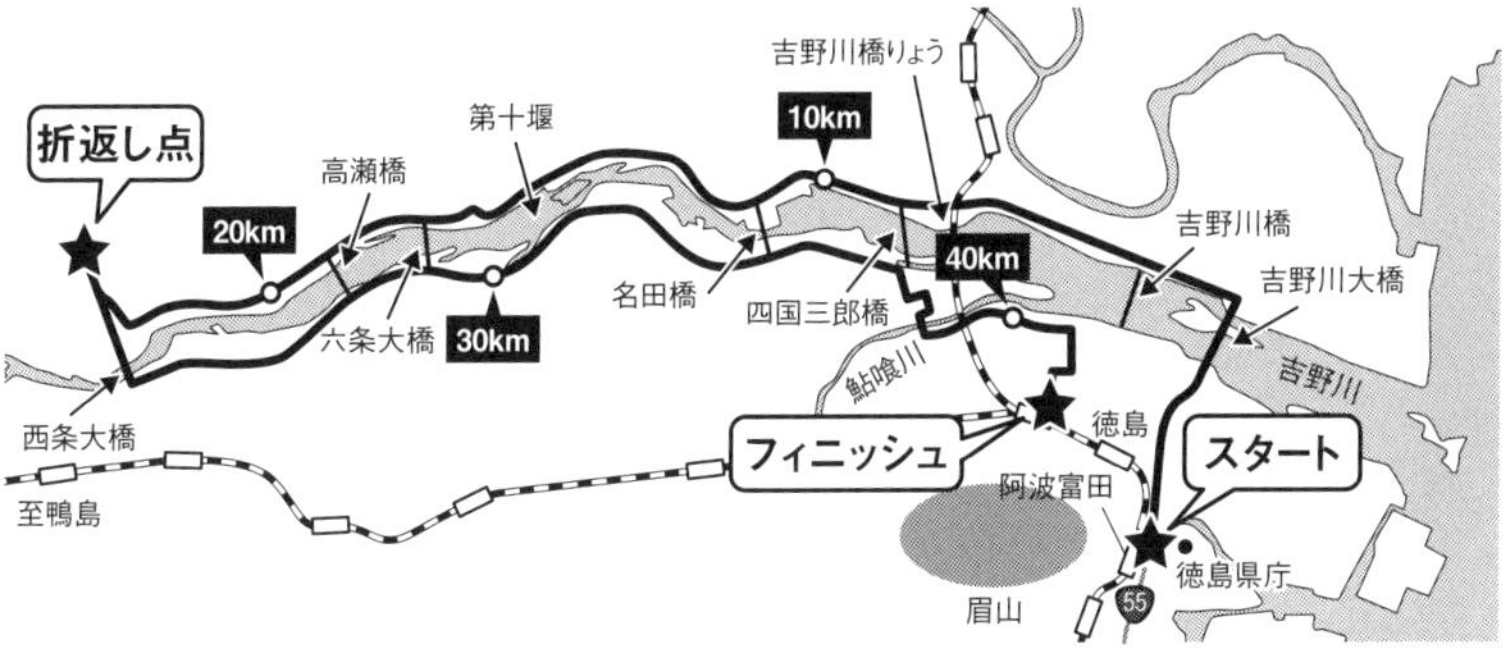
吉野川橋りょう
10km
第十堰
折返し点
高瀬橋
20km
吉野川橋
吉野川大橋
40km
名田橋
四国三郎橋
六条大橋
30km
吉野川
鮎喰川
西条大橋
徳島
フィニッシュ
スタート
阿波富田
至鴨島
徳島県庁
眉山
55

■高低図

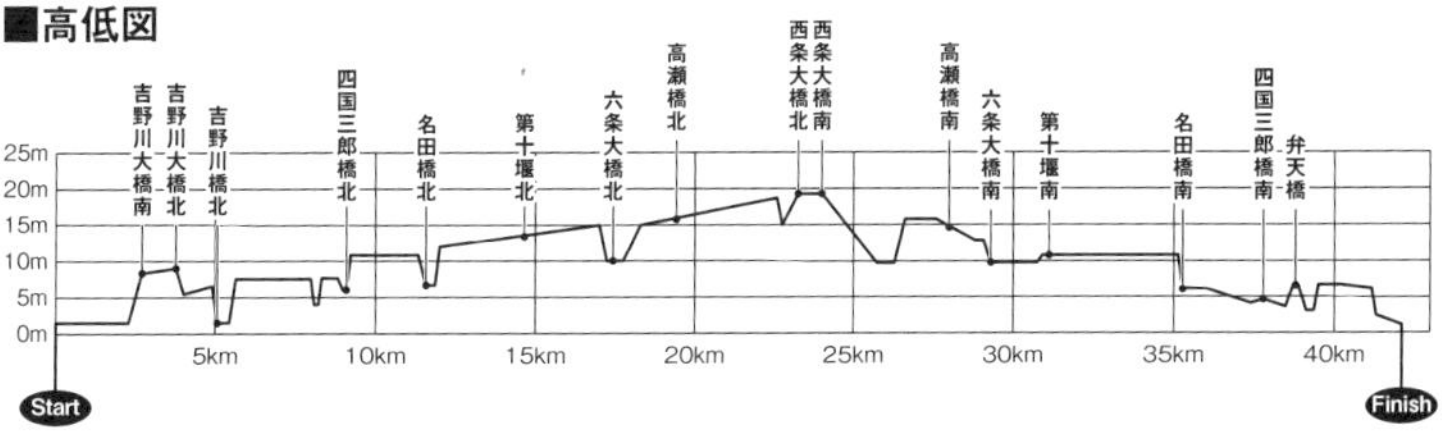
吉野川大橋南
吉野川大橋北
吉野川橋北
四国三郎橋北
名田橋北
第十堰北
六条大橋北
高瀬橋北
西条大橋北
西条大橋南
高瀬橋南
六条大橋南
第十堰南
名田橋南
四国三郎橋南
弁天橋
25m
20m
15m
10m
5m
0m
5km
10km
15km
20km
25km
30km
35km
40km
Start
Finish

判がよくなかったらしい。

　ゲストの野口みずきと伊藤舞が紹介され、挨拶した。２人とも有名人だが、あまりいい挨拶ではなかった。見える範囲のランナーだけに向けた、ありきたりの挨拶だった。１５０００人の大きな大会なのだから、姿が見えないランナーの方が多い。だから、見えないランナーのことも考えた言葉で言ってもらいたかった。野口は言わずと知れたアテネオリンピックの金メダリスト。伊藤は地元の実業団のエースランナーで、昨年のリオジャネイロオリンピック代表。主催者はネームバリューのある人をゲストに迎えたい。その通りの人選だと思うが、挨拶はすればいいというものではない。もっと考えた、オリジナルな言葉で話してもらいたかった。

　9時、号砲が鳴ってスタート。1分前と30秒前のコールはあったが、カウントダウンはなかった。すぐには動き出さず、スタートラインを越えたのは2分40秒後。

　新町川に架かる橋を渡り、11号線を北上する。昨日歩いた道を進んだあと、徳島駅には向かわずにそのまま北上。周囲のペースにつられて、自分のペースより速くなっている。３㎞を19分47秒で通過。スタートラインまでの2分40秒を引けば、17分07秒だ。頭の中で一生懸命計算する。何と5分22秒／㎞ペースだ。このペースではとても最後までもたない。ペースダウンし、吉野川に架かる大橋を渡ったところで左折。ここから上流に向かって15㎞以上進む。河川敷を走るのだろうと思っていたが、走っているのは土手だ。土手なので歩道部分はほとんどないが、その狭いスペースに立って応援する人は多い。ランナーの名前を書いたボードを掲げ、大きな声で声援を送っている。

　最初のエイドは、この土手に入ってから５００ｍくらいのところにあった。忘れずに水分補給する。トイレはたくさん並んでいたのでパス。５㎞を31分53秒で通過。スタートラインまでの時間を引けば、29分13秒。速い。少しペースを落とそう。

次のトイレも人が並んでいた。ここも立ち寄らずに通過。まだ大丈夫だろう。３つめのトイレは列が短かった。ここだ。瞬時に判断してコースを離れる。まだ大丈夫と思っても、尿意や便意は突然やってくる。やってくると我慢できない。年齢を重ねるにつれ、それを感じる。いつぞやも痛い目に遭った。歳はとりたくない。そう思いながら並ぶと、思ったより早く順番が来た。

小だけのつもりで入ったが、大にも備えよう。そう思って座ったらすぐに出た。待ち時間も合わせて３分ほどのロスだった（と思う）。

コースに戻り、10㎞を１時間03分台で通過。まだペースは早い。もう少しペースダウンして、景色や応援風景を楽しもう。11㎞付近のエイドで甘酒をいただく。

15㎞を１時間33分台で通過。このペースを維持したいが、僕の走力では難しい。16㎞付近のエイドでおにぎりをいただく。水分補給だけでは走れない。栄養補給も大切だ。

吉野川大橋を渡ってから、いくつの橋を通っただろう。初めての土地なので、どれも似た橋に見える。20㎞を２時間02分台で通過。安定したペースでここまで来た。上流に向かっているのだから、基本的に上っているはずだ。風は弱いがやや向かい風。ということは、後半は下りで追い風だ。いいぞ、ついてるぞ。

もうすぐ中間点というところに野口みずきがいた。突然現れたのでびっくりした。慌てて近寄ってハイタッチ。よし、後半も頑張ろう。そう思ったところにエイドがあった。並べられていたのはソーセージとちくわと稲荷ずし。ソーセージとちくわを手にしたら両手がふさがり、お稲荷さんは手にできず。もう少し間隔をあけて置いてほしかった。食べている間は走れない。歩く。水がないので飲み込むのに苦労する。要求ばかりで申し訳ないが、食べ物と水はセットにしてもらいたし。置く間隔も配慮願いたし。

しばらく進むと、土手の道を大きく外れて右折。先行ランナーとすれ違い始めた。折り返してきたランナーたちだ。見覚えのあるランナーがいるので、折返し点は遠くないはずだ。土手を外れたからか、沿道の応援が増えた。すれ違うランナーを眺めながら走る。ペースは落とさない。

折返し点を回り、今度は後続ランナーを見ながら進む。徐々に緩い上りになり、西条大橋に入った。広い吉野川を横目に眺めながら進む。

渡り切った正面に、ランナーを撮影するカメラマンが見えた。両手を拡げてポーズをとる。撮ってくれただろうか。左折して吉野川の右岸に渡る。これまでの土手の道ではなく、土手の裏側の道だ。土手より低いので吉野川は見えない。土手は見上げる感じになる。土手を見上げる必要はないので、視線を前方に向けて走り続ける。

25㎞を2時間33分台で通過。ペースはあまり落ちていない。少し疲れてきたが、このままゴールまで走りたい。残りは17㎞余り。どれくらいで走れるだろうか。

28㎞辺りで、スタート前に会えなかった松山のMさんを発見。近寄って声をかける。会場到着が遅くなり、探す時間がなかったことを詫びる。Mさんも僕を探していたらしく、「トイレに行けず、スタート直後は身体が重かった。5㎞手前のトイレまでが長かったが、そのあとは順調」とのこと。とはいえ、古傷の再発を恐れた、膝をかばう走りになっている。1㎞ほど並走し、お先にと言って前に出る。少しでもいいタイムでゴールしたい。ペースを合わせる必要はない。

30㎞を3時間03分台で通過。残りを6分／㎞で走れば、ゴールは4時間16分台だ。悪くても4時間20分以内でゴールしたい。

足が張ってきた。ここまで何か所も、スプレーのサービスをしていた。この先もあるだろうから、あとでいいや。そう思いながら走ってきた。そろそろあればいいなと思っていると、あった。阿波銀行と書いた幟が見え、スプレー缶を両手に持った人が何人も並んでいる。かけてもらっているランナーが手前に何人もいる。もちろんそこは通過だ。真ん中辺りで中年のオジサンが、缶を両手に持ち、どうぞどうぞ、スプレーをかけてあげますよという動きをしていた。その向こうにも、同じように両手に缶を持つ女性が見えた。こちらは若くて可愛い。瞬時に判断する。可愛い子ちゃんにかけてもらおう。オジサンの前は通過して、その子の前でストップ。最初は腿の裏側。次は表。可愛い子ちゃんの動きは無駄がない。僕の無言の要求を瞬時に理解し、かけてもらいたい部分にシュシュッ、シュシュッと吹きかける。タイムロスはほとんどなかった。礼を言ってその場を去る。よかった。彼女の表情に、やらされている感じは全くなかった。ランナーの役に立ちたいという気持ちが全面に現れていた。ほんの十数秒でもそれは分かる。若くて可愛いだけで十分なのに、この意識の高さは素晴らしい。いい娘《こ》だった。窓口嬢なのだろう。お客さんに人気があって、仕事もできるに違いない。この娘の上司は幸せ者だ。この娘の手前で待っていたオジサンには申し訳なかった。でも、オジサンも男だから気持ちは分かるでしょ？

　終盤に近づいたからか、救護スタッフが目立つ。一定の間隔をおいて立っている。自転車で巡回しているスタッフもいる。1万人以上が走る大会だし、主催者は県や市など徳島を構成する中心組織だ。事故が起こらないように、万全の体制を敷いている。

　35㎞を3時間34分台で通過。ペースは少し落ちたが、4時間17分台のゴールを目指して走る。ところが、意外に起伏が多い。疲れてきたところにこの起伏は辛い。橋の下をくぐったところだったと思う。大した坂ではなかったが歩いてしまった。でも、この坂を上り切ったら走りを再開するぞ。

　再開はしたものの、元気はない。前のランナーについていこうと思うが、徐々に離される。ここからの粘りが重要なのだが……。分かっているけど粘れない。

　吉野川を離れて右折。そこに笛を吹く女性が一人。曲は「負けないで」だ。ここまで数十の団体の応援があった。それらはみんな有難いと思った。でも今は、笛の音色が心にしみる。手を挙げて、その女性の応援に応える。前を通り過ぎると、曲は「ランナー」に替わった。笛はいいなあ。僕も習いたいなあ。そう思わせる演奏だった。

エイドがあったが時間節約のために通過。音が揃っていない演奏が聞こえてきた。下手だなあ。そう思いながら近づくと、小学生の金管バンドだった。小学生なら仕方ないか。

スタッフの指示に従って左折すると、JALのCAがジュースを配っていた。有難く頂戴する。間隔をおかず、若い娘の集団ダンスが2つ続いた。ここは道が狭い。若い娘の迫力を感じる。本当は若いエネルギーに浸りたいが、今は先を急ぐ身だ。後ろ髪を引かれる思いで通過。右折して少し行くと左側にエイドがあった。見ると徳島ラーメンと書いてある。先を急ぐ身ではあるが、ここに立ち寄らねば何のために徳島に来たのか分からない。休憩も兼ねて立ち寄り、「いただきまーす」。スープの中に肉片が3切れ。ちょうどいい量だ。フーフーしながら肉を食べ終え、次はスープ。だが、猫舌にはまだ熱い。全部飲むには時間がかかる。普段はスープも全部飲むのだが、少しだけ飲んで残りはバケツへ。エイドの皆さん、ゴメンナサイ。

エイドを出て右折すると、上り坂になった。急に現れた上に急坂だ。走れない。歩いて上り切ると、今度は橋。渡りながら走りを再開する。

渡り終えると左折。進んでいくと、また土手の道になった。河川敷のゴルフ場を眺めながら進む。打球が土手に来ないように、境界にネットが張られている。40㎞地点を4時間07分台で通過。かなりペースが落ちた。4時間17分台どころか、4時間20分のゴールも怪しくなった。疲れたが最後までベストを尽くそう。でないと悔いが残る。ひょっとすると最後の馬鹿力が残っているかもしれないぞ。

41㎞を通過。ここで時計を押す。押すが時計は見ない。最後の1・195㎞をどんなタイムで走ったのかを、あとで見るつもりだ。エイドがあった。最後のエイドだが立ち寄らずに通過。広い道路に出て右折。市街地に戻ってきた。応援が多くなった。知った人はいない。スタッフの指示に従って左折。ゴールが近いのが雰囲気で分かる。

陸上競技場のゲートからトラックに入る。ゴールが正面に見えた。残りは１００ｍ。ほかのランナーとゴールが重ならないように、方向を微修正。ゴール横にデジタル時計が見えた。４時間19分58秒。ああ、間に合わない。４時間20分にぎりぎり間に合わない。４時間20分00秒を示したのを横目に、ゴールのカメラを意識して、両手を挙げてゴール。

終わった。やっと終わった。最後まで妥協せずに走った。４時間20分は切れなかったが、良しとしよう。そのまま歩き、完走タオルを受け取る。次は完走メダルと記録証だ。記録は４時間20分06秒、ネットタイムは４時間17分26秒だった。徳島名産の魚のカツも受け取る。フィッシュカツというらしい。フィッシュとフィニッシュをかけている。

荷物返却所で荷物を受け取る。重い荷物をかかえてフィールドに戻り、座り込んでいる先着ランナーたちの間に腰を下ろす。疲れた。本当に疲れた。大きく深呼吸してから着替えにかかる。

雨が落ちてきた。記録証が濡れないように、リュックの中のクリアファイルに入れる。ところが、着替えているうちに雨はやんだ。雨よ、このまま降らずにいておくれ。

競技場を出ると、スポーツドリンクを配っていた。２杯ずついただく。レース中にたくさん水分をとったが、体はまだ水分を欲している。

そのまま進むと〝お接待所〟があった。四国遍路の文化〝お接待〟だ。ゴール後にもらった券と交換に、うどんを受け取る。また雨が降り出し、テントの下に移動。うどんは半分しか入っておらず、あっという間に食べ終えた。フルマラソンを走り終えた身としてはあと２杯は欲しいが、お代わりはできない。主催者さん、お接待の本場にしては、量が少ないですよ。

シャトルバスに乗って藍場浜公園に戻り、後夜祭会場を少し覗いて徳島駅に到着。徳島駅16時半発の高速バスに乗り、帰宅したのは19時50分。前々日の深酒で心配したが、何とか無事に終わった。

4）雨にも風にも寒さにも暑さにも負けなかった　いわて銀河チャレンジ100㎞（31番目、岩手県、2017年6月11日）

東北地方の最初は岩手県のこの大会になった。6月の第二日曜は毎年、地元兵庫のみかた残酷マラソン（通称は「残酷」。強烈なアップダウンが名物）を走ることにしている。残酷を走れないのは残念だが、47都道府県制覇のためなら仕方がない。完走メダルはあるし、ウルトラというのも魅力だ。

この大会は今年が13回目だ。以前から知っていたが、遠いので真剣に考えたことはなかった。ところが昨年、47都道府県制覇を決めた時点で、岩手県はこの大会と思った。この大会の大会名誉会長は岩手県知事で、大会顧問には北上市、金ケ崎町、花巻市、西和賀町、雫石町の首長の名前が並んでいる。岩手県が力を入れている県内随一の大会と言っていいだろう。距離は100㎞と50㎞の2つがあり、100㎞には駅伝の部も設けられている。定員は1000㎞が2000人、50㎞が500人、駅伝は50チームだ。さて、100㎞と50㎞のどちらを走るか。50㎞なら間違いなく完走できるが、100㎞にした。50㎞と100㎞ではやはり完走したときの喜びが違う。

100㎞は岩手県中央部の北上市北上総合運動公園を西に向かってスタートする。金ケ崎町を少しだけ通ってまた北上市に入り、花巻市を通って奥羽山脈の中に入り、西和賀町を縦断して県北部の雫石町をゴールとしている。最大標高差450m、累積標高945mの難コースである。制限時間は100㎞は14時間（駅伝は13時間）、50㎞は8時間だ。

エントリー開始は昨年の11月10日で、その日にエントリーした。仙台までの交通手段は飛行機にした。

ＪＡＬやＡＮＡは高いので、使うのはＬＣＣのピーチ。ピーチということは関空である。関空は遠くて不便だ。しかも、早朝の便なので関空泊である。関空泊はこれで3度目だ。寝心地がいいとは言えないが、出費を抑えるためには仕方がない。

４月は奥出雲と水都大阪の２つの１００㎞を走ったが、５月はどの大会にも出場しなかった。だから７週間振りの大会である。持参する本は四冊。

９日の夜、いつもより早い夕食をすませ、20時10分に出発。神戸までは電車、神戸からはリムジンバスで、23時05分に関西国際空港に到着した。エアロプラザ２階の無料休憩所で宿泊。

10日の朝、５時半に目が覚めた。予定より早いが起きることにする。毛布を返却し（６時までに返さないといけない）、リュックを背負って休憩所を出る。トイレへ行ったあと、第２ターミナル行きのバスに乗る。家で印刷してきたバーコードをチェックイン画面にあてて搭乗手続きは終了。手荷物検査を経て、６時には待合室にいた。

７時10分発の飛行機で、定刻の８時25分に仙台空港到着。９時18分発のアクセス線に乗り、38分に仙台駅到着。ここからは10時ちょうど発の一ノ関行きバスに乗る。駅前から出発するのだが、乗り場が分からない。乗換案内のアプリを見ても西口か東口かが書いていない。まず西口のバスターミナルを探す。一ノ関行きはない。コンコースを走って東口に急ぐ。バスターミナルはあるがここも一ノ関行きはない。出発時刻が迫ってきた。焦る。バスの乗車案内のオジサンに訊くと、そこのチケット販売所で尋ねなさいと指をさす。チケット販売所に行くと、ただ一人のスタッフは客の対応中。訊けない。仕方なく所内の掲示を見ても、一ノ関行きは見当たらない。一ノ関行きのバスは本当にあるのだろうか。やっと客との対応を終えたスタッフに尋ねると、西口の32番乗り場から出ると言う。急いで外に出て、コンコースをまた西口に向かう。楽天イーグルスのユニフォームTシャツを着た人たちの間をぬって走る。32番乗り場は、駅から少し離れた青葉通りにあった。着いたのは10時過ぎ。10人ほどが並んでいた。よかった。間に合った。

一ノ関到着は少し遅れたが、11時30分発のJRにはぎりぎり間に合った。乗っている間に雨が降り始め、あっという間に本降りになった。今日は降ってもいいけど、明日は降らないでおくれ。

北上駅到着は12時09分。今日の予定は、マラソンの受付とホテルにチェックインすること。受付の勤労者体育センターも、今日の宿「ホテルルートイン北上駅前」も、駅から歩いて5分ほどの場所だ。受付が始まるのは12時、ホテルのチェックインは15時だ。今から受付をしてもホテルのチェックインまでどこかで時間を潰さないといけない。重いリュックを背負い、傘をさしての行動は辛い。駅の待合室で本を読むことに決める。残っていたおにぎり2個を食べたあと、待合室の隅で本を開く。

2時間以上経過した14時40分、受付に向かう。運よく雨は上がった。今日泊まるホテルの横を通り、勤労者体育センターに到着。入り口を入ると長い列ができている。どうしてこんなに並んでいるのかと思いながら中に入ると、受付には並んでいない。あれっ、どういうこと？　不思議に思って列をたどると、参加賞待ちの列だった。受付はあっという間に終了し、列の最後尾に並ぶ。13回目で慣れているはずなのに、どういうことなのだろう。段取りが悪いなあ。なんでこんなに並ばせるのか。Tシャツを渡すだけなのに。

10分以上並んで受けた言葉も信じられなかった。「Mサイズが切れてしまったので、SかLのうちどちらかを選んでください」だった。エントリー時に記入した希望サイズ、あれは何だったのか。受付終了まであと2時間もある。終了間際ならまだ分かるが、一体どういうことなのか。本当にがっかりだ。妻用にSサイズを選ぶ。

15時を過ぎたのでホテルにチェックイン。6階の部屋に入る。窓から北上駅がよく見える。リュックを置いてすぐ、夕食の食材を買いに出る。5分ほどでローソンに到着。時間が早いので明日に影響しないだろうと考え、５００㎖の缶ビールを３本購入。
ところで明日の予報だが、未明は小雨で、早朝からずっと曇りになっている。気温は最低が13℃、最高が20℃。暑くなくて、日も照らない。絶好のコンディションだ。明日のスタートは４時。会場行きのシャトルバスの最終は３時なので、２時起きと決める。明日の準備を終え、風呂に入る。外はまだ明るいが、冷やしたビールを開けて夕食を開始。３本全部飲み干し、20時に眠りにつく。23時にトイレで目が覚めた。アルコールがまだ残っている。起床まであと３時間しかない。２本にした方がよかったかな。

翌朝2時、目覚ましで起床。おにぎり2個を食べ、走るウエアに着替える。出しておこうとトイレに入るが、肝心の大が出ない。昨日も出なかったので、出さないといけないのだが……。今日はトイレで苦労することになりそうだ。

2時50分、ホテルを出て駅前のシャトルバス出発所に向かう。行ってみると長蛇の列。最後尾に並ぶ。風が吹いていて寒い。10分ほど並んでバスに乗り、５分ほどでスタート会場の北上総合運動公園に到着。運動公園だけあって広くてゆったりしている。スタートするのは陸上競技場の中だ。まず、ゴール行きのトラックにリュックを預ける。寒いので、メインスタンド下の部屋に入る。外と違って寒くはないが、ランナーでいっぱいだ。体を動かしながら待つうちに、もう一度トイレに行っておこうと考えた。トイレは二階にある。行ってみると、隣りの女子トイレは一人も並んでいないのに、男子トイレは長い列ができている。仕方なく最後尾に並ぶ。

小は待ち時間なしだが、大はなかなか進まない。進まない上に寒い。イライラしながら待つ。スタート時間が迫る。このままではスタートに間に合わない。すぐ前に並んでいる人が、男子トイレの中を見に行って戻ってきた。そして、話しかけてきた。

「女子トイレに入りませんか？」

女子トイレの利用者がいないので、使わせてもらおうというのだ。妙案だが、入るには勇気が必要。どうしようかと迷っているところに、一人の女子ランナーがやってきてトイレに入った。入らなくてよかった。なかで顔を合せれば大騒ぎになるところだった。

しばらく時間が経過したが、女子は誰も来ない。さっき入った女性はまだ出てこない。「彼女が出たら一緒に入りましょう」。そう決めて、そのときを待つ。待つ時間はいつも長い。なんでこんなに時間がかかっているの？　何度も何度もそう思った頃、ようやく出てきて去っていった。待ちに待ったこの瞬間。並んでいるランナー全員に聞こえるように、大きな声で「女子トイレを借りまーす」と宣言して女子トイレに向かう。並んでいた何人かがついてきた。

初めての女子トイレ。部屋がいくつもあった。前のランナーによると男子トイレの大用の部屋は4つだったらしい。こちらは軽く10以上ある。ひとつも使われないのは、資源を有効活用していないということだ。主催者は来年、トイレの数と出場者の男女比を考え、適切に配分願いたし。

ところで、期待したものは出なかった。リスクを冒して入ったのに……。こうなったらレース途中で対応するしかない。

メインスタンドの下に戻ったのは、スタート15分前。スタート地点に移動してくださいとのアナウンスがあり、まだ暗いグラウンドに出る。寒い。もっと中にいたかった。

少し明るくなった4時、号砲でスタート。4時のスタートは早過ぎると思っていたが、ちょうどよかった。この時期は夜明けが早く、この時間でも照明なしで走れる。トラックを一周し、競技場の外に出た。競技場の外周を回り、運動公園内を走る。公園内を4㎞余り走って公道に出た。さあ、長い旅が始まった。目指すは雫石町のゴールだ。目標は制限時間内の完走。できれば前半を6時間以内、後半を7時間以内で

■コース図

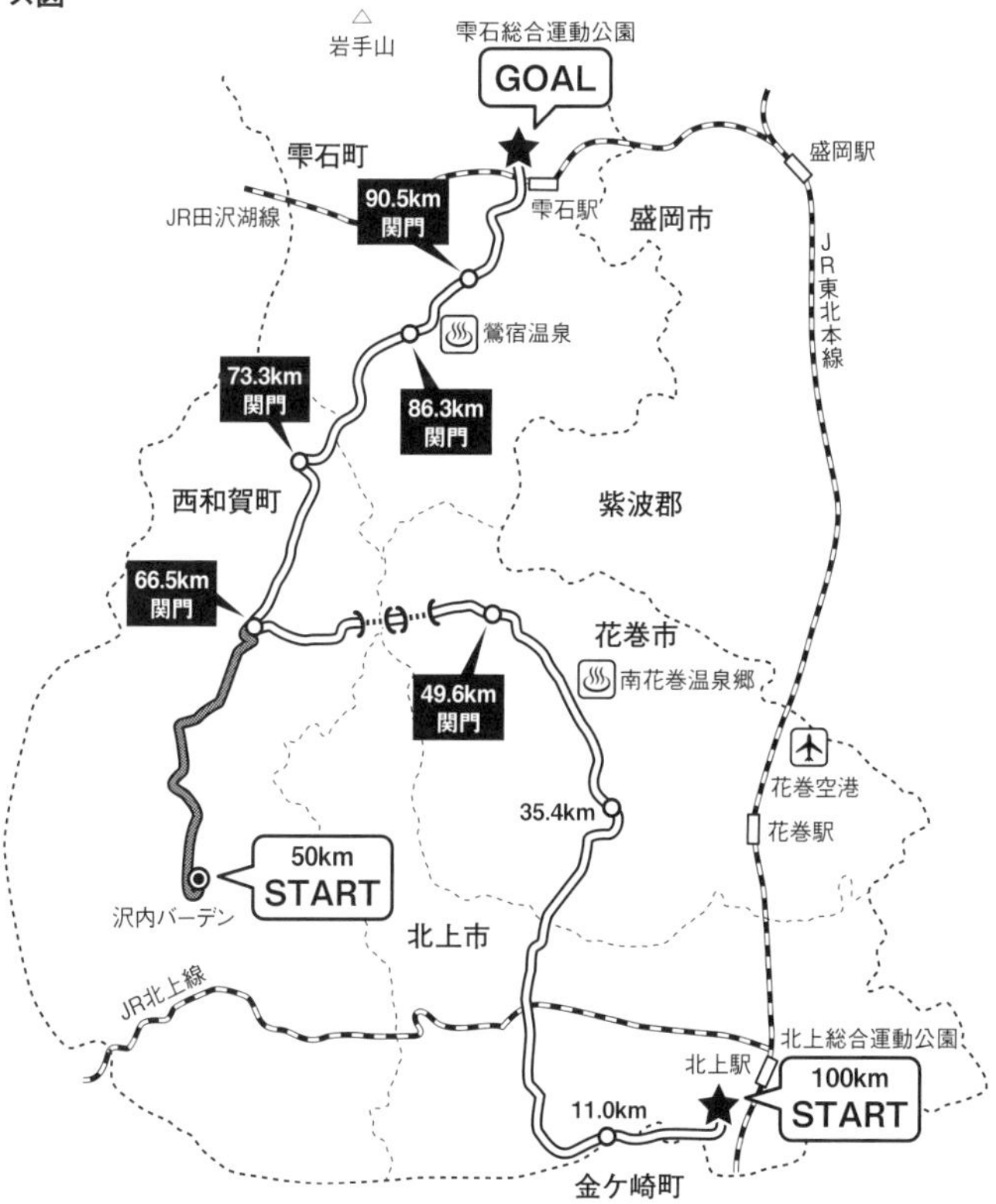
岩手山
雫石総合運動公園
GOAL
雫石町
盛岡駅
90.5km 関門
JR田沢湖線
雫石駅
盛岡市
JR東北本線
鶯宿温泉
73.3km 関門
86.3km 関門
西和賀町
紫波郡
66.5km 関門
花巻市
南花巻温泉郷
49.6km 関門
花巻空港
35.4km
花巻駅
50km START
沢内バーデン
北上市
JR北上線
北上総合運動公園
北上駅
100km START
11.0km
金ケ崎町

■高低図

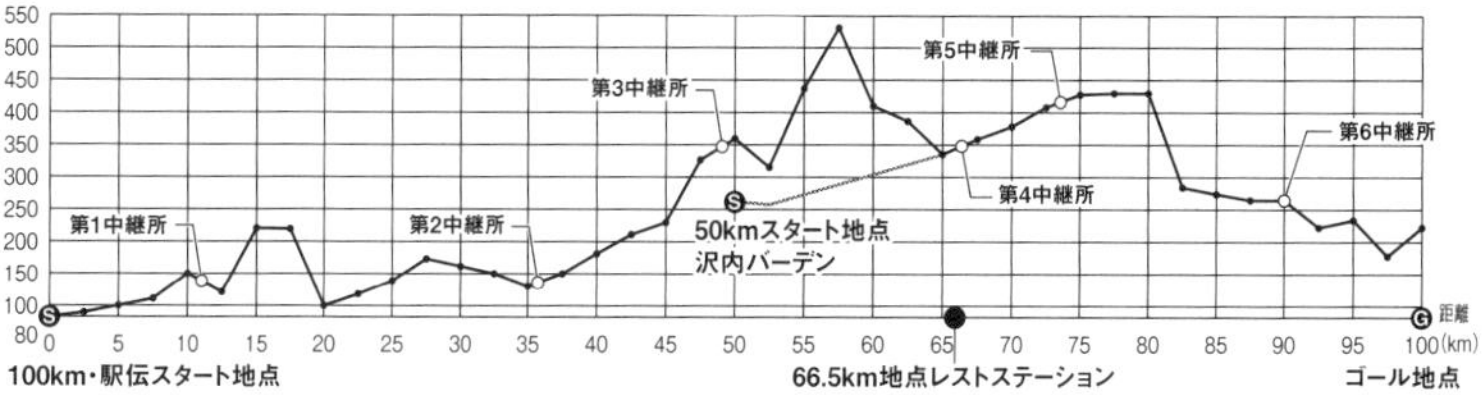
550
500
450
400
350
300
250
200
150
100
80
0
5
10
15
20
25
30
35
40
45
50
55
60
65
70
75
80
85
90
95
100(km)
距離
第1中継所
第2中継所
第3中継所
第4中継所
第5中継所
第6中継所
50kmスタート地点
沢内バーデン
100km・駅伝スタート地点
66.5km地点レストステーション
ゴール地点

走り、13時間以内でゴールしたい。

最初のエイドは6・2㎞地点。スポーツドリンクを飲んだだけ。ここのトイレには10人以上が並んでいた。今は大丈夫だが、近いうちにお世話になるだろう。西に向かって進む。風は若干向かい風。力まないことを意識して進む。

2番目のエイドは11・0㎞地点。ここでもちゃんと水分を補給。ここでトイレに並んでいる人数が少なかったら並ぼうと思っていたが、最初のエイドより待ち人多し。ここもパス。

10㎞手前から日が差してきた。青空が覗いている。朝日を受け、正面の山々が輝いている。今日は予報よりも天気がよさそうだ。中に入れていたランニングキャップのすだれを外に出す。

次のトイレには入ろう。たくさん並んでいても絶対に入るぞ。そう思っていた矢先に、ひとつポツンと仮設トイレがあった。誰も並んでいない。ここだと思ってトイレに着くと、入っていたランナーが出てきた。よし、ついている。代わって中に入る。紙があることを確認し、作業にとりかかる。座るとすぐに排出。最高のタイミングだった。途中でドアをノックする音が聞こえたが、まだ終わっていない。「はーい」と返事して、中にいることを知らせる。排出後のあと作業も怠りなし。すっきりしてドアを開ける。外には2人が待っていた。待たせたのは申し訳ないが、悪く思わないでおくれ。無駄な時間は1秒もありませんでした。

走りを再開してすぐに、3番目のエイドに到着。トイレに何人も並んでいる。さっきは本当に幸運だった。水分と栄養の両方を補給してエイドをあとにする。

上りが始まった。ここで頑張り過ぎないようにしよう。前半で頑張り過ぎると、間違いなく後半でつけが来る。配分に注意して、力相応に走るのだ。

風が強くなってきた。ランニングキャップが飛ばされないように、押さえながら進む。暑くなるかもしれないと思ってから時間は経っていないのに、今は寒いくらいだ。雨も降ってきた。ランニングキャップを目深にかぶり直して進む。上りがあったかと思うと下りになる。このコースは思ったよりも手強そうだ。20㎞を２時間06分台で通過。まだ５分の１が終わったばかり。先は長い。頑張ろうと思わず、気楽に行こう。

花巻市に入った。花巻は宮沢賢治を生んだ土地である。高校野球で有名な花巻東高校もある。西武の菊池雄星と日本ハムの大谷翔平を生んだ花巻東高校は、この近くだろうか。高村山荘はこちらという標識があった。あれは高村光太郎の住居だろうか。いろんなことが頭を巡る。駅伝のランナーに抜かれた。走りが全然違う。あっという間に遠ざかった。

「村岡を走られたんですか？」男性ランナーから声をかけられた。僕が着ている村岡Ｔシャツを見て声をかけてきたのだ。「ええ、そうです」と答えると、「２年前に出て、88㎞を走ったのですがウンザリしました」と言う。「噂通りでしたか？」と尋ねると、「西の横綱と言われるだけのことはあると思いました」との返事。そうでしょう。村岡のコースは本当に厳しいんだから。このランナーは、「お互いに頑張りましょう」と言って前に出て、そのまま遠ざかっていった。ゼッケンは１８７５番だった。

立ちションにいい場所があったので、誰も見ていないことを確認し、行儀がよくないが実行。エイドのトイレは待ち時間がかかる。それに歳をとると、尿意は突然やってくるのだ。許しておくれ。30㎞を３時間14分台で通過。このペースで最後まで行きたいが、思い通りにいくだろうか。

また声をかけられた。今度は女性だ。やはり村岡Ｔシャツを見て話しかけてきた。彼女は昨年の村岡の１００㎞を走ったと言う。村岡の１００㎞を完走するとは素晴らしい。あまりにきつかったので今年は88㎞に申し込みましたとのこと。彼女もすーっと前に行った。そんなに速いのに、どうしてこの位置にいるの？　トイレに時間がかかった？　それだ。それに違いない。彼女のゼッケンは３０９０番。

小さな起伏を越えながら進み、35㎞過ぎで大きなエイドに到着。おにぎりを頬張っていると、スタッフのオバサンが僕のゼッケンを見て、「兵庫県から来られたんですか?」と驚いた表情で言い、「有難うございます。ご苦労さまです」と続けた。その通りだ。兵庫県は遠い。遠くまで来たからには完走したい。「頑張ります」と応えてエイドを出発。

上りが始まった。雨は相変わらず降っている。風もあるので寒い。こんな天気になるなら合羽を着てくるべきだった。雨粒が眼鏡にかからないように、ランニングキャップが飛ばされないように、キャップをしっかり目深にかぶる。40㎞を4時間22分台で通過。ペースは順調だが、先はまだ長い。これからも上りが続く。しっかり走ろう。だからと言って力まない。冷静に走れば必ずゴールできるはずだ。

上りがきつくなり、歩く回数が増えた。頑張り過ぎないようにと思ってはいるが、歩いてばかりではゴールできない。歩きと走りを繰り返して進む。50㎞を5時間48分台で通過。前半を6時間以内と思っていたので、目標通りだ。でもまだ上りは続いている。57・5㎞までは上りが続く。安心するのはまだ早い。あの電柱まで走ろう、そこから次の電柱までは歩こう、そこからはまた走るぞ。そんなやり方を繰り返しながら進む。苦しい。とても苦しい。どうしてこの程度の坂を走れないのか。そう思うが、走れないものは走れない。

前方にトンネルが見えた。このあと長いトンネルが2つあるはずだ。昨日の受付会場に、「この合羽を持っていってください」と書いてあった。「標高が高いので、トンネルの中は寒いから」とスタッフが言っていた。僕は高をくくって合羽を持ち帰らなかった。しかし、今は後悔している。トンネルは長い。歩けば出るまでに時間がかかる。寒いと体が動かなくなる。走らないといけない。寒さなんかに負けるもんか。走力はもちろん必要だが、気持ちも大切なのだ。

トンネルに入った。車のためのトンネルなので、照明は少ない。足元もはっきり見えない。でも、前を走っているランナーがつまずいていないということは障害物がないということ。そう考えて進む。

高低図では57・５㎞地点がピークになっていた。だからトンネル内も上っていると思っていたが、意外に平坦だ。だから走れている。一番の寒さ対策は走り続けること。走れる限り走るのだ。

前のランナーの背中を目標に走り続けていたら、トンネルを出た。自分でも意外に思うほどよく走れた。ところが、緊張がとけたのかトンネルを出たとたんに走れなくなった。１㎞以上続けて走ったのだ。走れなくなるのも仕方ない。そう自分を納得させる。１００ｍ先に次のトンネルの入り口が見える。あそこまでは歩き、トンネルに入ったら走ろう。でも今は歩く。歩きながら休むのだ。

２つ目のトンネルに入った。大きく深呼吸して走りを再開する。前のトンネルで目標にしていたランナーに追いついた。肝心なのは追い抜くことではなく、走り続けること。このトンネルの方が長い。このトンネルも出るまで走り続けたい。前のトンネルと同じように、前のランナーについていく。我慢して走り続け、ようやくトンネルを出た。その瞬間、エイドが前方に見えた。あのエイドまでは歩かないぞ！

トンネルの中は暗い。が、雨は降らない。外は明るいが雨が降る。両方ともいいということはない。いいことばかりはないのだ。

歩かずにエイドに到着。風が吹いて寒い。周囲のランナーも寒いと言っている。走っていないとこの寒さに堪えられない。このエイドは標高５３０ｍ。コースの最高地点である。長かった上りがここで終わり、これからしばらく下りが続く。これまでに較べると苦しくはないだろう。でも、ウルトラマラソンの苦しさはこれから始まる。半分を過ぎた、あとは下りだと安心してはいけない。１００㎞は長いのだ。

下る。ひたすら下る。かなりの傾斜だが、下りだから気持ちがいい。上りのときは歩いても、下りが走れれば大丈夫だ。下りが走れればウルトラマラソンは完走できる。頑張るのではなく、走りながら休む。そんな意識で進む。

60㎞を7時間08分台で通過。順調だ。この調子なら12時間以内で完走できるかもしれない。残り40㎞を4時間50分で走ればいいのだ。簡単でないことは分かっている。でも可能性はある。下りはまだ続いている。下っている間は走る。走れる間は走る。でも無理はしない。

三差路の交差点で50㎞ランナーと合流した。50㎞のスタート地点は100㎞コースとは別の、沢内バーデンというところだ。50㎞のランナーが走ったのはここまで10数㎞、我々は60数㎞である。走った距離が違うので、疲労度に差がある。50㎞組は元気そうだ。彼らに負けたくないがつけない。でもそれは当然だ。必要以上の負けん気は起こさない。

66・5㎞のレストステーションに到着。着替えを送った100㎞組は、ここで着替えをする。でも僕は送っていない。着替えの時間が勿体ないし、着替えて気持ちいいのは最初の1分だけと思うからだ。ここでおにぎりを2個食べ、あとはオレンジと梅干とスポーツドリンク。エネルギー補給は大切だ。頑張ろうという気持ちだけでは完走できない。大が出るかなと思ってトイレに入るが、予想は外れた。小だけだった。

全体の3分の2まで来た。残りは3分の1。これからが正念場だ。苦しいのを楽しむぐらいの気持ちでいきたいが、現実は難しい。12時間以内のゴールを目標にしつつ、苦しさを楽しむ。よし、これでいこう。エイドを出発する。

下りが終わり、上りが始まった。75㎞まで上りが続く。楽あれば苦あり。禍福は糾える縄のごとし。困難なコースを征服してこそ価値があり、感動がある。幸せは歩いてこない（水前寺清子「三百六十五歩のマーチ」）ように、ゴールも歩いてこない。自分から近づくしかない。

70㎞を8時間26分台で通過。残りが30㎞になった。12時間まで3時間半余り。今の疲労を考えると達成は微妙だが、12時間の目標は変えない。可能性を信じて頑張ろう。

目標を持つのは大切だ。でも、持ったからといってぐいぐい進めるとは限らない。上りで走れなくなった。前半のように走れない。大した上りではないのに走れない。歩きを交えながら走るのではなく、走りを交えながら歩いている。ここを堪えるのだ。簡単な１００㎞などないのだ。

80㎞を９時間45分台で通過。12時間以内のゴールが難しくなった。でも悔いのないように最善を尽くそう。追いついてきたオジサンランナーが、「隧道だ。隧道を過ぎたら下りになる」と言った。独り言なのに僕に教えるように言った。そして走り出した。そうか、それなら頑張ろう。気持ちを切り替えて、走りを再開する。そのランナーについていく。しかしそれにしても、トンネルのことを隧道（ずいどう）と呼ぶ人はいまどき珍しい。

隧道を抜けると下りになった。言っていた通りだ。よし、このまま走って下ろう。オジサンランナーは下りが得意なようで、どんどん前に行く。同じペースで行けないことはないが、僕には厳しい。ここで無理をすれば、あとに影響する。自分のペースで進もう。

いいペースで数㎞走ると、下りが終わって平坦になった。走れなくなって歩きに変わる。僕にできるのは粘ることだ。諦めずに進もう。周囲のランナーも疲れている。抜いていったランナーが歩いている。ここまで来て、疲れていない人間などいない。ヘトヘトになるのを承知で１００㎞を選んだのではないか。ヘトヘトになりたいから１００㎞を選んだのではないのか。ヘトヘトは覚悟していたじゃないか。

いい場所があり、２度目の立ちションをしてコースに戻る。それにしても疲れた。同じペースの50㎞ランナーを見ると、しっかりしなさいよと言いたくなる。君たちはまだ30数㎞しか走ってないんだよ。

山中を抜けると日が差してきた。風もほとんどなくなった。荒天から好天になった。日差しを受けると暑い。ここまで役に立っていなかったランニングキャップのすだれだが、これから役に立ってくれるだろう。走り続けられなくなったが、堪えるしかない。１００㎞は長い。簡単にゴールできるわけがないじゃないか。

90㎞を11時間09分台で通過。とうとうここまで来た。12時間以内のゴールはもう無理だ。目標を12時間20分以内に変更する。

ポジティブ思考が大事だという。10㎞も残っていると考えるよりも、10㎞まで減ったと考えなさいという。その通りだと思うが、そう思ったところで残りの距離は減らない。単なる言葉遊びのように思える。誰かが言っていた。歩いても止まらなければけっこう進む。とにかく前に進むのだ。

歩きと走りを繰り返しながら、95㎞を11時間52分台で通過。12時間20分以内ももう無理だ。13時間以内ではゴールできそうだが、それでは目標と言えない。厳しいと思うが、12時間30分以内のゴールを目指す。

視界が開けた。正面に立派な山が見える。どっしりとした独立峰だ。太陽の光を全身に浴び、緑豊かに裾を長く引いている。ちょうどそこに立っていたスタッフに山の名前を尋ねる。「岩手山です」。そうか、あれが岩手山なのか。

それにしても走れない。強く決心して走り始めても、100mと続かない。長いなあ、100㎞は。残りは5㎞を切った。ということは、あと30分走ればいいのだ。それが分かっているのに走れない。エイドがあった。水分補給だけして進む。頑張れ、頑張るのだ。自分を叱咤して進む。

これだけ歩いてばかりだと、多くのランナーに抜かれる。石垣島ウルトラマラソンと書いた黄色のTシャツを着た女性ランナーに抜かれた。Tシャツの背中に開催日が書いてある。今年5月に走ったらしい。悔しいがついていけない。残り4㎞の標示があった。95㎞までは5㎞毎の標示だったが、1㎞毎になったようだ。間隔が短くなったのは有難い。残りの距離が減るのを見れば励みになる。

走ったり歩いたりで進む。走りが続かない。情けない。本当に情けない。残り3㎞でグアムマラソンと書いたTシャツの男性ランナーに抜かれた。50㎞ランナーだが、見たところ僕より年長のようだ。グアムか、いいなあ。でも僕も、４月にローマを走ったぞ。負けるものかという気持ちでついていく。でも離される。悔しい。

残り２㎞を過ぎたところで上り坂になった。「ゴールまで１・７㎞。上りは３００mです」と書いてある。上り坂は走れない。走れないから歩く。疲れているが前傾姿勢だ。この坂が終わったら走り始めるぞ。坂が終わった。走りを再開する。もうここからは歩かない。ゴールまで絶対に走り抜くぞ。疲れ切った足を前に運ぶ。体のバランスが悪くなっているのが自分で分かる。早く楽になりたい。体がバラバラだ。もう何でもいい。走れていればそれでいい。このまま歩かずにゴールしたい。

残りが１㎞になった。走りは続いている。正面に球場が見えた。もう少しだ。もう少しでゴールできる。しかし気持ちはまだ緩めない。緩めたらその瞬間に歩いてしまう。球場が近づく。真っ直ぐ進む。球場の手前で数人の女性が応援してくれている。もう限界だがここでは絶対に歩かない。歯を食いしばって走る。見知らぬこの僕を応援してくれているのだ。何が何でも走り続けるぞ。と思っていたら彼女たちは直前で、「○○さーん！」と誰かの名前を呼んだ。名前は聞き取れなかったが、僕の名前ではない。あれ？　どういうこと？　誰の名前？　僕を応援してくれていたんじゃないの？

その瞬間、一人のランナーに抜かれた。ゼッケンには大きな字で名前が書いてある。なるほど、分かった。「○○さーん」はこのランナーだったのだ。このランナーが僕を抜く瞬間に呟いた。「こんなに応援されたら頑張らないわけにいかない」。なるほどね。この人は正直だ。普通の男性だ。

球場の外側をゴールに向かう。前方左にハイタッチをしようと待ち受けているグループがいる。ゴールは目の前だ。目標タイムに届かなかったが、ここまでよく頑張った。さっきの女性たちの祝福相手は僕ではなかったが、今度は間違いなく僕だ。ハイタッチに応じよう。祝福してもらおう。

目の前にゴールのアーチがある。「頑張らないわけにいかない」のランナーがゴールした。ところが、動けないのか名残り惜しいのか、なかなかその場を離れない。離れてくれないと、スタッフはゴールテープを張り直すことができない。僕はテープがないところにゴールしたくない。早く離れてくださいな。スタッフに促され、そのランナーはやっとその場を離れた。テープが張り直された。10m手前で待機していた僕は走りを再開。そして両手を挙げ、ゴーーール！

終わった。やっと終わった。次のランナーの邪魔にならないように、すぐにその場を離れる。完走メダルがかけられ、完走証を渡される。ゴールタイムは12時間32分29秒。12時間30分も切れなかった。残念だが仕方がない。力がなかったということだ。

体育館に入って荷物を受け取る。着替えようと思ったが、満員で着替えるスペースがない。レースを終えたランナーでいっぱいだ。狭いスペースを見つけ、よっこいしょと腰を下ろす。あー、疲れた。本当に疲れた。今日はレース中に一度も座らなかった。何もしたくない。ここからバスに乗って鶯宿《おうしゅく》温泉へ行き、汗を流すつもりだったが面倒になった。温泉に行くにはバスに乗らなければならない。温泉に入ったあともバスでここまで戻り、別のバスに乗り換えてホテルのある盛岡まで行かなければならない。温泉に入れば、盛岡到着は2時間以上遅くなるだろう。温泉も往復のバスも無料だが、早く休みたい。温泉でなくてもいい。早く風呂に入って、ビールを飲んで眠りたい。温泉はやめて盛岡へ行こう。

レースウエアのまま外へ出て、盛岡行きバスに乗り込む。続いて2人が乗ってバスは満員になり、出発。周囲を見回すと、着替えていないのは僕だけだ。この格好のままでは盛岡で恥ずかしいので、胸のゼッケンだけ外す。背中のゼッケンも外したいが、シャツを脱いで裸にならなければならない。リュックを背負えば見えないからまあいいか。

40分ほどで盛岡駅西口に到着。ホテルがあるのは東口だ。コンコースを渡り、東口に出る。リュックが重い。駅前通りを真っ直ぐ進み、北上川に架かる開運橋を渡る。繁華街の大通りを進み、「ホテルダイワロイネット盛岡」に到着。

部屋に入ってすぐに着替え、ホテル前のローソンで夕食の食材を購入。部屋に戻り、風呂に入り、ビールを飲みながら夕食をとる。意外に眠くならず、大河ドラマ『おんな城主直虎』を最後まで見る。今日はよく頑張った。本日はこれにて終了。眠るぞーっ。

翌日は盛岡市内を散策したあと仙台まで移動し、翌々日に帰宅した。

5）制限時間ぎりぎりでゴールした　秋田内陸リゾートカップ（32番目、秋田県、2017年9月24日）

5‐1）2つの大会を走ることにした理由と背景

東北地方の二県目は秋田県になった。秋田県の大会を調べてみると、フルマラソンより距離が長いのは9月17日の田沢湖マラソン（フル）と9月24日の秋田内陸リゾートカップ（100㎞と50㎞）の2つしかない。この2つでは、ウルトラの秋田内陸を走りたい。困難な方を選んでこそ男、と僕が言うと言行不一致になるけれど、ウルトラはやはり男のロマンなのだ。9月の最終週は毎年、地元の村岡を走ることにしている。秋田内陸は村岡と開催日が同じだ。村岡を走れないのは残念だが、都道府県制覇のためには仕方がない。村岡は諦め、秋田内陸の100㎞に申し込んだ。コースは、43㎞付近の最高地点を過ぎるとあとはずっと下り。シンプルなコースだ。制限時間は13時間。普通よりも短いが、100㎞を13時間以内で走ったことはある。難しいコースではなさそうだから大丈夫だろう。

せっかく秋田県まで行くので、その翌週に近県で出場できる大会がないか探した。すると、10月1日開催が2つ見つかった。青森県の「弘前・白神アップルマラソン」と、宮城県の「東北・みやぎ復興マラソン」だ。弘前・白神は今年が15回目、東北・みやぎは今年が第1回である。6年前の大震災で僕は何もできず、ずっと〝借り〟のようなものを感じてきた。復興がテーマの大会なら申し込まないわけにいかない。弘前・白神アップルは来年走ることにしよう。制限時間は6時間半。前週の疲労が残っていると思うが、故障さえなければ完走はできる。エントリーは先着順。初日に申し込んだ。

種目はフル（定員12000人）のほかに、ファンラン（同2000人）、親子ペアラン（同500組1000人）、車椅子ジョギング（同50人）の部がある。合計15000人余りの大きな大会だ。フルは岩沼市の宮城県立都市公園岩沼海浜緑地をスタート・ゴールとし、隣接する名取市、亘理町の3市町にまたがる海岸沿いを走る。津波で甚大な被害を受けた地域を走る。

2つの大会の間は東北地方を巡ることにし、9月22日から10月1日まで9泊10日のはしご旅になった。

5−2）秋田内陸リゾートカップ

この大会は秋田県仙北市の角館から北秋田市鷹巣までの100㎞を走る。概ね秋田内陸縦貫鉄道に沿ったコースだ。今年が27回目の歴史ある大会で、定員は100㎞が1350人、50㎞が350人、合計1700人だ。完走を優先して考えれば50㎞だが、物足りないので100㎞にした。

エントリーは今どき珍しく、インターネットではない。現金書留で現金と一緒に申込書を送付しなければならない。エントリー開始は4月1日。僕はこの時期、ローママラソンで不在で手続きができない。エントリーできるか心配だが、調べてみると過去の大会は定員に達していない。不安はあるが、大丈夫と思うことにした。

ローマから帰国した翌日の6日、現金書留で現金と一緒に申込書を送付してエントリー。このタイミングで、スタート地点の角館とゴール地点の鷹巣の宿を予約した。交通手段はいわて銀河のときと同様、仙台まで飛行機にした。仙台からはＪＲの在来線で行くことにした。

5−2−1）　9月22日（金）

14時10分に自宅を出て神戸空港駅に16時18分到着。17時35分発の飛行機に乗って仙台空港に向かう。アクセス線にて、仙台駅に20時38分到着。21時頃、予約していたカプセルホテルに着いた。思ったよりも古かったが一泊は２５００円。安いのでこんなものか。鍵をもらって二階への階段を上がる。僕の部屋は、入口に一番近いところ。リュックをロッカーに入れ、近くのコンビニへ夕食とビールの買い出しに出る。帰ったあとすぐに四階の共同風呂へ。誰も入っておらず、ゆっくり入浴できた。

部屋に戻ってテレビをつけ、ビールを飲みながら夕食をとる。テレビはほかの客の邪魔にならないように、ヘッドホンをつけて見るのがルールだ。狭い部屋で音を立てずにとる食事。こう書くと侘びしいが、ビール二本でいい気持ちになり、テレビをつけたまま就寝。

5−2−2）　9月23日（土）

8時からのNHK連ドラ『ひよっこ』を見たあと出発。電車は10時07分発なのでもっと遅くてもいいのだが、音を気にしながら狭い部屋にいるよりも、広いところで過ごしたい。駅の方が居心地がいいと考え、曇り空の下、駅に向かう。

仙台駅三階のみどりの窓口。スマホでルートを示し、このルートで乗車券をくださいと買い求める。今日は朝食を食べていない。構内のコンビニでおにぎり3個を買い、改札口を入る。仙山線の7番線に下りると、電車はもう入っていた。車内はほとんどが空席だ。窓側の席に座り、おにぎりを頬張る。10時07分、定刻に出発。山形駅の２つ手前の羽前千歳駅で下車し、奥羽本線に乗り換える。

以降、新庄、大曲で乗り換えて、15時14分、角館に到着。改札口を出て、同好の士たちのあとをついていく。角館は観光地だ。何十年も前に公開された映画『思えば遠くへきたもんだ』（1980年公開。主演は武田鉄矢、相手役はあべ静江。あの頃のあべ静江は本当にきれいだった）はここが舞台だった。散策したいが、今日は時間がない。5分ほどで受付会場である仙北市角館交流センターに到着。ランナーでいっぱいだ。ゼッケンが入った封筒を受け取って受付は終了。建物の中も外もランナーでいっぱいだ。

16時開始の開会式兼前夜祭まで時間がある。待っている間、ゼッケンに「兵庫代表」と書き込み、もらった防寒用のナイロン袋（実はごみ袋）をちょん切って、頭と腕を通す穴をあけてもらう。

16時前、前夜祭会場に入る。料理を並べたテーブルが、奥の方まで並んでいる。大きく重いリュックを下ろし、近くの壁にもたせかける。リュックが見える場所に位置取り、開始を待つ。

16時、開会式が始まった。司会の男性はいかにも素人っぽい。東北人らしく素朴なのは好ましいが、スマートではない。えーとやあのなどの無駄な言葉が入る。本職ではないので仕方ないと思うものの、気になる。もう少し減らせないものかと思う。

ステージ上の来賓が次々と紹介される。コースが長いので来賓は多い。コースになっている自治体全部から代表が来ているのだ。ほかに大会会長や実行委員長もいる。副知事や支援の陸上自衛隊代表もいる。紹介だけでなく、挨拶もする。時間がかかる。しかも司会は弁舌爽やかとは言えない。主催者の苦労は分かるが、途中から式の長さにうんざりした。

注意事項の説明が終わり、開会式が終了。待ちわびた前夜祭が始まる。目の前にあるビールや日本酒の瓶の栓は既に抜かれている。隣り合った人同士で注ぎ合う。よし、これでようやく飲める。

予定の1時間で前夜祭は終了。注いだり注がれたりで、アルコールは十分に飲んだ。食べ物も腹いっぱい食べた。誰かと知り合いになりたいと思っていたが、できなかった。喋った人はいるが、親しくなるところまでいかなかった。遠慮なく食べて飲んだが、たくさん残った。飲み物は栓を開けてしまっている。

捨てるしかないだろう。食べ物も同様だ。ランナーのためにと多めに用意したのだろうが、勿体ないことだ。おにぎりはラップに包んであるので持ち帰れそうだ。ポケットに1個入れる。

17時過ぎに外に出ると、目の前のテントでうどんを配っていた。無料であればいただく。それが僕の基本スタイルだ。数分並んでうどんを手にしたが、リュックを背負っては食べにくい。リュックを下ろし、腰も下ろしていただく。満腹になった。宿の夕食はないのでここで腹を満たす。予定通りだ。

「民宿ワタナベ」に向かう。20分ほどで着くはずだ。スマホを手に持ち、スマホが示す方向に歩く。暗くなりかかっている。日が沈むと田舎は真っ暗だ。急ごう。

思ったよりもすんなり到着。宿は桧木内川を渡った土手道の外にあった。暗かったら、見つけるのが難しかった。

名前を告げ、料金を払い、２階の部屋に案内される。今日は相部屋である。部屋に荷物が置いてあるが、誰もいない。僕の荷物を拡げ始めたとき、３人が一緒に戻ってきた。明日の準備をしながらお互いに自己紹介。同室になったのは石巻のＭさん（73歳）と、青森のTaさんとNaさん（ともに45歳）だ。TaさんとNaさんは友人で、３人ともこの大会の出場経験があるが、完走経験があるのはTaさんだけらしい。準備が終わるとＭさんが、持参のワインを飲もうと言い出した。前夜祭で十分に飲んだが、断るのは悪いし時間もまだ早い。お誘いに応ずるべきと判断する。Taさんは飲めない体質とのことで３人で飲んだが、すぐに空になった。Ｍさんはまだ飲み足りないらしく、１階に下りて地酒の四合瓶を買ってきた。まだ時間は早いし、３人なのでまあいいか。これもあっと言う間になくなり、目標としていた20時前に前夜祭の二次会を終了。布団を敷いて眠りに就く。

5-2-3） 9月24日（日） マラソン当日

大会当日、Mさんが2時半に起き、ゴソゴソ動き出した。予定より早いが僕も起きることにする。1階の食堂で朝食のおにぎりを食べて部屋に戻ると、3人とも出発の準備中だった。

出遅れたが僕も準備を始める。途中でMさんが、ゼッケンに付いていた小さなものは、ひとつはチップで、もうひとつは出走登録用のものだと教えてくれる。えー、そうなんですか？ 僕は昨夜の準備中に、小さなものが付いているのには気づいた。でも何なのか分からず、邪魔になると思って捨てた。慌ててごみ箱の中を探すと、あった。これまで多くの大会に出てきたがこんな小さなチップは初めてだ。出走登録というのも初めてだ。教えてもらって助かった。

見つかったのはいいが、ゼッケンに付け直さないといけない。でもホチキスなど持ってきていない。思案の結果、会場で付けてもらうことにする。

Mさんはモタモタしている僕や青森の2人組を見ながらイライラしている。待たせるのは申し訳ないので、先に行ってもらう。僕らも焦りながら荷造りを急ぐ。

3時半、3人で民宿を出発。もちろん真っ暗だが、水溜まりが光っている。2人によると、昨夜は雨の音がしていたという。僕は全然気づかなかった。昨日歩いた道を、20分ほどで会場に到着。準備を終えた何人かのランナーが、ウォーミングアップで走っている。Taさんが、「男ですねえ」と呟く。真面目ですねという意味らしい。Taさんもそれほどタイムを追求する人ではないようだ。

まず、リュックを預ける。重いリュックから解放され、身体が軽くなった。ホールに入り、出走登録をする。このホールは昨日、前夜祭の会場だった。スタッフにチップを外してしまったことを告げ、付け直してもらいたいとお願いする。すると、このスタッフは少し考えたあと僕の手を引き、多くのランナーをかき分けるようにホールを出た。口で説明するより、連れていった方が早いと考えたのだろう。ホチキス係（という係はないと思う）まで僕を連れていき、然るべき対応を依頼して戻っていった。よかった。これで安心してスタートできる。

４時、トイレの列に並ぶ。出ないかもしれないが、大の列に並ぶ。最近は、小だけと思ってトイレに入っても、用たし中に大もしたくなることが多い。大は小を兼ねるので、大の列に並ぶことにする。スタート時間に間に合うか心配になる進み具合だったが、スタート5分前に排出終了。ここで出るのと出ないのとでは全然違う。よーし、頑張るぞ。

急いでスタート地点に移動。ゴールの予想タイムに応じて並ぶことになっているようだ。僕が並んだのは「12時間以上」のところ。スタートの４時半を待つ。

１分前のコールはあったのにカウントダウンはなく、突然のスタート。スタートラインを越えたのは39秒後。暗いので周囲のランナーと接触しないように進む。２００ｍほど進んで左折。武家屋敷はこの方向らしい。さあ始まった。絶対に完走するぞ。

街灯に光る水溜まりを避けながら進む。まだ真っ暗なのに、沿道に多くの人が応援に出てくれている。暗くてよく分からないが、武家屋敷地区を走っているようだ。もう一度角館を訪れ、武家屋敷を歩くことはあるだろうか。

徐々に明るくなってきた。みんなのあとをただついていく。速く走ろうという気持ちはない。完走できればいい。自分のペースで進む。

同宿のNaさんと思われる姿が前方に見えた。聞いていた通りの、上下とも黒のウエアだ。追いついて顔を見るとやはり本人だ。声をかけるとすぐに分かってくれた。頑張りましょうと言って前に出る。

走っているうちに便意を感じ始めた。スタート前にすませてきたのにと思うが、そんなことを考えても仕方がない。トイレがあれば行っておきたい。危険な状況になる前に行っておきたい。

そう思っていたところにトイレの標示があった。コースを外れ、右側の建物（何かの公共施設だと思う）に入る。しかし、大の方は2人が待っていた。すぐにドアが開いて一人が入り、待ち人は僕を含めて2人になった。見ると部屋は2つで、和式と洋式がひとつずつ。洋式の方が空けばいいなと思っていると、和式が空いた。すると前の客が僕に、「和式でよければお先にどうぞ」と言った。洋式の方がよかったのにと思ったが、洋式に拘るとだいぶ待つことになる。貴重な時間を潰すことになる。諦めて和式に入る。

すっきりしてコースに戻る。時間のロスは4分ほどか。10㎞を1時間12分台で通過。

前方にMさんの姿が見えた。追いついて、「調子はどうですか?」と声をかけると、「まあまあ」と返事が返ってきた。「頑張りましょう!」と言って追い抜く。トイレに行ったとはいえ、Mさんがこの位置にいると思わなかった。Mさんが速いのか、僕が遅いのか。制限時間は13時間。のんびりしてはいられない。

しばらくするとNaさんにまた追いついた。トイレに行っている間に抜かれたようだ。もう一度声をかけて前に出る。二度も抜いたのに、ゴールは僕が遅かった。そんなことにならないように、心して走ろう。

エイドでは必ず水分と栄養を補給する。この秋田には顔見知りのランナーはいない。ほかのランナーを気にする必要はない。ゴールを目指し、自分のペースで進むだけだ。

後ろから話しかけられた。「村岡に較べたら、このコースなんて何でもないでしょう?」。ゼッケンを見ると新潟・長岡から参加の、40歳くらいの男性ランナーだ。「いえ、僕は100㎞を走っていませんから。それに13時間は厳しいですよ」と答える。村岡は厳しいコースで有名だ。だから村岡のTシャツを着て走っていると、話しかけられることが多い。僕はそれを期待して着ている。

エイドに立ち寄ったとき、最年長という言葉が耳に入った。そう言えば、昨日の前夜祭で表彰されていた人がいた。遠かったので顔は見えなかったけれど、その人が近くにいるようだ。見回すと、すぐに分かった。おそらく80歳を超えている。この年齢で100㎞に挑戦するのはすごい。でもこんな、と言って

■コース図

○印はエイドステーション

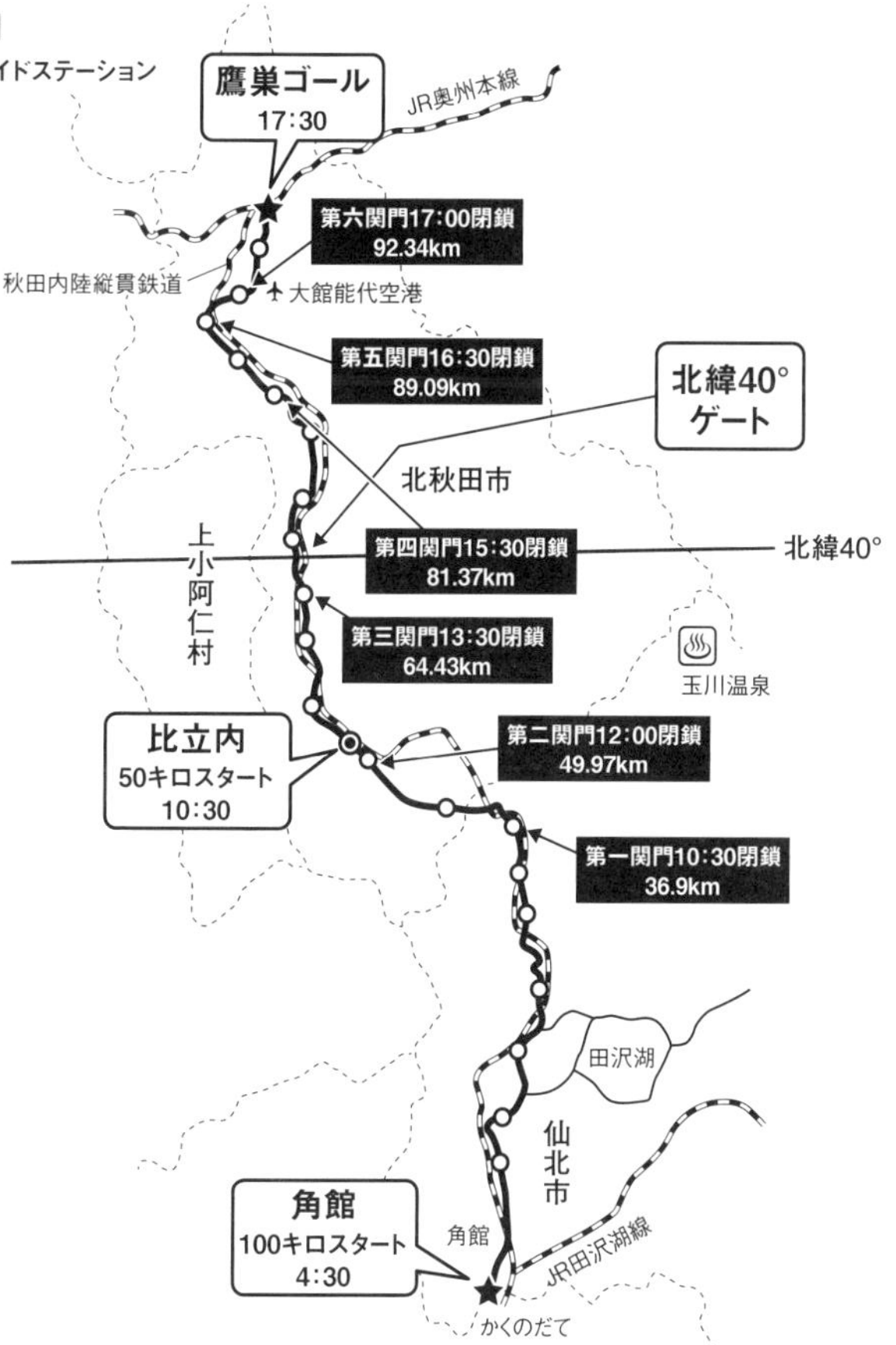
鷹巣ゴール
17:30
JR奥州本線
第六関門17:00閉鎖
92.34km
秋田内陸縦貫鉄道
大館能代空港
第五関門16:30閉鎖
89.09km
北緯40°
ゲート
北秋田市
上小阿仁村
第四関門15:30閉鎖
81.37km
北緯40°
第三関門13:30閉鎖
64.43km
玉川温泉
比立内
50キロスタート
10:30
第二関門12:00閉鎖
49.97km
第一関門10:30閉鎖
36.9km
田沢湖
仙北市
角館
100キロスタート
4:30
角館
JR田沢湖線
かくのだて

■高低図

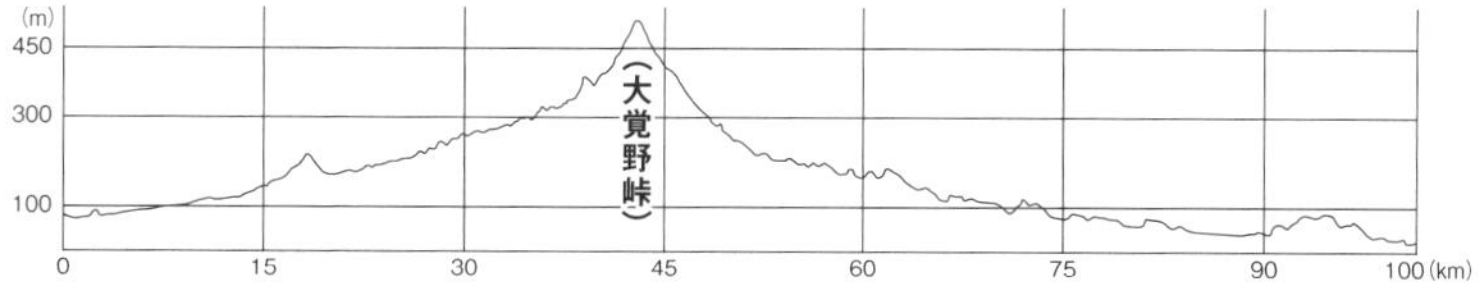
(m)
450
300
100
(大覚野峠)
0
15
30
45
60
75
90
100(km)

は失礼だが、おじいさんに負けるわけにいかない。このおじいさんランナーはすぐに出発した。エイドの滞在時間を極力短くする、それが完走に繋がる。そう考えているのだろう。僕も見習って出発。目標は見えている方がいい。

上りが始まった。日が上って暑くなってきた。36㎞のエイドだったと思う。水分補給をしていたら、スタッフから洋菓子を勧められた。食べてみると、美味しい。もうひとつと手が伸びる。やはり美味しい。これはやめられない。3つ目に手を伸ばすとき思わず、「やめられまへん」という言葉が出た。それを聞いた女性スタッフが笑った。30歳代の美人である。ウケようと思ったわけではない。3つも食べるのは食い意地が張っているからではなく美味しさのせい、そう誤魔化したかっただけだ。でも笑ってくれると嬉しい。さすがに4つ目は遠慮して、その場を離れる。食欲があるのはいいが、もうこんなに疲れている。まだ36㎞なのに……。このコースの最高地点は43㎞付近だ。上りはまだ続く。気を引き締めてかからねば。屈伸運動をし、頭から水をかぶって出発。

上り坂を歩いていると、後ろから女性の声がした。「村岡ってすごいんでしょう?」。見るとゼッケンに東京・小平と書いてある。年齢は40歳代か。いい感じの女性である。「まあそうですけど、村岡を走った人が全てすごいとは限りません。100㎞より短い種目もありますから」と答える。そうは答えたが、村岡を走ったプライドはある。根性を見せようと、走りを再開。村岡フィニッシャーの、この走りを見よ！

走りと歩きを繰り返しながら、頑張って進む。最高地点まで頑張って上れば、あとは下りだ。何とかなるはずだ。

40㎞を5時間00分台で通過。50㎞を6時間以内で通過する目標だったので、これでは遅い。最高点まであと3㎞。頑張って上るぞ。

私設エイドに立ち寄り、コーラで喉を潤していると、そばに小平の彼女がいた。離すつもりであれだけ頑張ったのに離れていなかった。村岡フィニッシャーの力を見せつけようと思ったのに……。残念。２人一緒に走りを再開する。上りだが話しながら進む。彼女は今年が6回目の出場で、11時間台でゴールしたことがあるらしい。なるほど、僕よりも走力がある。追いつかれるのは当然だ。小平は僕が若い頃に住んでいた小金井の近くだ。ずうっと小平なんですかと訊くと、新潟出身で昨年のえちご・くびき野１００㎞にも出場したと言う。昨年のえちご・くびき野なら僕も出場した。すれ違っていたかもしれない。

間もなく最高地点を過ぎ、下りが始まった。はっきりした下りだ。話しながら下る。小平さん（以後、こう呼ぶ）によると、このコースは後半は下りばかりではなく、意外に起伏があるらしい。下りばかりと高をくくってはいけないらしい。

「自分の方が遅いと思うのでお先にどうぞ」と小平さんが言う。そんなことはないと思うが、前に出ることになった。あとで抜かれるのだろうな。

下りは途中から緩やかになったが、疲れてきた。限界が近そうと感じていると、町の中心らしきところに出た。沿道に人が増えた。声援を受けながらエイドに到着。疲れた。かなり疲れている。水分をとり、果物で栄養補給し、頭から水をかぶって出発。ちょうどそこに50㎞の標示があった。時計を見ると6時間17分台。目安としていた6時間を17分もオーバーしている。このタイムに疲労と暑さ。これらを考えれば、余裕はない。後半は上りもあるという。心してかからねばならぬ。

ここで小平さんに追いつかれ、抜かれた。「頑張りましょう！」と声をかけられたが、「はい」と返事するのがやっと。離されまいと思うが、姿は小さくなっていく。走りが全然続かない。仕方なく歩いて進む。

次のエイドだったたと思う。何を食べようかと考えながら近づくと、黒のスーツのでっぷり太った男が邪魔をしている。男にその意識はなく、場所をあけようという様子は見えない。エイドのおばさんたちと談笑している。邪魔だなあ。この男は何者だ。顔を見ると結構いい歳だ。ちょうどそのとき、男の向こうから見たことのある男が近づいてきた。あっ、分かった。先日まで法務大臣だったK衆議院議員だ。昨年から今年にかけて、この顔は何度もテレビで見た。適性が疑われる法務大臣として、何度も報道されていた。彼は秋田選出だったのだ。彼は8月初めの内閣改造で大臣を退任した。注目される立場から解放されてほっとしていたが、選挙が近いので地元に帰ってきたのだろう。最初のでっぷり男はおそらく秘書だ。様子を見ていると、エイドはランナーのためのものだと知らないようだ。邪魔にならないようにという配慮が全く見えない。選挙権のある地元の人間しか関心がないと見える。大臣経験者でも、選挙に落ちればタダの人。必死なのだろう。

それにしても苦しい。小平さんの姿は全く見えなくなった。走れない自分が情けない。ゴールに近づいているのに、ちっとも嬉しくない。完走できない可能性が大きくなっているからだ。14時間なら大丈夫だが13時間は厳しい。

幹線道路から脇道に入った。歩くランナーが増えてきた。進路案内など不要と思われるところにスタッフがいて鈴を鳴らしている。猪か熊除け対策なのだろう。熊による被害が増えているとニュースで言っていた。事故が起こってからでは遅い。主催者の苦労を思う。

65㎞を8時間22分台で通過。ということは、残り35㎞を4時間37分で走らなければならない。これは厳しい。とても厳しい。疲れた頭で計算する。35㎞を平均7分／㎞で走れば245分かかる。245分は4時間05分だから、4時間37分より短い。つまり、7分／㎞で走ればゴールできる。8分／㎞で走ると280分かかる。280分は4時間40分だから、ぎりぎりゴールできない。ということは、8分／㎞より速く走らなければならないということだ。今の自分には厳しい。でも走るしかない。直近のレース（7月の北オホーツク）では80㎞でリタイアした。2戦連続リタイアなんて嫌だ。絶対にしたくない。可能性がある限り、諦めないぞ。ここからは本当に、本当に必死で頑張る。

脇道から幹線道路に戻った。苦しいが走り続ける。と言いたいところだが、走りと歩きを繰り返している。必死に見えないかもしれないが、必死だ。暑い。日差しが強い。エイドでは必ず、飲むだけでなく頭から水をかぶっている。かぶる水があるのは本当に有難い。

76㎞のエイドだったたか、81㎞のエイドだったたか、ババヘラアイスを提供していた。ババヘラアイスというのは、国道沿いでおばあさんが売っているアイスクリームのことで、この辺りの名物らしい。先日のＮＨＫの『ドキュメント72時間』で取り上げられていた。昨日の前夜祭で、50㎞以降のどこかで提供すると言っていたが、ここだったのだ。この暑さだからアイスは大歓迎だ。待ってましたと手にとったとき、エイドのおばさんから「椅子に座ってお食べなさい」と言われた。ここで時間をとりたくないが、座って休めるのは有難い。少年のように素直に従う。

座って食べ始めたときに、おばさんが僕の肩を揉み始めた。「有難うございます」。思わず口に出る。僕のゼッケンを見て、「まあ、兵庫から来てくれたの？　遠いのに有難うございます」。おばさんの肩揉みはとても上手だ。指先まで力を入れ、肩ばかりか肩甲骨も揉んでくれる。有難い。優しい気持ちが嬉しい。疲れが和らいでいく。

アイスを食べ終え、椅子から立ち上がる。もっとゆっくりしたいが、今は先を急ぐ身だ。出発しなければならない。首筋に水をかけながらおばさんに伝えると、「もう行くの？　来年も来てね！　待ってるからね！」と言われた。正直に言うと、今日完走すれば来年は来ない。嘘はつきたくないので、「有難うございます」と応じて出発する。

80㎞を10時間16分台で通過。残り20㎞を2時間43分で走らなければならない。８分／㎞なら１６０分、つまり2時間40分だから8分／㎞で走ればゴールできる。ここまで頑張った甲斐あって、65㎞地点よりもゴールの可能性は高くなった。でもそれは、少しだけだ。本当に、ほんの少しだけだ。ゴールはまだまだ先。喜ぶのは早い。

ゴールに近づいている感じがしない。時間に追われているからだろう。ゴールに着いても、制限時間に間に合わなければ完走は認められない。苦しい思いをして、必死に頑張って１００㎞を走っても、完走したことにならない。僕は初心者ではない。挑戦しただけでは満足しない。

85㎞を過ぎ、90㎞も過ぎた。90㎞を11時間39分台で通過。最後の10㎞を1時間20分で走ればゴールできる。平均8分／㎞で走ればゴールできるのだ。自分としてはこの10㎞も頑張った。ものすごく頑張った。でも、貯金するところまでいかなかった。それは残念だが、今の状態ならゴールできそうな気はする。あと10㎞の辛抱だ。あと1時間20分の我慢だ。しんどいけれど走り抜くぞ。

90㎞を過ぎてから距離標示が1㎞毎になった。これまでは5㎞毎だった。これからは進んでいる実感を1㎞毎に味わえる。そんな小さなことが嬉しい。左折して幹線道路を離れた。92㎞過ぎのエイドでスポーツドリンクだけ飲んで出発。少しでも時間を節約するのだ。10秒遅くて完走できなかった、なんていうのは嫌だ。絶対に嫌だ。

少し行ったところに交差点があった。この交差点の民家の庭で、5人ほどのおじさんがテーブルを囲んでいる。テーブル上に日本酒の一升入り紙パックが見える。宴会をやりながら応援しているのだ。このおじさんたちにとって、応援は飲む口実に違いない。僕も酒が嫌いではない。ここが残り1㎞地点で時間の余裕があれば、仲間に入れてもらいたいぐらいだ。でも今は先を急いでいる。宴会を横目に通過する。

幹線道路に戻った。上り坂だ。見上げると、上り坂の先が見えない。どこまで上りが続いているのか分からない。92㎞を過ぎてもまだ上りか。小平さんが言っていたことは本当だった。厳しいなあ。内心は大ショックだが、文句を言っても始まらない。行けるところまで走るぞ。固い決意で走り始めたが、すぐに歩きに変わる。でも、姿勢は前傾だ。攻めの気持ちがあれば、姿勢は自ずと前傾になる。完全に可能性が断たれるまで、攻めの気持ちは失わない。

茫然と歩いている女性ランナーがいた。精も根も尽き果てた様子だ。攻めの気持ちは窺えない。声をかける。「頑張りましょう！　ここまで頑張ったのにゴールできないのは悔しいじゃないですか」。返ってきたのは苦笑い。彼女もきっとそんなことは分かっている。でも体が動かないのだ。僕も彼女も歩いている。それは同じだ。でも、気持ちが違えば速さが違う。

やっと坂を上り終えた。大きく深呼吸して走りを再開する。93㎞を12時間02分台で通過。残り７㎞を57分で走らなければならない。計算しようとするができない。簡単な計算なのに……。少しして、８分／㎞で走ればゴールできると分かった。そんな計算するヒマがあったら走りなさいよ、などと言う勿れ。頭の中はゴールできるかどうかでいっぱいなのだ。それに、計算しながらでもちゃんと走っていますよ。

コースは一筋縄ではいかない。このままゴールまで下りかなと思ったら、また上りが現れる。最後まで苦しめてくれるじゃないか。トンネルを抜けたあと、ようやく下りになった。このままゴールまで下りだといいが、どうだろうか。95㎞の標示がなかなか現れない。そう思いながら走っていたら、96㎞の標示があった。95㎞はトンネルの中だったので、標示してなかったようだ。

下りでは絶対に走り続ける。そう思いながら頑張っていたら、前方に大きな交差点が見えた。青信号だから渡ってしまおう！　スピードアップしたが寸前で赤。警官に止められた。あーっ、残念！　青まで待たされるのかとがっかりした瞬間、その警官が青になった向こう側（右側）に渡りなさいと指示した。指示に従って向こう側（これまでの進行方向に対して右）に小走りで渡る。渡り終えた瞬間、そこにいた警官が、まだ赤だけれど向こう（進行方向）に渡りなさいと指示してくれた。

車が来ていないから、まだ赤だけれど渡っていいよというわけだ。有難く指示に従う。この交差点までは左側の歩道を走っていたが、ここからは右側を走るようだ。２人の警官の粋な計らいで、タイムロスなく交差点を通過。お巡りさん、有難う。

下り坂を少し行ったところにエイドがあった。おそらく最後のエイドだ。スポーツドリンクだけ飲んで出発。97㎞の標示があった。時計を見ると12時間33分台。残り3㎞を26分。8分／㎞で走ればゴールできる。それでも余裕は2分しかない。ゴールに近づいてはいるが、背後から追っ手が迫ってくるようだ。苦しい。もっと走力があれば、この状況でも余裕なのに。

幹線道路を外れて右折。市街地に入る。沿道に人が出ている。幹線道路は民家がなかった。沿道にいるのはスタッフだけだった。でも、ここは違う。町の人が声援を送ってくれる。声援に応えながら進む。

99㎞地点にランナーを眺めているMさんの姿が見えた。ここにいるということは、リタイアしたということか。名前を呼ぶと気がついた。「行けるぞ！」と言ってくれた。その瞬間、スタッフが「残り10分！」と叫んだ。よしっ！　10分あればゴールできる。このままゴールまで走っていくぞ。

商店街に入った。商店街の狭い歩道を進む。知らない人が僕の方を見て、「あっ、○○さん」と名前を呼んだ。どうやら僕の後ろに地元のランナーがいるらしい。地元の人を声援するのはいいけれど、遠方からの人間もいますからね。でも口に出さない。大人だからね。というよりも、声を出す元気がない。今は黙して行かん（1961年「北帰行」小林旭）。男は黙って進むのだ。

信号がある。ゴールまで走り続けるつもりだったのに、赤信号で止められる。制限時間まで少し余裕があるから素直に従うものの、余裕がなかったら振り切って通過するところだ。

このあとも赤信号で2回止められた。スタッフの指示に従って右折。信号を渡って商店街を出た。300mほど走って左折。左折したら目の前、10m先がゴールだった。

このとき、僕の前に3人のランナーがいた。ウルトラマラソンでは通常、ゴールテープを切る瞬間を一人ひとり写真に撮ってもらう。もちろん僕も、その瞬間を撮ってもらいたい。3人は順番に一人ずつ、ゴールテープを張り直してもらってゴールした。僕もこのあと、万歳ポーズをしてゴール。終わった。やっと終わった。余韻に浸っていたら、時計を止めていないことに気づいた。時計を見ると、制限時間まで残り1分半だった。

ゴールしたランナーと迎えの人たちで混雑する中、先着ランナーについて進む。完走証をもらうテントに着いた。列に並んで何気なく前方を見ると、小平さんの後ろ姿が見えた。しかし、声をかけるには遠い。どうしようかと迷っていると、彼女が振り向いた。目が合った。その瞬間、笑顔になった。気がついてくれてよかったけれど、どうしてここにいるの？　ずっと前にゴールしたんじゃないの？

秋田杉の完走証を受け取ったところで、小平さんがこちらにやってきた。預けていた荷物を受け取っていたようだ。聞くと彼女もゴールしたばかりとのこと。「着替えたあと、あちらの後夜祭会場で会いましょう。赤い帽子をかぶっています」と言って、会場の方向を指さす。了解。僕も荷物の受け取りに並ぶ。

荷物は受け取ったものの、動きたくない。着替える元気がない。とにかく今は座りたい。混雑している周囲を見回し、空いたスペースを見つけてドッコイショと腰を下ろす。ああ、疲れた。しんどかった。考えてみれば、座ったのはババヘラアイスのときだけ。そのあともずーっと暑かった。骨の髄までヘトヘトだ。座っていても出るのはため息ばかり。何もしたくない。本当に何もしたくない。決めた。ホテルはすぐ近くだ。ここで着替えるのはやめた。ホテルで風呂に入ってからでいいや。

数分経ってようやく動く気になり、秋田杉の完走証をリュックに入れる。大きくて、入れるだけでひと苦労だ。受付でもらったゴール会場用の食券を取り出し、後夜祭会場に向かう。

赤い帽子が見つかった。近づくとやはり小平さん。数人の男性とテーブル（上にビールや食材が並んでいる）を囲んで談笑している。小平さんは僕に気がつき、どうぞどうぞと招き入れてくれた。「兵庫県から来た原田といいます」。自己紹介し、仲間に入れてもらう。

食券をビールときりたんぽに替えて飲み食いしながら聞いたところによると、このグループは過去のこの大会で知り合った仲間で、男性2人は平泉、一人は仙台からの参加らしい。小平さんはKaさん、仙台の男性はKiさんという名前だった（Kiさんからは「走るケアマネ」と書いた手作りの名刺をもらった。平泉の2人は名前を聞く前に、電車の時間なのでと去っていった）。今日、Kaさんは12時間53分台でゴール、Kiさんは11時間53分台の自己ベストだったと言う。次はどの大会に出るのかと訊かれたので来週の東北・みやぎ復興マラソン、それまではこのまま帰らずに東北地方を旅行するつもりと答えると、いいですねーとの反応。確かに今の僕は自由の身。仕事を持つ皆さんには申し訳ないが、ご容赦願いたい。今は呑気にしていますが、少し前まで忙しく働いていたんですよ。

Kaさんも電車の時間なのでと去って行った。寒くなった会場で残ったKiさんと話す。Kiさんも復興マラソンに出るらしい。間もなく後夜祭終了とのアナウンスがあった。Kiさんもこの近くの旅館に泊まると言う。「復興マラソンでお会いしましょう！」。そう言って別れた。

僕が泊まるのは「ホテル八木」だ。JR鷹巣駅の駅前にあり、この会場から徒歩で数分だ。遠くはないが背負ったリュックはずしりと重い。真っ暗な道を歩いていると、急に尿意を覚えた。ホテルまで我慢できそうにない。考えてみればレース中に十分過ぎるほどの水分補給をした。ゴール後もジョッキのビールを2杯飲み、きりたんぽとおでんは汁も残さず飲んだ。冷えてくれば尿意も当然だ。と思っていると、ちょうどうまい具合に空地があった。幸い街灯もなく真っ暗だ。振り返ると誰もいない。そこへ入って、こっそり放尿。この土地の持ち主の方、申し訳ありません。

そこから少し行って右折したところにホテルはあった。チェックインしてすぐに二階の部屋に入る。テレビを見ようとスイッチを押したが映らない。今はもう滅多に見ない厚型のテレビだ。フロントに尋ねるのも面倒なので見るのを諦める。

風呂に入ろうと靴下を脱ぐと、足の親指の爪が剥がれていた。しかも、両足ともにだ。どちらも出血している。シューズを見ると、白い生地が両方とも血で赤く滲んでいる。走っているとき痛かったのは当然だ。爪が剥がれていたのだ。剥がれてはいるが、じっくり見ると両方とも一部の皮で繋がっている。風呂では、腫れ物に触るように洗った。でもチクチクと痛い。痛いのは足の指だけではない。全身が筋肉痛だ。ストレッチをしよう。明日のために、筋肉痛を和らげるためにストレッチをしておこう。そう思って始めたが、すぐに飽きた。ストレッチをする気力も体力もない。やめよう。明日は明日の風が吹く。今日は完走できたのだ。それで十分だ。今日はもう眠ろう。

ベッドに入り、目をつむって心の中で叫ぶ。嬉しいーっ！　本当に嬉しいーっ！　完走できて本当によかったーっ！

〈あとがき〉

・完走できてよかった。それに尽きる。残り35㎞地点で残り時間が４時間半余りだったときは、完走は難しいと本当に思った。でも、ぎりぎり間に合った。諦めなければ何とかなる。それを学んだ。

・順位は完走531人中513位だった。男性では458人中443位だった。本当にビリに近いが、100㎞の完走率は52・1％だ。胸を張れる結果だと思っている。

・秋田杉の完走証は必要以上に大きいが、ランナーの名前も記録もない。大会会長の名前は印字されているのにだ。後日送付でいいから完走者の名前を入れてもらいたい。

・最高齢ランナーのＳさんは、完走していなかった。でも、81歳で100㎞を走ろうというのは本当に素晴らしい。

・民宿で同室だったＭさんとNaさんは途中リタイア、Taさんは12時間41分台で完走していた。Taさん、

Naさんには後夜祭で会えたので、来年の弘前アップルマラソンに出ると伝えた。2人も出ると言っていた。会えればいいが。

・大会後3週間ほど経って記録集が届いた。記録集の中に、「ランナーの皆様へ」と題した手紙が入っていて、「今大会は7月からの豪雨等の影響でコース上に工事箇所が多数ありました。ランナーの皆様にとっては大変走りづらいコースとなりました事、お詫び申し上げます。指摘事項としましては、体調不良で棄権されたにもかかわらず、自転車によるランナーとの並走、エイドに立ち寄るなど事故に繋がりかねない危険な行為や応援者としてのマナー違反がありました。事故としては、午前10時頃にコースの約46km付近でランナーの方が蜂に刺されました。数ヵ所刺された方には走行を中止していただき、病院に搬送しました。また途中で気分が悪くなった方も救急搬送等で対応し、大事には至らず無事に帰られましたが被害に遭われた皆様には心よりお見舞いとお詫びを申し上げます。実行委員会では、大会の約2週間前にコース上の蜂の巣の調査をし、3日前には調査で発見した巣の駆除をしておりましたが今回の蜂の巣はコンクリートの隙間から土の上に巣を作っており、事前に発見できませんでした。今後は、蜂の巣のチェックを細かくし、『安全で安心な大会』に努めてまいります。――北緯40°秋田内陸リゾートカップ100キロチャレンジマラソン大会実行委員会」と書いてあった。文章は前夜祭の司会と同じく切れに欠けるが、今となってはそれも懐かしい。100kmものコースのチェックは本当に大変だ。心から感謝したい。大会をよくするための提案はいいけれど、多少のことで文句を言ってはいけませんね。

6）遅まきながら復興支援　東北・みやぎ復興マラソン（33番目、宮城県、2017年10月1日）

秋田内陸100kmのあと6日間は、青森県（金木町、弘前市、青森市）、岩手県（平泉町）、宮城県（松島町、石巻市）を旅し、東北・みやぎ復興マラソン当日は仙台のゲストハウスで迎えた。

10月１日、４時40分に起床。部屋を出るとマラソン出場者数人が朝食を食べていた。トースト１枚にコーヒー、おにぎり１個の朝食を終え、昨日知り合ったＵ君と５時20分に宿を出る。

電車を待ちながらプラットホーム上でＵ君に、先週の秋田内陸１００㎞で両足の親指の爪が剥がれたこと、（血が滲んだシューズを見せながら）血が出て痛みがまだ残っていること、今日は走ってみないと分からないこと、痛みの具合によっては途中棄権も覚悟していることなどを話した。Ｕ君は、僕がそれほどの状況だと思っていなかった（言っていないので当然だ）ようで、驚いていた。

５時43分発の電車に乗る。ランナーがたくさん乗っている。駅毎にランナーが乗ってきて、ほぼ満員で仙台駅到着。仙台駅で仙台空港アクセス線に乗り換える。この大会は集中し過ぎないように、下車駅を館腰駅、名取駅、岩沼駅と仙台空港駅の４つにランナーを割り振っている。それぞれの駅からは、シャトルバスが会場まで運んでくれる。僕は名取駅を希望したが、仙台空港駅になった。Ｕ君は名取駅らしい。お互いに頑張りましょうと別れる。仙台駅６時08分発のアクセス線は客のほとんどがランナーだった。６時33分に空港駅に到着すると、外にはもう長い列ができていた。バスに乗ったのは10分ほど。でも、降ろされたところから会場までが遠かった。15分は歩いた。会場までこんなに歩くのは初めてだ。

会場に到着し、更衣用のテントに入る。昨日と同じく今日も好天で、気温は高くなるという予報だ。この時間でも、走るウエアになっても寒くない。着替えを終え、残していたおにぎりを食べ、リュックを預ける。トイレに行くと空いていた。希望通りに排出。さて、残るはストレッチだけだが暑い。日陰でと思うが、日陰はテントの下しかない。テントの下は爺さんボランティアたちが腰かけて談笑中だ。この人たちは仕事がないのかな。

テントが作った小さな日陰（中ではなく外の陰）で、日差しが当たらないように窮屈にストレッチをすませ（窮屈なストレッチに意味ありや?）、座れるところを歩いて探す。すると、休憩用テントに多くのテーブルと椅子があるのを見つけた。ほとんどの席は埋まっていたが、空いた椅子がひとつあった。ようやく座ることができた。座れたことよりも、日陰に入れたことの方が嬉しい。

日陰に入ったものの、することがない。話し相手もいない。座っているのでストレッチもできない。両隣りに人がいるので、動ける範囲がとても狭いのだ。やっと見つけた席を手放すのは勿体ないが、あまりにも手持ち無沙汰。テントの外に出ることにする。

念のためと思って並んだトイレが今度は長蛇の列。思わぬ時間がかかり、スタート地点に向かったのはスタートが迫る9時10分。スタート地点には、申告タイム順にAからMまでブロック毎に並ぶことになっている。僕はFだから真ん中辺りだ。Fのブロックを見つけ、最後尾から入る。スピーカーから楽天イーグルスの星野仙一の声が聞こえている。声は聞こえるが姿は見えない。どこにいるのだろう。

9時15分、星野スターターが号砲を鳴らす。東北・みやぎ復興マラソンが始まった。しかし、我々のスタートはまだ。A、B、Cの3ブロックは9時15分のスタートだが、D、E、Fは10分後、G、H、Jは20分後、K、L、Mは30分後にスタートする。参加者が多いので、事故防止のために順番にスタートするウエーブ方式をとっている。我々のスタートは9時25分なので、タイムは9時25分から計測される。ところが、制限時間は最初の9時15分から6時間半だ。理屈に合わないと思うが、多くの大会の制限時間は6時間だ。この大会はそれよりも長いから、一番遅いグループでも6時間あるのでご理解いただきたいということなのだろう。

9時25分、スタートの音が鳴った。だいぶ経ってから動き始め、スタートラインを越えたのは3分58秒後。星野仙一は、スタートライン横の特設ステージの上にいた。地元出身の漫才師サンドウィッチマン、マジシャンのマギー審司らと一緒に手を振っている。沿道の声援にも送られ、さあ行くぞ。

スタートしてすぐに左折。南に向かう。初めは周囲のランナーに合わせて進むだけだ。速く走ろうとは思わない。足の爪がチクチク痛む。歩いているときは分からなかったが、足の疲れも残っていた。今日のマラソンはどうなるだろう。コースの道路は立派だが、殺風景で何もない。沿道で応援してくれる人はいるが、建物はない。何もかもが津波に流されてしまったのだ。

どちらかと言うと抜かれる方が多い。5㎞を35分38秒で通過。スタートラインを越えるまでの時間を考えればこんなものか。今日の目標は完走すること。先は長い。焦らずに行こう。

沿道で手や旗を振ってくれる人たちの多くが、「ありがとーっ！」と叫んでいる。本来なら、こちらが発する言葉だ。この人たちは有難うと言ってはいるが、本心だろうか。本当に心から我々を応援しているのだろうか。内心は、呑気なご身分で結構でございますね、と思っているのではないか。そんな疑念を抱かずにいられない。

阿武隈川の河口にかかる亘理大橋の手前で先行ランナーとすれ違う。ランナーの集団が途切れることがない。大きな大会だ。大橋を渡って少し行くと10㎞地点。1時間07分台で通過。どこまでこのペースで行けるか分からないが、まずまずのペースだ。民家が並ぶ一画をぐるりと回る。今度は後続のランナーとすれ違う。知った顔がないかと見ながら走っていたら、角館で同宿だったMさんの姿があった。が、気づいたときは声をかけられなかった。もう一度亘理大橋を渡って海岸の方向に進む。左折して海岸と並行して北に少し進むと、15㎞地点。1時間39分台で通過する。予想よりもいいが、苦しくなってきた。暑さのせいだ。スタートしてからずっと日差しを浴びている。これからエイドでは、水をかけて体を冷やそう。

コース右側に防潮堤が築いてある。巨大な壁のようだ。海は見えない。津波対策として築いた壁だが、自然の景色はなくなった。景色は味気ない人工物になった。海は防潮堤に登らないと見えない。東日本大震災は1000年に一度の震災だったという。この防潮堤は1000年もつのだろうか。とてもそうは思

■コース図

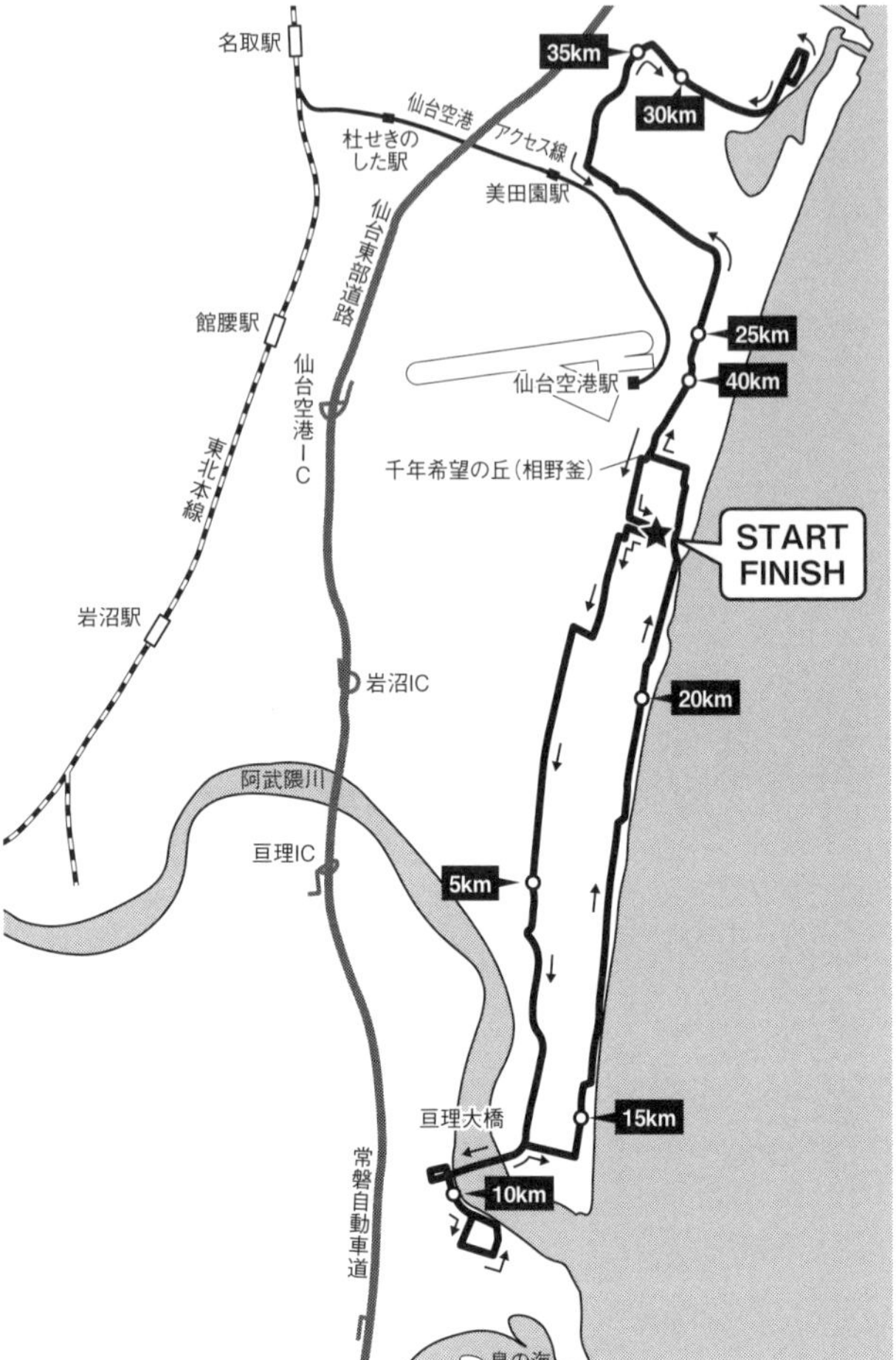

名取駅
仙台空港
アクセス線
杜せきの
した駅
美田園駅
仙台東部道路
館腰駅
仙台空港駅
仙台空港IC
東北本線
千年希望の丘（相野釜）
START
FINISH
岩沼駅
岩沼IC
阿武隈川
亘理IC
亘理大橋
常磐自動車道
鳥の海
5km
10km
15km
20km
25km
30km
35km
40km

■高低図

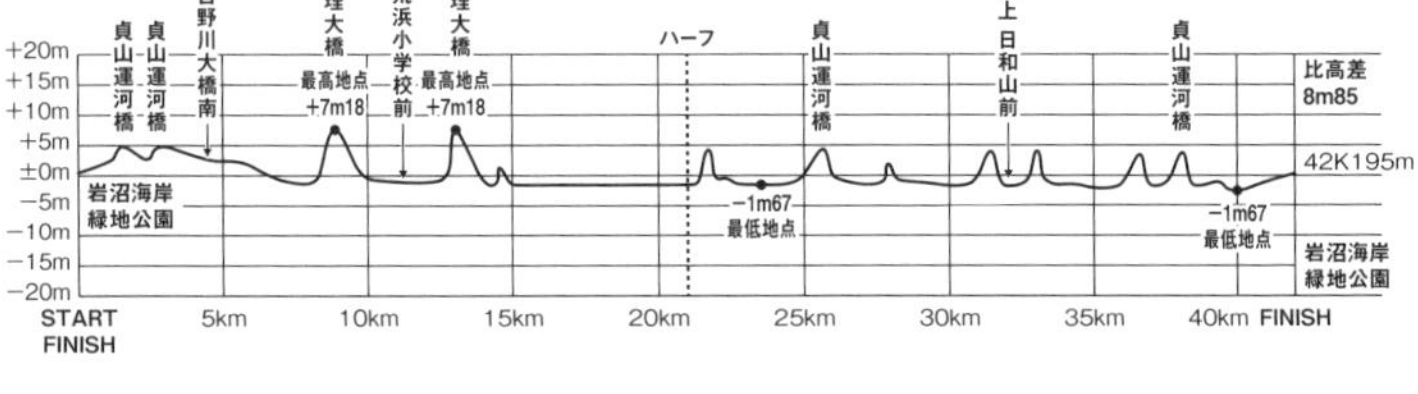

+20m
+15m
+10m
+5m
±0m
−5m
−10m
−15m
−20m
貞山運河橋
貞山運河橋
吉野川大橋南
亘理大橋
最高地点
+7m18
荒浜小学校前
亘理大橋
最高地点
+7m18
ハーフ
−1m67
最低地点
貞山運河橋
閖上日和山前
貞山運河橋
−1m67
最低地点
比高差
8m85
42K195m
岩沼海岸
緑地公園
岩沼海岸
緑地公園
START
FINISH
5km
10km
15km
20km
25km
30km
35km
40km
FINISH

えない。

コースを離れて防潮堤に向かうランナーがいる。その先には、防潮堤の上で海を眺めているランナーがいる。僕も行ってみたい。でも、余裕がない。行って戻ってくるだけで、２分以上のロスになるだろう。防潮堤に登るのも体力を使う。今の僕にそんな余裕はない。

20㎞を2時間11分台で通過。悪くないタイムだが、これから大きくペースダウンしそうだ。暑い。足の力も残っていない。爪の痛みを抑えるために、普段とは違う走りになっている。力はいつも以上に使っている。完走はできそうだが、これから失速するのは間違いない。

中間点を2時間18分台で通過。何とか5時間以内でゴールしたい。コース左は、見えないがゴール地点のようだ。コースはこれからずうっと先まで行って、折り返してこの近くまで戻ってくる。後半苦しむのは間違いないが、何とか戻ってきたい。

右折して先行ランナーとすれ違い始めた。こちらはまだ25㎞に来ていないが、彼らは40㎞を過ぎたところだ。彼らが羨ましい。僕はまだ2時間以上も苦しまなければならない。

25㎞を2時間44分台で通過。残り17㎞余りを7分／㎞で走ったらと計算してみる。１２０分だから、ちょうど2時間だ。ということは5時間以内でゴールできる計算だ。何とか5時間以内でゴールしたい。

苦しい走りが続く。気を紛らそうと先行ランナーを眺めるが気は紛れない。とうとう走り続けられなくなった。歩いていると、先行ランナーの中に茨城県のＴさんの姿があった。走りに勢いがある。彼は7月の北オホーツク１００㎞にも参加していたが、彼も僕も80㎞でリタイアし、同じバスに収容された。走力に差はないはずだ。先週の１００㎞があるので今日の僕はハンディがあるが、Ｔさんは確か75歳。この暑さの中、勢いのある走りに驚く。

何度も歩き、30㎞を3時間18分台で通過。苦しい。暑さは少しマシになったが、ゴールまで12㎞余りもある。いつもなら残り少なくなったと思うのだが、今日は違う。まだ12㎞も残っている。32㎞付近の大きなエイドで完全に立ち止まり、食べ物と水分を補給。補給したいのも事実だが、それより今は足を休めたい。

白衣を来た男性が小走りに走っている。医者のようだ。前方にうずくまっているランナーがいる。アクシデントがあったようだ。今日の暑さはマラソンには過酷だ。1万人以上もいればこういう人も出る。

この辺りでMさんとすれ違った。今度は声をかけた。気づいてくれたが、反応は「どなたでしたっけ?」。「先週の秋田内陸100㎞で同室だった原田です」と言うと、ああそうだったという感じで笑顔になった。「頑張りましょう!」。互いにエールを送って別れる。

35㎞を3時間55分台で通過。ここでようやく前向きな気持ちに変わった。残りは7㎞。頑張ろう。日差しは弱くなり、風が出てきた。向かい風だ。終盤での向かい風は辛い。

疲れた。本当に疲れた。とても走り続けられず、歩きに変える。心臓も足も、両方ともに限界だ。この辺りは民家が多く、沿道の応援も多い。お爺さん、お婆さんから子供まで応援してくれている。有難う。本当に有難う。今日は情けない姿ですが、いつもはこんなじゃないんですよ。もっとマシなんですよ。

市街地から被災地域に戻ってきた。建物がなくなり、すれ違う後続ランナーも少なくなった。沿道はスタッフだけになり、日差しもなくなった。強い向かい風が余計に物寂しさを増す。残りの距離は思うほど減らない。1時間前はあれだけ暑かったのに、今は寒いぐらいだ。

40㎞を4時間39分台で通過。もうここからは歩かないぞ。固く固く決意して、心の中でリスタート。沿道の応援が増えた。残りが1㎞になった。心臓も足も限界だが、走りは続いている。ゴールまで絶対に歩かないぞ。沿道の声援を受ける。見ず知らずの人たちが応援してくれている。応援は更に増えた。家族や知り合いが戻ってくるのを待っているのだ。僕はついでに応援してもらっている。でもそれで十分だ。僕はヘソ曲がりだが、人の好意は有難く受け入れる。歩きたいのを我慢して、我慢して、我慢して走り続ける。道なりに右に曲がると、目の前にゴールが現れた。やっと終わる。待ちに待ったゴールだ。

終わった。やっと終わった。疲れた。本当に疲れた。5時間以内でゴールできた。よかった。本当によかった。完走メダルを首にかけてもらい、完走タオルを肩にかけてもらい、アイスクリームを渡される。ここに野尻あずさがいた。びっくりだ。こんなところに野尻がいるとは思わなかった。ゴールしたランナーに次々と握手している。僕も喜んで握手してもらった。何年前だったか野尻は、彼女の地元の富山マラソンでも同じようにゴールしたランナーを迎えていた。富山マラソンは迎える側だから当然だ。でも、この復興マラソンはそうではない。野尻、エライ！

腰を下ろす場所を求めて歩く。だいぶ歩いてようやく見つけ、腰を下ろす。アイスを頬張る。自分では買うことのない高級アイスだ。普通はスポーツドリンクか水が出されるのだが、そうでないところがよろしい。美味しかった。

数分かかって生き返り、ヨッコラショと腰を上げる。みんなが行く方向について歩くと、見たことのある景色になった。あれっ？　スタート前に見た景色だ。このときやっと、戻ってきたことを理解した。完走証をもらい、スタート前に受け取っていなかった参加賞を受け取る。次は手荷物だ。すぐ目の前に手荷物を預けたテントがある。でも、一方通行になっているのでこちらからは入れない。今は歩くのも嫌なのに、大回りするようになっている。入り口に回ってリュックを受け取ると、先程こちらから入りたいと思っていた出口から出る。今度は着替えだが、更衣用テントは出口近くになく、入り口の向こうにある。さっき歩いたところをまた歩く。動線が悪い。非常に悪い。どうして同じところを何度も行き来させるのか。ゴール後の手荷物預けの入り口と出口を替えればいいだけなのに。

更衣用テントに入る。今朝もそうだったが、敷いてあるシートからところどころ水が浸み出ている。昨日も今日も好天気だったのに、水が浸み出ている。津波の影響なのか、もともとそういう地質なのか。来年以降が心配だ。毎年好天に恵まれるとは限らない。

時間をかけて着替えを終える。緩慢な動作でしか動けない。トイレへ行ったあと、シャトルバスの発着場に向かう。リュックが肩に食い込んで重い。今朝も遠いと感じたが、朝よりも遠く感じる。

仙台空港行きのシャトルバスは、運よくすぐに来た。16時半に仙台空港到着。スカイマークのカウンター近くのソファに、ドッコイショと腰を下ろし、発券開始を待つ。疲れた。足の疲れはもちろんだが、リュックがすごく重い。1分おきにため息が出る。気がついたらため息をついている。待ち時間がすごく長い。周囲に復興マラソンを走ったと思われる人が何人かいる。その中に残酷マラソン実行委員長のKuさんの姿があった。Kuさんも出場していたのだ。

飛行機は19時35分に出発し、定刻に神戸空港に到着した。帰宅は23時50分。9泊10日の東北マラソンはしご旅が終わった。両足の爪が剥がれたが、何とか帰ってきた。疲れた～っ！

〈あとがき〉

・僕のゴールタイムは4時間55分59秒、ネットタイムは4時間52分01秒だった。総合男子では7373人中3483位、年代別では60～64歳で344人中138位だった。母数は出走数なのか完走数か不明である。主催者はエントリー総数、出走者数、完走者数など、そして男女別、年代別に分かる全体データを発表していない。こういうものはまとめて発表すべきである。検討してもらいたい。

・完走メダルは「石」製で、とても気に入っている。黒地の石に、白のきれいな字で、この大会の完走者だと刻印している。メダルを包むプラスチックには、「伊達政宗が愛した雄勝硯は、600年の伝統を繋ぐ国指定伝統工芸品です。原材料の雄勝石は宮城県石巻市雄勝町で産出され、東京駅屋根のスレートとしても使われています。東日本大震災で生産現場は壊滅的な被害を受けました。このメダルは当時のボランティアが拾い集めてくれた雄勝石で作られています。完走おめでとうございます！　来年も是非ご参加ください！　東北・みやぎ復興マラソン２０１７事務局」と書いてある。いい文章だ。雄勝は「おがつ」と読むらしい。

・同じ宿だったU君は2時間39分05秒でゴールし、25～29歳の部で1位、総合では11位だった。2時間半が目標と言っていたが、届かなかったようだ。暑かったからね。でも年代別1位は素晴らしい。

・茨城県のTさんは4時間02分53秒でゴールしていた。75～79歳の部で1位である。あの暑い中、素晴らしいタイムだ。僕は好条件でもこんなタイムで走れない。

・秋田１００㎞で同宿だったMさんは5時間19分49秒でゴールしていた。僕との差は24分ほど。あやうく負けるところだった。

・同じく秋田１００㎞で知り合いになったKiさんは3時間49分40秒でゴールしていた。素晴らしい。

・残酷マラソン実行委員長Kuさんは、4時間47分12秒でゴールしていた。僕とは6分差だった。レース中は気づかなかった。

・レース後にシャトルバス乗り場へ歩いているとき、後ろから女の子の関西弁が聞こえた。今朝関西空港から来て、今日これから帰るらしい。つまり日帰りだ。仙台空港から近いので、そういうことも可能なのだ。

・走ったあとのシャトルバスは、僕が乗った仙台空港行きは待ち時間がなかった。でも、名取駅行きは多くのランナーが1時間以上待たされたらしい。風が強かったので、寒かったと思う。主催者は専門家のアドバイスを聞いて準備したと思うが、うまくいかなかった。いくら精緻に計画しても、うまくいかないことがある。仕方ないとは思うが、悪天候のなかを長時間待つのは辛い。再発防止に努めてもらいたい。

7）ハイタッチするなら気持ちを込めよ　長井マラソン（34番目、山形県、2017年10月15日）

山形県のフルマラソンはこの大会だけである。今年が31回目の歴史ある大会で、フルとハーフの2種目がある。定員1500人だが、前年までの参加者はかなり定員を下回っている。ほかに選択肢はないので、迷わず申し込んだ。地味な印象がある山形県の、その中でも、地理好きな僕でも知らない長井市で開催される大会である。大会の口コミ評価を見ると、田舎の素朴さが売りらしい。

12日、早めの夕食をとって19時半に出発。行き先は関西空港だ。兵庫県から山形県へは行きにくい。飛行機も新幹線も高速バスも、何度も乗り換えが必要だ。調べた結果、仙台まで飛行機を使い、あとはJRか高速バスで山形まで行くことにした。仙台までは神戸空港、大阪空港（伊丹）、関西空港のどこからでも飛んでいるが、値段を考えると関西空港（ピーチ）か神戸空港（スカイマーク）になる。秋田内陸のときと同じ、関西空港にした。持参する本は三冊。全部読み終えたい。

19時51分発の電車に乗り、関空の待合室に着いたのは23時過ぎ。いつものように自分の場所を確保したあと、毛布を借りて眠る体勢を整える。本を読みながら眠くなるのを待つ。0時頃、睡魔がきて眠りに入る。目をつぶっても天井の電灯が眩しい。電灯が目に入らないよう、横向きで寝る。

5時20分、起床。毛布を返却し、待合室を出る。シャトルバスで第2ターミナルに向かう。チケットを発券してチェックイン。スマホの充電をしながら、妻が作ってくれたおにぎりを食べる。食べ終えたあとは本を開く。乗客がどどっと入ってきて、待合室はすぐにいっぱいになった。

7時20分に出発し、8時40分に仙台空港到着。仙台空港は2週間前に使ったばかり。もうリピーター気分だ。９時13分発の空港アクセス線で仙台まで行き、仙台と山形を結ぶ仙山線（10時07分発）に乗る。黄葉の混じり始めた景色の中を、11時09分、山寺駅に到着。「奥の細道」で芭蕉が立ち寄った立石寺はここにある。電車から降りたのは20人ほど。見たところ全員が観光客だ。正面に立石寺のある山が見える。駅のホームが高いからか、あまり高さは感じない。

立石寺までは土産物屋や食事の店が並んでいる。雰囲気は観光地だ。10分ほどで立石寺の入り口に到着。背中のリュックが重い。３００円を惜しんでロッカーに預けなかったが、奥の院まで辿り着けるか心配になる。後悔することにならなければいいが……。芭蕉と曽良の像の前を通り、入山料を払って山門を入る。さっきまで雨が降っていたらしく、あちこちに水溜まりがある。滑らないように注意しながら上る。歴史を感じさせる階段、お堂などの建物、僧が修行した岩場などを巡り、奥の院に無事到着。１０１５段も上るとさすがに暑い。着ていたジャケットを脱ぎ、奥の院で旅の無事とマラソン完走を祈願する。今度は下りだ。リュックが重いので、バランスをとりにくい。上りよりも慎重に、手摺りを使って下る。ときどき大丈夫かと心配になる老人が上ってくる。が、人のことを心配している場合ではない。ここで怪我して走れなくなったら、何のために来たのか分からない。

食事の店はどこも値段が高そうだ。その中で新しくて入りやすそうな店に入る。ざる蕎麦とげそ天丼をセットにした天丼ランチ（１０００円）を注文。少し高いが、これが一番安い。ゆっくり味わいたかったが、次の電車まで時間がなく急いで食べ終える。この電車を逃せば40分以上待たなければならない。この時期は日が短い。乗り遅れると山形市内を散策する時間が短くなってしまう。

20分ほどで山形駅に到着。山形城の跡にある霞城公園を歩いたあと、最上義光歴史館を訪れて今日の宿ゲストハウスＭに向かう。

宿は簡単に見つかった。出てきたのは若い女性スタッフ。宿代3500円を払って、宿の案内をしてもらう。風呂もトイレも新しくて清潔だ。ドミトリータイプの部屋だろうと思っていたが、ツインベッドの立派な部屋に通された。訊くと、もうひとつのベッドはほかの部屋に移したらしい。ベッドはひとつあれば十分なので異存はない。少し高いと思っていたが、部屋は広くてテレビ付き。風呂にはバスタオルも用意されている。セルフサービスだが、朝食も夕食も宿が提供する食材を使ってもいいと言う。それらを考えると高くはない。それどころか、良心的だ。最後に、「19時半からゆんたくタイムが始まるので、よかったら参加してください。ゆんたくに満足したら、寸志をお願いします。階段の踊り場に寸志入れを置いていますので」と言われた。はい、異存ありません。もちろん参加します。

備忘メモをとったあと、夕食の材料を買いに出る。宿の周囲を歩くが、スーパーどころかコンビニも見つからない。かなり歩いたが全くない。県庁所在地で、しかも中心部と言ってもいい場所なのに……。仕方なく、日替り定食800円という札を掲げた居酒屋風の店に入る。入るとやはり、居酒屋の雰囲気。日替り定食を注文。ビールを飲みたいが、ゆんたくに備えてここは我慢。

宿に戻ってすぐに入浴。身体を洗い、髭を剃っている間に、湯船に湯が入る。温泉以外でこんな深い湯船に入るのは初めてだ。幸せである。実に幸せである。

19時半からのゆんたくがまだ始まらない。風呂上がりにちょうどうまくビールが飲めると思っていたのに。準備するスタッフの後ろ姿を見ながら、手持ち無沙汰に待つ。準備ができ、スタッフから着席を勧められる。最初は僕のほかはスタッフ3人だけだったが、途中から客がひとり増え、2人増えていつの間にか満席になり、若い人数人といい年の男性2人との酒盛りとなった。浦和のKさん（昭和34年生まれの独身。元保険会社勤務。今はフリー）と長野のTさん（昭和29年生まれ。会社の社長らしい。英語も中国語も本格的な使い手だった）で、いい年といっても僕より若い。どちらもここの常連だと言う。世の中は広い。いろんな人がいる。感心しながらゆんたくタイムを過ごす。決められた23時では話し足りず、Kさんの部屋で1時頃まで話した。

翌14日、７時半に起床。1階に下りると、Kさんが厨房で朝食を作っていた。昨夜の礼を言い、朝食のパンを焼く。コーヒーを入れて食べ始めたときKさんが、自分が作った野菜の御浸しをどうぞと分けてくれた。お言葉に甘えて箸をのばす。KさんもTさんも料理をする。その姿は板についている。２人とも普段からやっているのだろう。恥ずかしいが、僕は何もできない。本当に何もできない。

9時過ぎ、9時33分発の電車に乗るため宿を出る。昨夜の酒がまだ残っている。明日はマラソンだ。今夜は少し控えよう。ビール２本に抑えるつもりだ。

余裕で間に合うと思っていたのに、ぎりぎりで駅に到着。奥羽本線を南に下る。茂吉記念館前、かみのやま温泉などの駅を経て、10時04分に赤湯駅到着。改札口を出てトイレを拝借し、大を排出。きれいなトイレでよかった。

駅舎内で山形鉄道フラワー長井線の切符を買ったが、フラワー線がどこにあるのか分からない。駅員に訊くと、もう電車は入っているから入っていいと言う。ＪＲと同じホームだと言う。改札口から見ると、離れたホームに電車が1両止まっている。あれがそうらしい。

跨線橋を渡ってフラワー長井線に乗り込む。電車の外観は名前の通り、花のデザインだ。1両だけで単線を何往復もするのだろう。ロングシートの座席に座って出発を待っていると、小学生を引率したグループが乗ってきた。子供と大人が半々の、10人のグループだ。小学生は賑やかでじっとしていない。隣りに座った子はけん玉を続けている。10時47分ようやく出発し、南長井駅に11時16分到着。運転士に切符を渡して下車する。

南長井駅は無人駅で、降りたのは5人。僕と同じ目的の人はいないようだ。スマホで地図を見ながら、受付会場の生涯学習プラザに向かう。ここは明日のマラソンのスタート、ゴール地点でもある。しかし、駅も道路も、この町で明日マラソン大会があるという感じが全くしない。大会名を書いた幟が何本も立ててあるのが普通だが、全く見当たらない。大会は本当にあるのだろうか。不安な思いで20分ほど歩くと、大会の看板を立てかけている人がいた。生涯学習プラザへの道はこちらでいいかと尋ねる。最初の信号を右折だと言われ、それに従って歩く。だいぶ歩くと、右方向に建物が見えた。あれがそうらしい。最初の信号までが遠く、右折してからも遠かった。大会案内に南長井駅から徒歩20分と書いてあったが、30分以上かかった。

到着したものの、受付に来たランナーが見当たらない。明日の大会出場者らしき人がいないのだ。明日が大会だというのに、ここが受付会場だというのに、こんなに雰囲気を感じさせない大会は初めてだ。いかに田舎の地味な大会とはいえ、募集人員を下回るエントリーなのが理解できる。出場者が少ないからこうなのか、こうだから出場者が少ないのか。

受付用はがきを提出し、大きな封筒を受け取る。はがきに、当日はシャトルバスを用意してあると書いてあったので、どの駅で何時発なのかをスタッフの女性に尋ねる。するとそのスタッフは、資料の置いてある場所まで歩き、「ここに書いてあります」と示してくれた。が、それはマラソン後に会場を出発するバスの資料だった。会場までのことは書いていない。改めて尋ねると、ほかのフタッフに訊きに行ってくれた。でも、知っている人はおらず、「会場までのバスはないのだと思います」とのこと。えー、そうなの？　と思ったが、会場にいるスタッフが言うのだからそうなのだろう。信じ難い上に大いに不満だが、そういう答えなら仕方がない。明日も重いリュックを背負って、ここまで歩くのか。明日は始発電車に乗るつもりだが、駅から歩くとなるとここに着くのは8時10分頃。9時05分のスタートまで時間が少ない。

この大会ならシャトルバスがないのはあり得る。そう思って自分を納得させる。

自動販売機でコーラを買い、乾いた喉を潤しながら大会パンフレットを開く。フルのエントリー数は男女合わせて４３４人、ハーフは１２３人。募集はそれぞれ１０００人と５００人だからそれよりもかなり少ない。確か昨年もそうだった。はっきり言うと人気がないようだ。こういう大会を走るのもきっといい思い出になる。そう思うことにする。

目的だった受付は終わった。ここを出よう。ここにいる間に受付に来たのは、車で来たと思われる２～３人だけ。本当に大会はあるのだろうか。リュックを背負って建物を出る。来た道は遠回りだったようなので別の道を駅に向かっていると、残り１㎞と40㎞の立て札があった。明日はこの道を走るようだ。大会は開催されるようだ。

30分ほど歩いて駅の近くまで来た。昼食の店を探しながら歩いたのだが、見つからないまま南長井駅に到着。今日は昼食抜きにして、夕食をたっぷり食べることにするか。次の電車までは1時間近く。待合室で本を読んで待つ。

13時47分発の電車に乗り、今泉で乗り換え、14時31分に目的の米沢に到着。今日の宿はこの駅に近いホテル「ベストウエスタン」。チェックインできる15時には少し早いので、駅の観光案内所で時間を潰す。チェックインしたら荷物を置いて市内散策するつもりだ。

14時55分、少し待つつもりでホテルに到着すると、フロントの女性が「チェックインできますよ」と言ってくれた。有難い。部屋に入ってリュックを下ろし、コーラと折り畳み傘だけをナップザックに入れて部屋を出る。フロントで、明日の朝食のレストランの開店を所定の6時半ではなく10分ほど早めてもらえないかと頼んでみた。明日は6時44分発の電車なので、６時半からだと食べられないのだ。準備できているものだけでよければ、ということでＯＫが出た。よかった。サービス業はこれでなくっちゃ。礼を言って市内散策に出発。

30分ほどで上杉景勝、上杉鷹山、直江兼続の銅像がある上杉神社に到着。今日は土曜日。観光客が多い。外国人も多い。見学後、帰りに駅近くのスーパーで夕食の食材を買う。弁当3品とビール2本を買った。

18時、ホテルに戻る。明日の準備を終えて風呂から上がると、左足の爪が外れた。3週間前に剥がれた爪が、片足だけだが外れた。よかった。ずっとチクチクと痛かったのだ。これで左足の痛みはなくなるだろう。右足も同じように外れてくれればいいが。

冷やしておいたビールとコップを取り出し、弁当3品を並べて飲み始める。NHKの『ブラタモリ（黒部ダム篇）』とドラマ『植木等とのぼせもん』を見ながら飲んでいると、弁当よりもビールが早くなくなった。ペース配分は考えていたのだが失敗した。もう1本買っておけばよかった。食べきれないことを心配していたが、それはなかった。5時45分に目覚ましをセットし、眠りに入る。

すぐに眠りに入ったが、すぐに目が覚め、結局ほとんど眠れないまま朝を迎えた。以前もこんなことがあった。一晩くらい眠れなくても焦るまい。自分に言い聞かせる。

出発準備を終え、6時15分に1階に下りる。フロントにリュックを預けてレストランに行くと、どうぞと迎え入れてくれた。僕以外にも同時に入った人が数人。同じ要求がほかの客からもあったのかな。食べたいものをサッサッサッとトレーに載せ、着席して食べる。10分ほどで食べ終え、ホテルを出発。時間があればもっと食べたかった。

みどりの窓口で南長井までの切符を買い、改札口を入る。券売機ではフラワー長井線の切符は買えなかった。切符を持たずにワンマン電車に乗ると、降りるときに支払いで大慌てする可能性がある。そうならないように下車する駅まで買っておく。心配は早めに取り除いておくのだ。

6時44分、米坂線の始発電車が出発。車窓から外を眺める。稲刈りを終えた田圃の上に霧が垂れこめている。地面近くは少し見通せるが、山々は全然見えない。雨が今にも落ちてきそうだ。降らないで欲しいが、どうなるだろうか。

７時14分、今泉駅に到着。跨線橋を渡り、フラワー長井線のホームで待つ。７時30分発の電車が来た。乗り込むとランナーらしき人が10人余り。37分に南長井駅到着。電車を降りて駅を出ると、小さなシャトルバスが待っていた。しかも３台だ。どういうこと？　シャトルバスはないんじゃないの？　話が違うよ。でも、あるのは有難い。文句を言わずに乗らせてもらいますよ。

10数人のランナーは３台に分乗し、５分ほどで会場に到着。話が違うので腹は立つが、歩かずにすんで助かった。歴史ある大会なのに、どうしてこんなことになるのだろう。責任者が決まっていて、いい大会にしようと思ってやっていればこんなことにならないと思うのだが……。分からない。

生涯学習プラザに入る。みんなについて２階に上がると、多くのランナーが通路の床にシートを敷いて荷物を置いている。いくら参加者が少なくても、この通路だけが男子の更衣室ではあるまい。階段を下りて見回すと、男子更衣室はこちらとの矢印があった。その方向に進むと、体育館だった。体育館が本来の男子更衣室らしい。その体育館は広くてガラガラだ。真ん中にリュックを下ろし、走るウエアに着替え、トイレに急ぐ。入ったトイレは待ち人なし。しかも洋式。すぐに目的を果たす。ラッキー！

トイレから戻ると１階の催し物広場で開会式が始まっていて、大会会長である長井市長が挨拶をしていた。昨年は第30回という記念大会で力を入れていたのに、距離を間違えてしまい申し訳なかったと謝っている。そう。この大会は昨年、距離を間違えたらしい。公認コースなのに距離を間違えたのだ。シャトルバスの一件からも、この大会ならあり得る。納得だ。

次はゲストの挨拶だ。最初は世界陸上とオリンピックの代表土佐礼子。二番目はお笑い芸人宇野けんたろう。土佐の挨拶は印象に残る言葉がなく、極めて平凡。宇野は番組宣伝ばかり。宇野の自慢は芸能界一のマラソン記録だ。ちょうど今日から放映されるＴＢＳドラマ『陸王』に出演しているそうで、ぜひ見てくださいというのが挨拶だった。ゲストとして招待されたのが嬉しかったのだろうが、ゲストの責任感みたいなものが感じられない。

最後に審判長が、Ｊアラートが鳴ったときの注意事項について述べた。「直ちに競技を中断し、身の安全を確保する行動をとっていただきたい。主催者が安全を確認したあとに再スタートするので、役員の指示に従っていただきたい。この場合、順位の表彰はしないが、記録証の発行はします」。Ｊアラートなど誰も歓迎しない。でも、北朝鮮のミサイル発射を心配しなければならないご時勢だ。このようなことまで決めなければならない事務局に同情する。でも、備えあれば憂いなし。準備しておくに越したことはない。

体育館に戻って最終準備をし、財布とスマホを貴重品預け所に預ける。

8時55分、スタート地点に向かう。スタートは生涯学習プラザの真ん前だ。小さな大会はこういうところが有難い。スタート時間はフルもハーフも同じだ。ランナーの中に入ってスタートを待つ。周囲から聞こえるのは東北弁。昨日もらった参加者名簿に知っているランナーはいなかった。今日は誰を気にすることもなく、自分のペースで気楽に走ろう。目標タイムは4時間半。悪くても5時間以内で走りたい。

9時05分、スタート。スタートラインを越えたのは14秒後。周囲のランナーのペースに合わせて進む。ここは昨日歩いた道だ。しばらくして右折。周囲に民家はない。田園地帯を走る。１㎞以上走ったが、距離標示はなかった。標示は5㎞毎のようだ。スタート直後から少しずつ抜かれている。ゆっくり走っているつもりはないので、僕のスピードが遅いということだ。それは最近よく感じる。残念だが仕方がない。でもこのスピードでも、最後まで同じペースで走ればそこそこの結果になる。僕はそれを知っている。

市街地に入った。家や店の前に出て声援を送ってくれる人がいる。有難いことだ。謝意を示しながら進む。この辺りの建物は歴史を感じさせる。この長井は最上川の水運で「川のみなと」と呼ばれた土地らしい。が、コースから最上川は見えず、その雰囲気は味わえない。でも、繁栄の名残りは感じる。

それにしても距離標示がない。5㎞は過ぎているはずなのに。見逃したのだろうか。それとも10㎞毎にしかないのだろうか。いくら何でもそれはないはずだ。見逃したに違いない。

そろそろ10㎞のはずだ。見逃さないように注意しながら進む。しかし、なかなか現れない。本当に標示はあるのだろうか。疑い始めたとき、やっと現れた。10㎞を58分ちょうどで通過。

上りが始まった。前方に出羽山系の山々が連なっている、と言えばきつい上りのようだが、それほどではない。緩やかな上りだ。道だけ見ていれば上りだと分からない。田圃が棚田になっているので、上っていると分かる。コースの高低図では2㎞で30ｍ上っていた。大した上りではないので歩きはしない。走り続ける。

左折して、今度は南下。この道は大きく緩やかなアップダウンがある。道路幅から幹線道路であることが分かる。と言っても交通量は少ない。ランナーが少ないので、車はランナーなど気にせず走っている。15㎞を1時間27分台で通過。6分／㎞ペースは守れている。もう少し速く走りたいが、思うほど足が出ない。

雨が降ってきた。スタートしてからずっと厚い雲に覆われていた。覚悟はしていたが、ぐっしょり濡れると寒い。ほどほどで上がっておくれ。しかし願いは届かない。帽子をかぶっているのに、眼鏡のレンズが濡れてしまった。

同じ道をそのまま長く南下したあと左折。道の両側がまた田園になった。スタート直後に見たような風景の中、20㎞を1時間57分台で通過。ペースは落ちていない。このペースで最後まで走りたいが、結果はどうなるか。雨は上がった。このまま降らないでおくれ。

スタート地点に戻ってきた。宇野けんたろうがいた。声を出しながらランナーとハイタッチをしている。

■コース図

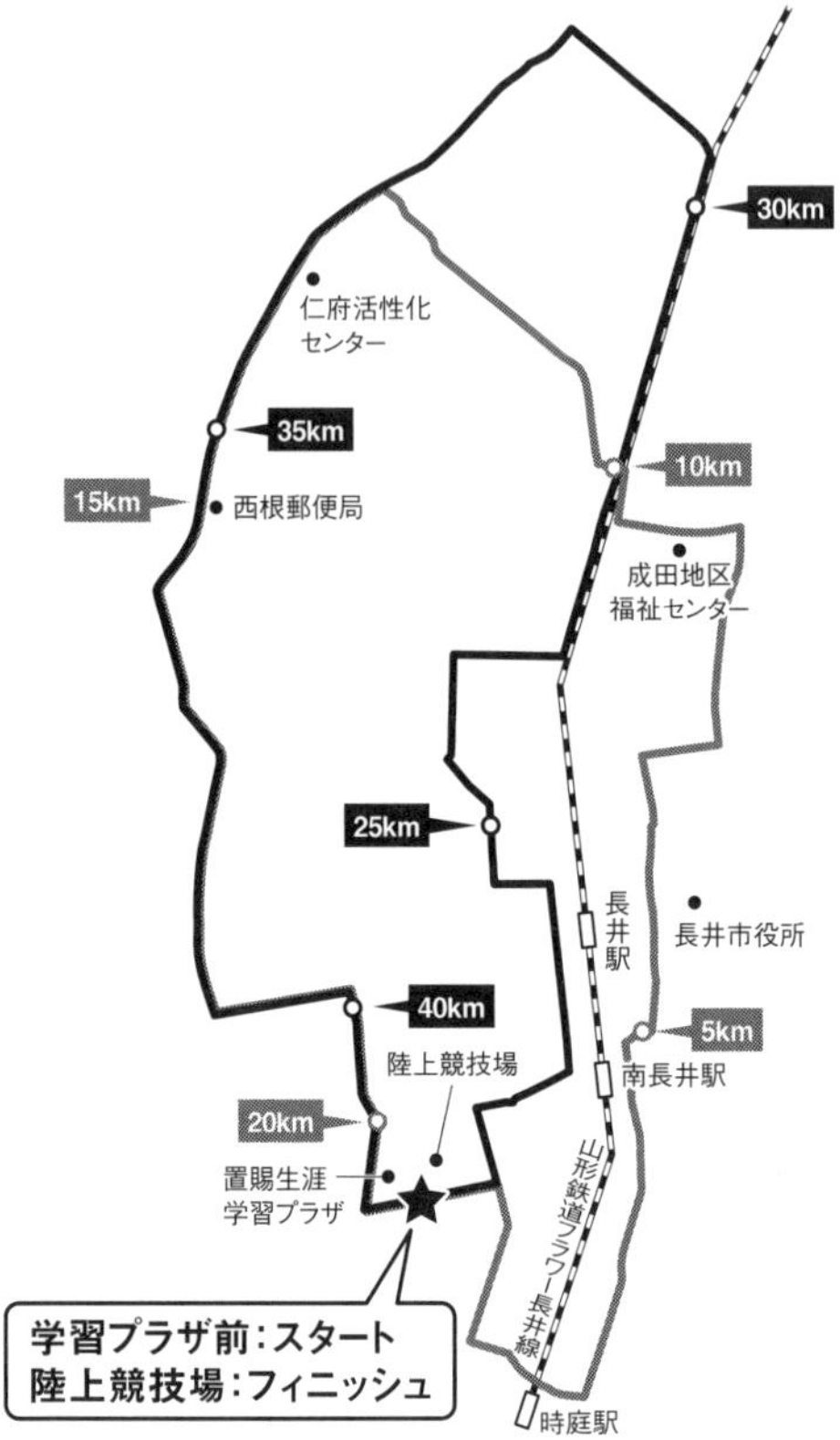
30km
仁府活性化
センター
35km
10km
15km
西根郵便局
成田地区
福祉センター
25km
長井駅
長井市役所
40km
5km
陸上競技場
南長井駅
20km
置賜生涯
学習プラザ
山形鉄道フラワー長井線
学習プラザ前:スタート
陸上競技場:フィニッシュ
時庭駅

■高低図

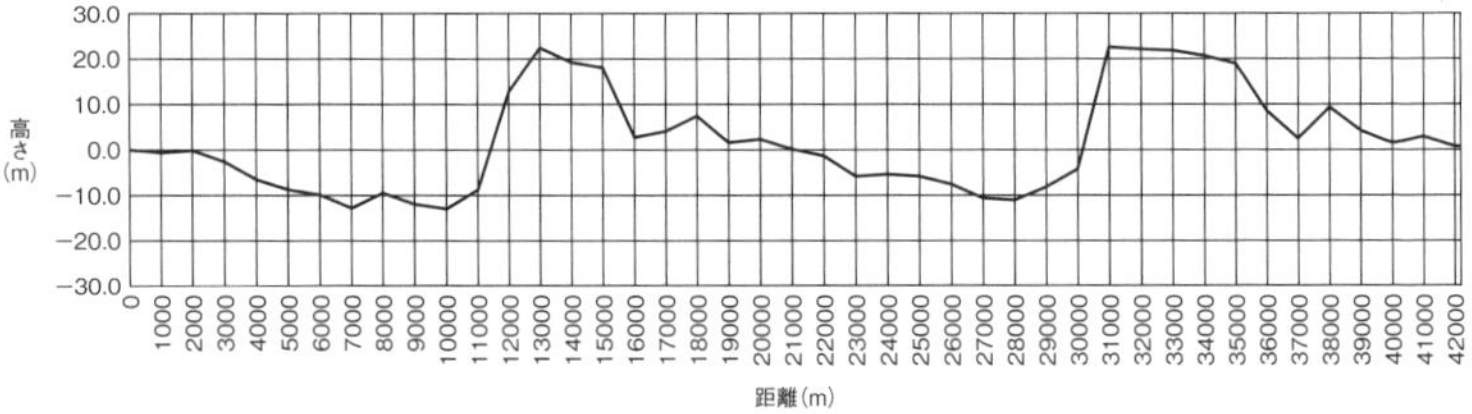
高さ(m)
30.0
20.0
10.0
0.0
−10.0
−20.0
−30.0
0
1000
2000
3000
4000
5000
6000
7000
8000
9000
10000
11000
12000
13000
14000
15000
16000
17000
18000
19000
20000
21000
22000
23000
24000
25000
26000
27000
28000
29000
30000
31000
32000
33000
34000
35000
36000
37000
38000
39000
40000
41000
42000
距離(m)

僕もハイタッチに応じる。ランナーが少ないので、タッチをしないと避けた感じになってしまうのだ。

しかし、宇野のタッチは全く迫力がなかった。ここでのハイタッチは、「半分が終わりましたよ。残りの半分も頑張りましょう！」「頑張ってください！」という意図があるはずだ。ところが、宇野のはそれを感じさせない。掌を差し出してはいるが、気持ちが入っていない。しかも、掌も指の腹も、子供のように柔らかい。これが大人の男かと思うような手だった。人のことは言えないが、こんな手もあるのかと思うような感触だった。

中間点を２時間04分03秒で通過。隣接する陸上競技場に入り、トラックを１００ｍほど走って一般道に戻る。中間点がこのタイムということは、後半も同じタイムで走れば４時間08分台のゴールだ。それは無理としても、４時間10分を切れる可能性がある。ここまで自分のスピードのなさに歯痒い思いをしていた。でも、いいタイムが出る可能性がある。幸い、足の爪の痛みはない。昨夜はほとんど眠れなかったが、眠くもない。全くの予想外だが、今日はチャンスだ。そう思いながら後半に入る。

昨日歩いた道を進んだあと、また市街地に入った。25㎞を２時間27分台で通過。６分／㎞なら５㎞に30分かかる。次の30㎞の通過は２時間57分台を目指す。頑張るぞ。

また田園地帯に入り、コースはフラワー長井線の線路沿いの道に入った。変化のない平凡な道だ。ただペースが落ちないように意識して進む。

30㎞を２時間58分台で通過。ペースが落ちた。疲れは感じていないのに落ちた。思うようにはいかないものだ。

上りがまた始まった。前半の10㎞過ぎとは別の道だが、並行しているので同じように緩やかに上っている。ここも棚田になっているが、前半で通ったときと較べると足が重い。でも諦めてはいけない。諦めたらもっとタイムは落ちる。

左折して幹線道路に入った。残りは約10㎞。ゴールタイムが予想できるところまで来たが、距離標示がないので計算できない。次の35㎞まで待つしかない。焦るまい。焦らずに進むのだ。

35㎞を3時間31分台で通過。この5㎞に33分もかかった。明らかなペースダウンだ。何とか頑張って、挽回したい。

ゴールまで残り7・195㎞。6分／㎞だと43分かかる。ということは、ゴールタイムは4時間14分台だ。4時間10分以内のゴールはもう無理だ。よし、目標を4時間15分以内と決める。これ以上ペースを落とさないぞ。エイドにも立ち寄らないぞ。

この辺りで白髪の爺ちゃんランナーに抜かれた。このランナーは、10㎞手前で追い抜いたランナーだ。それ以来見かけなかったので、すっかり忘れていた。抜かれたからといって、負けると諦めてはいけない。離されないようについていき、ゴール手前で抜き返すのだ。

獲物を狙う豹のように、静かに白髪爺ちゃんランナーについていく。と決めたのに徐々に離される。このまま離されてしまうのか。背中を追うが追いつけない。

ライバルは白髪爺ちゃんランナーだけではない。前半から抜いたり抜かれたりしていたランナーが何人かいる。後ろにいるときは分からないが、抜かれると分かる。もちろん闘争心が湧く。負けるもんかと思う。負けるもんかと思えば抜き返せるかというと、そんなことはない。抜き返せる場合もあるが、そうでない場合もある。しかし、大事なのは闘争心を持つことだ。

40㎞を4時間02分台で通過。頑張ったのに、この5㎞も6分／㎞以上かかった。4時間15分以内のゴールも難しくなった。しかし目標は変えない。前を走る2人の男性ランナーに近づき、抜いた。どうだ。この走りを見よ！　このままゴールまで突っ走るぞ。

後ろから足音が聞こえる。僕のピッチよりも速い。近づいているのが分かる。抜かれそう、と思ったらやはり抜かれた。抜いたのは小柄な女性。僕の方が足が長いのにつけない。少しずつ離される。残り１㎞地点を通過。多少はスピードアップしたものの、思うほど走れない。限界を感じながら左折。スタートラインを越える。これで3度目だ。ここにまた宇野けんたろうがいた。今度もハイタッチ。感触は前回と同じ。気持ちが感じられない。けんたろうよ、何のためにハイタッチしている。ランナーを鼓舞するハイタッチをしなさいよ。そうでなければ、しない方がマシだ。

けんたろうの後ろに土佐がいる。が、ハイタッチする体勢ではない。声だけの応援だ。土佐は世界陸上で2回もメダルをとった。素晴らしい実績だ。心から敬意を表する。でも、この程度の応援なら誰でもできる。高橋尚子はランナー全員にハイタッチするつもりで、応援する場所を大会スタッフと事前に相談して、レース中に何か所も移動していたぞ。オジサンは高橋尚子を見習って欲しい。

左折して陸上競技場に入る。トラックを1周すればゴールだ。さすがは全天候トラック。シューズの底から受ける感触が心地よい。ここからが本当のラストスパート、と思った瞬間に抜かれた。２㎞ほど前に抜いた女性ランナーだ。抜いてから一度も見なかったが、ずっと僕の後ろにいたらしい。抜き返したいが、逆に離される。それでも最後の１００ｍを全力疾走。そしてゴール！

終わった。やっと終わった。デジタル時計の表示は4時間16分10秒台。残念ながら4時間15分以内のゴールはならず。悔しいが仕方がない。ベストは尽くした。歩かずに走り切った。そこは胸を張れる。

陸上競技場を出たところにエイド（とは言わないのだろうが）があった。餡《あん》パンを手にとって頬張る。甘くて美味しい。次は記録証発行所だ。担当しているのは中学生。テントに着くと、完走証が出来上がっていた。僕のゼッケンが見えた時点で印刷を始めていたのだ。しかも、雨に濡れないように完走証を袋に入れてくれた。その姿と態度は初々しく、行動もきびきびとしている。実に気持ちがいい。いつまでもその気持ちを忘れないでいておくれ。礼を言って受け取る。

もう1個餡パンを食べておけばよかった。このときそう思った。が、いい歳をしたオジ（イ？）サンが初々しい中学生の前を通って取りに戻るのはさすがに恥ずかしい。後悔のない人生を送ろうと決めているのに、餡パン1個で後悔している。情けない。

生涯学習プラザの入り口で、おにぎり2個入りパックとお茶のペットボトルを受け取る。受け取った証拠として、胸のゼッケンにチェックを入れられる。山形名物の芋煮もあるが、こちらはあとでいただくことにする。

預けていた貴重品を受け取って体育館に戻り、自分のリュックの横に座り込む。目標には届かなかったが、思っていたよりもいいタイムでゴールできた。良しとしよう。そう決めて、着替えを始める。決めたからといって、フルを走った疲れはある。素早く着替えることはできない。

着替えを終え、ゼッケンを手に持ち、リュックを背負って体育館を出る。催し物広場の隅の椅子にリュックを置き、芋煮を受け取りにいく。「芋煮一杯400円」と書いてあるが、ランナーは無料だ。ゼッケンにチェックを入れてもらって受け取る。椅子に戻り、400円を味わいながら食べる。芋煮を食べるのは初めて。素朴な味だ。続けて先程もらったおにぎり2個も口に入れる。でも、正直言うともう少し量が欲しい。14時45分のシャトルバスに乗り、5分ほどで時庭駅に到着。14時59分発の電車で、赤湯駅に15時23分到着。トイレに入ってすっきりし、15時47分発の電車で16時17分に山形駅到着。明朝の仙台行きバス乗り場を確認し、一昨日泊まった宿Mに向かおうとしたところに松屋を発見。入店して牛めし並盛のつゆだくを注文。いつもの牛めしだが、今日は美味しく感じる。この牛めしは、少し早いが夕食にしよう。あとは風呂に入り、ゆんたくを楽しみたい。

17時過ぎ、宿に着くと、いないはずのKさんの姿があった。マラソンの結果を問われ、報告すると「4時間16分？　よかったじゃないですか」という反応。5時間以内で走れればいいと言ったのを憶えていたのだ。走らない人の頭には残らないだろうと思いながら答えたのだが、憶えていた。適当に答えなくてよかった。

チェックインして案内されたのは一昨日と同じ部屋。風呂の準備をさっとして1階に下りる。髭を剃り、体を洗って汗を流し、湯がたっぷりの湯船に浸る。今日は、爪の痛みを感じることなく走ることができた。今、気持ちはとても満足で穏やかだ。こういうのを幸せというのだろう。

風呂から上がり、右足親指の爪を見る。今にも取れそうだ。触ってみると、ぽろっと取れた。痛みはなかった。よかった。これまでずっと、チクチクと痛んでいた。これで痛みから解放される。嬉しいーっ！

ゆんたくまで時間があるので、今日のメモをとる。仙台へは高速バスで行くつもりだったが、時間の正確なJRで行くことに決める。明朝の出発は早い。6時28分発なので、宿の出発は5時55分だ。忘れないうちに腕時計の目覚ましを5時45分にセットする。飲むと忘れてしまうからね。

階下から笑い声が聞こえている。ゆんたく開始の19時半はまだなのに、始まったのだろうか。気になりながらも、メモをとりつつ時間が来るのを待つ。そして19時半過ぎ、1階に下りる。

1階では6～7人の男女がテーブルを取り囲んでいた。日本酒の四合瓶と一升瓶がテーブルの真ん中に置いてある。厨房では今日もTさんが料理を作っている。Tさんもまだいたのだ。冷蔵庫から缶ビールを取り出し、空いていた椅子に座る。スタッフは買い物に出ているらしい。帰ってきたときにいたKさんの姿がない。渋滞を避けるため、夜になるのを待って出発したという。

僕が入っても話題は変わらずに続いている。会話に加われない。ビールを飲みながら、黙って話を聞くだけだ。そのうち僕も会話に入れるようになった。マラソンを走るためにここに来たと言うと、それなりの反応があった。でもマラソンの話題にはならない。今日の客は40歳代が中心で、台湾から来た人もいる。Tさんが作った麻婆豆腐は本格的で、とても美味しい。ビールのあとは日本酒になった。ビールと同じようにくいっ、くいっと飲んだ。そのうちに記憶がなくなった。

翌朝、気がついたら自分の部屋だった。時計を見ると6時半。アチャー！　寝過ごしてしまった。昨夜の情景を思い浮かべるが、途中から記憶がない。自分の部屋に戻った記憶もない。多くの場合、断片的に情景が浮かぶのだが、今日は全く浮かばない。使った食器はちゃんと洗って片付けたのだろうか。目覚ましは鳴ったのだろうか。鳴ったのに気づかなかったのだろうか。

ＪＲも高速バスももう間に合わないが、飛行機の遅れを期待して取り敢えず宿を出よう。1階のトイレで用をたし、すぐに出発。昨夜の酒が残っていて、頭がぼーっとしている。何時に寝たのか分からないが、6時半まで一度も起きなかった。いつもならトイレに行きたくなって目が覚めるのだが、覚めなかった。運が悪いなあ。寝坊の失敗は久し振りだ。ああ、情けない。実に情けない。

途中にあった豊烈神社に立ち寄り、参拝する。この神社は、戊辰戦争で山形を戦火から救った家老水野某を祀っているらしい。こんなことを祈願していいのかどうか分からないが、「飛行機が遅れてくれますように」。罰が当たるかもしれない。

駅に着く手前で、昨日立ち寄った松屋が目に入った。飛行機が遅れるようにと祈ったけれど、遅れることはないだろう。今はカレーを食べたい。二日酔いなので、辛いのを食べたい。入店して、メニューの中から「新オリジナルカレー」を選ぶ。

新オリジナルカレーは期待した通り、とても美味しかった。バスターミナルの仙台行きの場所に行くと、仙台駅行きではなく仙台空港行きがあるのに気がついた。案内所に入って訊くと、8時30分発だと言う。スカイマークの次の便は19時35分発しかない。嫌というほど時間はあるが、今はどこかへ行って観光しようという気になれない。空港で時間を潰すことに決めて切符を購入し、30分ほど待ってバスに乗り込む。

高速道路を走り、1時間20分ほどで仙台空港に到着。本を読んで過ごすつもりだ。

しばらくして気がついた。夕方の便は満席かも知れない。慌ててスマホで調べる。席はあるようだ。チケットを購入して乗れなかった場合の連絡はこちら、と書かれた番号に電話をかける。出た案内嬢は、「飛行機が出発してしまったので代金の払い戻しはできません。夕方の便は空席があります。シニアメイトが適用できるので料金は14300円になります」と言う。気に入らない値段だが、仕方がない。それでいいと返事する。山形を出る前に電話をしておけば、代金5000円は払い戻しできていた。あ〜あ、失敗した。馬鹿だった。もっと冷静に対処するべきだった。「飲み過ぎて飛行機に乗り遅れた。帰りは23時半頃になる」と妻に電話で報告すると、即座に言われた。「阿呆」。

腰が痛い。ソファでは腰が痛い。もう少し楽な場所を探して席を立つ。3階に行き、展望席の椅子に座る。やはり背もたれがあると違う。腰痛持ちにとって、背もたれがあるのとないのとでは大違いだ。この椅子で再び本を開く。

3階はレストランのあるフロアだ。手持ちの金がないわけではないが、今日の昼食は食べないことにする。これは自分への罰だ。安値で買ったチケットを無駄にしたばかりでなく、冷静な対処ができず二重のミスをした。朝食は食べたし、今日は動き回るわけではない。情けない時間を過ごすことにしよう。

充電器のある席の椅子、マッサージチェアと席を移し、本を読んで過ごす。17時40分、最初のソファに戻る。しばらくしてようやくスカイマークのカウンターが開いた。正式にチケットを購入する。現金では支払う気になれず、クレジットカードにした。

外は厭きたので、チェックインして中に入る。待合室の椅子に座り、テレビを眺めながら時間の経つのを待つ。テレビではプロ野球パ・リーグのクライマックスシリーズの試合をやっている。ペナントレース2位西武と3位楽天の対戦で、楽天がリードしている。

飛行機は19時35分に離陸。21時05分、雨の神戸空港に着陸。走って移動し、21時10分発のポートライナーにぎりぎり乗車。駅に着くまでにやんでおくれとの願いは叶わないまま、最寄り駅に到着。傘をさして23時15分に帰宅。マラソンは好タイムだったが、悔しく残念な旅行になった。

8）ずぶ濡れだけどカッコいいと言われた　水戸黄門漫遊マラソン（35番目、茨城県、2017年10月29日）

8-1）はしご旅を決めるまで

前述したように東北地方と関東地方に未走県が多く残った。残った県のマラソン大会を探していると、10月の最終週から11月の第1週にかけて、8日間で3つの県を走れることが分かった。茨城、群馬、福島の三県で、10／29（日）の水戸黄門漫遊マラソン、11／3（文化の日）のぐんまマラソン、11／5（日）の湯のまち飯坂・茂庭っ湖マラソンである。フルを4週連続で走ったことはあるが、8日間で3回はない。何とかなりそうな気はするが、やってみないと分からない。全都道府県を制覇しようとすれば、ときには無茶も必要だ。心配ばかりしていては何もできない。やってみようではないか。

水戸黄門漫遊マラソンは昨年始まったばかり。今年が2回目の新しい大会だ。この大会に出ようと思ったのは、3月のヨロンマラソンで同室になったIさん情報だ。完走メダルもあるいい大会ですよと勧められた。茨城県にはほかに有名な大会があるが、それが決め手になった。フルマラソンの部が10000人、5kmの部が2000人、2kmの部が1000人、合計13000人という大きな大会である。水戸市が主催で、後援は茨城県。マラソンがブームになり、大会が本当に増えた。今年がまだ2回目のこの大会は、ブームに遅れてのスタートだ。ブームはいずれ終わる。この大会が生き残れるかどうか、ここ数年が正念場だろう。

ぐんまマラソンは今年が27回目。完走メダルがあり、フル（募集定員5000人）のほかに、10㎞（同4000人）とジョギング（同6000人）の部がある。群馬県、前橋市、高崎市、上毛新聞が主催する群馬県屈指の大会だ。

湯のまち飯坂・茂庭っ湖マラソンは今年が10回目だが、初めて知った。福島県にはいくつかフルマラソンの大会がある。最も有名なのは2月の「いわきサンシャインマラソン」だ。1万人規模で、人気もある。だから、出場するならこの大会だろうと思っていた。しかし、水戸黄門漫遊マラソン、ぐんまマラソンの出場を決めたあと、群馬県に近いところで大会を探すと福島県のこの大会が見つかった。調べてみると田舎の小さな大会で、起伏のある厳しいコースのようである。どうしようかと迷ったが、いわきサンシャインもこの茂庭っ湖も完走メダルはない。どちらかと言えばサンシャインマラソンに出たいが、どちらも完走メダルがないのなら、ついでに参加できる茂庭っ湖マラソンにしよう。マラソンを走るにはお金がかかる。年金生活ながら全国制覇を狙う身としては、費用抑制を考えるのは当然だ。2連戦の疲れが残っていると思うが、制限時間内（6時間）には完走できるはずだ。大きな大会が2つ続いたあとは、小さな大会もいいだろう。

水戸に行く方法はいろいろある。新幹線などJRで行く方法、高速バスとJRを組み合わせる方法などだ。比較検討した結果、飛行機で行くことにした。7月にスカイマークの神戸―茨城便が就航したのだ。これが一番安くて、時間的にも早い。帰りも仙台からちょうどいい便があったので飛行機にした。

水戸黄門漫遊マラソンからぐんまマラソンの間は、東京に住む息子の家に泊まらせてもらう。その間に、会社員時代に世話になった先輩方にも会うことにした。10月28日から11月5日まで8泊9日の旅になった。

8-2) 水戸黄門漫遊マラソン　10月28日（土）マラソン前日

10月下旬になって南太平洋に熱帯低気圧が発生した。その熱帯低気圧は発達して台風22号になった。この台風がなかなか動かず、フィリピン近くを何日も迷走したあと沖縄に近づいた。それまで動きは緩慢だったのに、一転して速度が増すという予報になった。速くなっても大会には影響なさそうだったのだが、時間の経過とともに予報は変化し、心配な状況になってきた。直前の27日（金）になると、来るのは31日（火）、早ければ30日（月）という予報になった。マラソンは大丈夫だが、マラソンの翌日と翌々日の予定は難しいかもしれない。スケジュールを心配しながらの出発となった。持参する本は4冊。全部読み終えたい。

28日の早朝、5時前に家を出る。5時17分発の始発電車に乗り、7時18分に神戸空港到着。8時発のスカイマークで、9時15分に茨城空港に着いた。バスの出発まで時間があるので、空港ビルの2階から外を眺める。自衛隊機が何機も離着陸している。茨城空港が百里基地と共用しているのを初めて知る。10時発の高速バスに乗り、50分でJR水戸駅到着。

リュックを下ろしたいが、まだホテルのチェックインはできない。水戸は初めてなので、リュックを背負ったまま水戸市内の散策を始める。水戸駅の中を通って北口に出る。まず東照宮。さすがは徳川御三家のお膝元。葵の御紋がたくさんある。続いて藤田東湖生誕の地、『大日本史』完成の地、常磐神社（水戸藩を代表する2人の藩主・徳川光圀と徳川斉昭を祀っている）、義烈館（義公光圀と烈公斉昭を解説する歴史博物館）、偕楽園（徳川斉昭が造った梅の名所、日本三名園のひとつ）、護国神社、偕楽園公園、千波湖（人造湖）、千波公園、桜川、備前堀（灌漑用水と洪水防止を目的に伊奈備前守が築いた堀）を巡る。

雨が落ちてきた。と思ったら、すぐに本降りになった。予報通りなので驚かないが、もう少し待ってほしかった。現在14時半。宿泊するホテルはここから近いが、チェックイン開始の16時まで1時間半もある。傘をさし、仕方なく市内漫遊を続ける。リュックは重く、雨にも濡れて漫遊という言葉とは程遠い。ＪＲの線路を越え、水戸黄門神社（義公生誕の地）のあと、坂道を上って弘道館（入り口だけ）を訪ねたあと、弘道館公園を歩いていると、立派な建物に気づいた。近づくと県の三の丸庁舎だった。ここで思い出した。ここは明日のマラソン大会のフィニッシュ地点だ。庁舎広場は前夜祭の会場でもある。来るつもりはなかったが、来てしまった。前夜祭が始まるのは16時だ。スタッフの姿はあるが、ランナーの姿はほとんどない。このまま雨は降り続く予報だし、足元の芝生も水を含んできている。きっと人は集まらないだろう。参加しようと思っていたが、この状況ならその気にならない。ホテルで寛いでいたい。主催者や出展者は残念だろうが、不運を恨むしかない。

雨が強くなってきた。三の丸小学校に立ち寄り、明日の着替えと手荷物預かりの場所を確認する。明日の動線もイメージしてから、ホテルに向かう。もうすぐチェックインできる。やっと重いリュックから解放されると思うと嬉しい。

水戸駅ビルを通って16時10分、今夜の宿「東横イン水戸駅南口」に到着。ホテルに近づくにつれてランナーと思しき人が増え、僕と同時に10人ほどがホテルに入った。ロビーはチェックインを待つ列ができている。数分並んで、ようやくチェックイン。エレベーターを待っているとき、一人の女性と一緒になった。明らかにランナーである。目が合い、「どちらからですか？」と尋ねられた。「兵庫県からです」と答えると、「私は京都からです」と言った。関西から北関東の水戸まで来るランナーは多くない。「新幹線ですか？」と訊かれたので、「神戸から茨城空港まで飛行機で来ました」と答えると、「あっ！」と驚く。その手があったかという表情で、「いいですね」と続けた。京都なら新幹線を使うしかないだろう。「明日は雨ですね」と僕が言うと、「そうですね。でも、開催されないよりマシです」と彼女は答えた。僕は気の利いた言葉が浮かばず、「それはそうですけど……」。僕は6階だが彼女は5階で下りた。それっきりだった。いい感じの女性だったので残念。もっと話したかった。

部屋でリュックを下ろし、またすぐに外出。今度は夕食の買い出しだ。漫遊散歩中に見つけていた近くのローソンに向かう。実は数日前、ローソンが新聞の折り込み広告を出していた。それには、弁当や麺類は50円引き、焼き鳥は30円引きなどのクーポン券がついていた。今日はそれを切り取って持ってきている。ビールは何本にするか迷ったが、3本にした（もちろん500㎖缶）。冷えたビールと温めてもらった弁当類は別の袋だ。この2つの袋を両手に持ち、傘もさす。ホテルまでの5分が長かった。

明日のマラソンの準備をし、風呂に入ってから早い夕食を始める。今日から始まったソフトバンク対DeNAのプロ野球日本シリーズを見ながら、ビールを喉に流し込む。3本を飲み終えてもまだ酔っていないと思ったのは憶えているが、いつの間にか眠っていた。ところがトイレで目が覚めたあと、全然眠れない。窓から外を見ると、街灯に雨が光っている。雨がやむのを願ってしばらく見ていたが、やむ気配はない。布団をかぶって横になる。

8―3）10月29日（日）マラソン当日

6時10分に起床。いつもなら6時半開始の朝食を、今日はホテルが自主的に6時開始にしている。開始早々に行くと混雑していると考え、6時20分に一階に下りる。その甲斐あって並ばずに朝食を終えることができた。

マラソンのスタートは9時だ。マラソンのウエアのままでは少し寒いが、そんなことは言っておられない。スタートすれば嫌でもずぶ濡れになる。レースウエアになって出かければ、会場では荷物を預けるだけですむ。会場までは20分ほどなので、8時前にホテル出発と決める。

トイレに入ったのは3回。ビールを２本にしておけばよかったかなと後悔しながら、７時50分にホテル出発。レースウエアに頭から合羽をかぶり、重いリュックを背負って傘をさす。雨の中をいざ出陣だ。

駅ビルの通路はランナーで溢れていた。会場での着替えは難しいと思ったのか、多くのランナーが着替えている。ここは着替える場所ではない。通行の邪魔になるからだ。しかし、スタッフは規制していなかった。天気を考えれば仕方ないと考えたのだろう。それに、スタート時間を考えれば、30分後にはこの状態はなくなる。そんな読みもあったに違いない。賢明な判断だったと思う。

北口を出ると、傘をさしたランナーの列が続いている。ボランティアスタッフが雨の中を、大きな声でランナーを迎え、道案内している。大きな声でないと、合羽や傘に当たる雨の音でかき消される。こんなに多くのボランティアは必要ないのではないかと思うが、その姿は一生懸命だ。感謝しなければならない。少なければ少ないで、苦情を言う人がいるに決まっている。

蟻の行列のように歩いて三の丸小学校に到着。入り口の東門から更衣室になっている体育館まで距離がある。途中の校舎の庇の下で傘をたたみ、リュックを指定のビニール袋に入れ、手荷物預かりに持っていく。運動場はもう水が浮いている。土が見えている部分を選び、ゼッケン別に指定されたテントまで持っていく。袋に入れたリュックは背負えない。両手で抱えて運ぶ。重い。

スタートまでまだ時間がある。何をしようかと思案した結果、雨宿りと決める。と言っても場所は探さなければならない。見つけたのは、運動場の周りにある木の下。雨宿りをしていたランナーがちょうど去り、そのあとに入る格好になった。大樹ではなく、葉の密度もそれほどではないので雨は落ちてくる。でも足元は水が浮いていない。スタート地点に向かうランナーたちの姿を眺めつつ、10分ほど準備体操する。

スタート時間が近づいてきた。そろそろ行くとするか。その前にトイレだ。雨の中を５分並んで用をたし、スタート地点に向かう。思ったより遠く、５分ほど歩いて指定のＣブロックに入る。広い国道50号線がランナーでいっぱいだ。国道に面したビルの入り口で雨宿りしているランナーがいる。スピーカーから開始式の様子が聞こえる。徳川斉正氏が紹介されている。ステージははるか前方なので姿は見えないが、水戸徳川家の何代目かの当主らしい。水戸黄門漫遊マラソンと銘打っているだけあって、今の当主が名誉顧問になっている。そうでなくちゃ。

相変わらず雨は降っている。合羽を着ていても濡れてしまう。気温はそれほど低くなく、風もあまりない。でも、濡れればやはり寒い。身体を小刻みに動かしていても、寒い。早くスタートしてもらいたいが、こういうときほど時の経過は遅い。ゲストの増田明美のよく通る声が聞こえる。「こういう日こそエンジョイしましょう!」。その通りだ。こういう日に走るのも何かの縁。台風襲来直前のこの雨の日に、走れることを楽しもう。そう思いたいが、寒いことに変わりなし。足踏みしながらスタートを待つ。

9時、待ちに待ったスタートだ。増田明美が、「エンジョイですよー。楽しむんですよー」と繰り返している。スタートラインを越えたのは4分23秒後。ステージ前を通過するとき、増田明美の姿が見えた。混雑しているので、気をつけて進む。雨なのに沿道の応援は多い。有難いことだ。この大会はまだ2回目なのに、地元に浸透しているようだ。今日は4時間半程度で走ればいい。このあと2つのマラソンが控えている。今日の目標は故障せずにゴールすること。それだけだ。

県道50号線に入って南下する。昨日歩いたところを通って5㎞を35分台で通過。タイムはこんなものだろう。先は長い。焦ってはいけない。沿道の会社や店が私設エイドとして、飲みものや菓子を提供している。トイレを提供しているところもある。しかもランナーに分かるように、大きな標示がしてある。主催者が協力要請しているのだろう。もてなし精神を感じる。

対向車線に先行ランナーが見えた。と思ったら茨城県庁の交差点を左折。先行ランナーを眺めながら進む。2㎞弱で折り返し、今度は後続ランナーを眺める。知らないランナーばかりだが、眺めていると気晴らしになる。県庁前の交差点を右折して、少し行ってまた左折。幹線道路を外れた。少し行ったところが10㎞地点。1時間05分台で通過する。まだ30㎞以上も残っている。タイムは気にしない。

進むにつれて田舎の景色が広がってゆく。水戸は県庁所在地ではあるが地方都市だ。都会の景色が長く続くはずはない。こんなものだろうと思いながら進み、20㎞を2時間06分台で通過した。少し走ると、前方に上り坂が見えた。ＪＲ常磐線の跨線橋だ。遠くを見ないで10ｍ先を見て走る。それが上りの走り方だ。ちゃんと守って上り終えた。今度は下りだ。左にイオンモールが見える。下り終えたと思ったら、折り返す。また上りになり、中間点を2時間12分台で通過。このペースならグロスタイムで4時間半を切れそうだ。タイムに拘るつもりはないのに気にしている。困ったものだ。

後続ランナーを眺めながら22㎞を過ぎ、下り終えたところで左折。どこにでもあるような平凡な道を進み、25㎞を2時間37分台で通過。残りは17㎞余り。ここまで来るとゴールが恋しい。相変わらず雨は降っている。台風が来ているのだから、今日も明日も雨だろう。でも、濡れるのに厭きた。もう3時間以上も雨に打たれている。寒い。早くゴールして温かいものを食べたい。水戸バイパスを越え、30㎞まで来たと言っても、今どこを走っているのか分からない。

見覚えのあるところに来た。昨日歩いた偕楽園公園だ。トイレがあった。ゴールまで我慢できるかもしれないが、できない可能性も十分ある。惨めな思いはしたくない。並んでいる人もいないので、コースを離れる。便器に直行し、目的を果たす。これで心配はなくなった。外に出て屈伸運動を2回。ゴールまで残りは約10㎞。あと1時間だ。しっかり走ろう。

千波湖のほとりにやってきた。エイドに饅頭があるのが目に入った。これは食べていかねばならぬ。駆け寄って手にとる。時間を節約しようと歩きながら食べたら、喉が詰まりそうになった。慌てて戻って水の助けを借りる。

■コース図

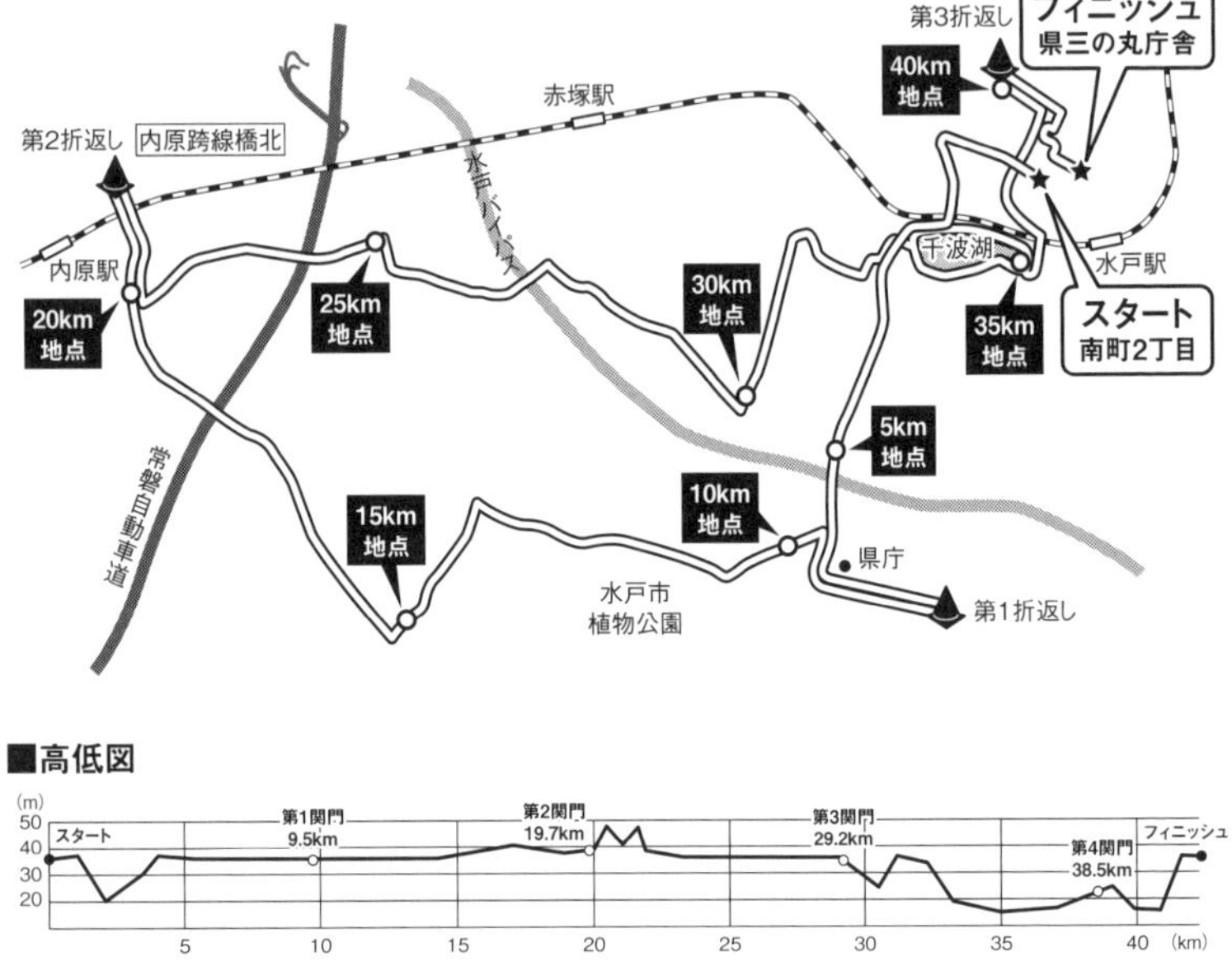

フィニッシュ
県三の丸庁舎
第3折返し
40km
地点
赤塚駅
第2折返し
内原跨線橋北
水戸バイパス
内原駅
20km
地点
25km
地点
30km
地点
千波湖
水戸駅
35km
地点
スタート
南町2丁目
5km
地点
10km
地点
15km
地点
県庁
常磐自動車道
水戸市
植物公園
第1折返し

■高低図

(m)
50
40
30
20
スタート
第1関門
9.5km
第2関門
19.7km
第3関門
29.2km
第4関門
38.5km
フィニッシュ
5
10
15
20
25
30
35
40
(km)

ここからは千波湖の周回道路を一周半する。また雨が強くなった。しかも向かい風だ。コースのあちこちに水溜まりがある。レース終盤になっても試練は続く。いいタイムでゴールしたいという思いよりも、早くゴールしたい。雨に濡れなくて暖かいところに早く行きたい。

北岸を走り終えて半周したところが35km地点。3時間43分台で通過。残りがやっと7km余りになった。ずっと走っているのに寒い。早くゴールしたい。南岸を西に向かう。この辺りは昨日歩いた。今日はゆったり気分で走ろうと思っていたが、この雨ではそんな気持ちになれない。頑張って走り続ける。疲れてきた。

一周したところで折り返す。D51の蒸気機関車の前に来た。一面が水溜まりだ。水溜まりを避ける場所がない。水はとっくにシューズの中まで浸み込んでいる。ここで水溜まりを避ける意味はもうない。ええい、自棄糞だ。水溜まりに突っ込む。

千波大橋を渡ってJR常磐線を越える。紀州堀緑地を過ぎ、梅香トンネルに入る。暗くて狭いせいか、スピードアップしたように感じる。雨に濡れないのはやはり有難い。スタッフの声援を受けながら走る。トンネルを抜け、金町一丁目の信号を左折。対向するのは先行ランナーだ。見覚えのあるランナーがいた。あのランナーの後塵を拝していたのか。折返しまであとどれぐらいだろう。

40km地点を4時間16分台で通過。残りが2km余りになった。でもまだ2km以上ある。一歩一歩進むしかない。

折り返す。今度は後続ランナーを見ながら進む。見覚えのあるランナーがいた。あのランナーには勝っていた。早くゴールしたいが、ゴールまで一気には行けない。この先には急坂が待ち受けている。

右折して上りが始まった。徐々に傾斜がきつくなる。この急坂でも雨の中を応援してくれる人がいて、僕を励ましてくれる。「もう少し！」「頑張れ！」「ファイト！」「すごい！」。次々と声をかけてくれる。

有難いと思う。でも返事をする余裕はない。表情で応える。

坂の最後で、応援の女性と目が合った。「かっこいいよー！」と言われた。そうか。かっこいいか。そうかもしれないな。ずぶ濡れでヘトヘトだけど、分かる人はいるのだな。何しろこんなに頑張っているのだ。歩きたいところだけど歩けないな。何しろかっこいいと言われたのだ。

必死に上り終え、平坦な道に出た。残りは１㎞ほどのはずだ。疲れているが、ここまで来たら走り切ろう。スピードアップしよう。追い抜くこともあるが、抜かれる方が多い。自分はどうしてこんなにスピードがないのだろう。我ながら情けない。何人か抜いたが何人もに抜かれ、ついにゴール。ゴール横のデジタル時計は４時間30分台を示していた。

終わった。やっと終わった。完走メダルをかけてもらう。カメラマンに写真を撮ってもらう。計測チップを回収してもらい、乳酸菌飲料とスポーツドリンクを受け取る。列に並んで記録証を受け取る。グロスタイムは４時間30分40秒、ネットタイムは４時間26分17秒だった。

記録証はクリアファイルに入れてくれた。濡れないように抱えて三の丸小学校へ向かう。じゅるじゅるになった運動場を横切り、預けたテントでリュックを受け取る。またじゅるじゅるの運動場を横切り、校舎の庇の下に行く。着替え終わった人のあとに入り込んで、ようやく腰かけることができた。疲れて何もしたくない。でも寒い。体を拭かないと風邪をひく。リュックからタオルを取り出す。この状況を想定して、リュックの一番上に入れていた。顔、頭、首筋と上から順に、足首まで拭いていく。タオルは水に浸けたようにぐっしょり濡れ、何度も絞りながら拭いた。

何とか着替え終えた。靴下は替えないことにした。シューズが濡れているので替えても意味がない。息子の家までこのままで行くことにする。

重いリュックを背負い、捨てるゴミを手に持ち、傘をさして三の丸小学校をあとにする。エコステーションでごみを捨て、駅に向かう。ここにも道案内のボランティアが何人もいる。この雨の中を本当にご苦労さまだ。今日の雨は我々も大変だったが、ボランティアも大変だったはずだ。雨の中でも仕事をきっちりやるのは簡単ではない。我々が走れるのもスタッフのおかげ。感謝しなければならない。

14時半、水戸駅に到着。通路はマラソン帰りのランナーでいっぱいだ。僕が乗るのは15時02分発の快速電車。切符を買ったあと、改札口の横にあるコンビニが目に入った。「中華まん１個１００円」と書いてある。これは買わなければならない。３種チーズのピザまんと、もっちり肉まんを買う。

改札口を入り、５番線ホームに下りると電車は入線していた。慌てて乗り込むと、ぎりぎりで座ることができた。混まないうちにと中華まんを頬張り、出発までに2個とも食べ終える。温かくて美味しかった。17時02分に上野駅到着。秋葉原、中野（この駅で息子に電話し、足拭き雑巾の用意を要請）で乗り換え、18時頃に三鷹駅到着。電車を降りるとまた雨は強くなっていた。傘をさして20分歩き、息子宅に到着。足拭きは用意してあった。

孫に会うのは5月の連休以来だ。会えばやはり可愛い。でもこちらの期待ほど懐いてくれない。まだ1歳だからか、両親の方がいいらしい。風呂に入って冷えた体を温め、いつもの第3のビールとは違うプレミアムモルツで夕食。そして就寝。終わりよければ全てよし。長い一日が終わった。

〈あとがき〉

・この日は各地でマラソン大会が予定されていた。水戸黄門漫遊マラソンのほかに、金沢マラソン、富山マラソン、諏訪湖マラソンは開催されたが、横浜マラソンは中止になった。結果からすると、できていたと思うが、主催者を責めることはできまい。苦渋の決断に同情申し上げる。マラソンの前日、エレベーターの前で会った女性が、「開催されないよりマシです」と言っていたのは、横浜マラソンの中止を知っての発言だったのだと思う。

9）見たければ見るがいい　ぐんまマラソン（36番目、群馬県、2017年11月3日）

9―1）11月2日（木）ぐんまマラソン前日

台風は予報よりも早く通り過ぎ、翌朝にはいい天気になった。会えないかもと心配したKiさんとAさんにも会うことができた。1日の東京観光では、息子からもらったスイカを使って動き回った。警視庁本部、憲政記念館、国会議事堂を見学したあと、下町に移動して浅草寺やスカイツリーにも行った。概ね満足な3日間だった。スイカの便利さがよく分かった。

11月2日の7時40分、息子宅を出発。孫は結局、期待したほど懐いてくれなかった。今日は高崎経由で富岡へ行き、ユネスコ世界遺産になった富岡製糸場を見学する。宿泊は前橋だ。

三鷹から高崎に行くには、上野に出て高崎線で行くのが一般的だと思うが、西国分寺から武蔵野線で浦和に出て高崎に行くことにした。通勤時間帯に大きなリュックを背負って中央線の上り電車に乗るのを避けたのだ。下りなら満員でないと考え、西国分寺、武蔵浦和、大宮で乗り換え、11時05分に高崎駅到着。高崎駅は何度も出張で来て歩いたことがある。そのコンコースに、上野三碑《こうずけさんぴ》のレプリカが展示されていた。上野三碑というのはつい最近、ユネスコの世界記憶遺産に登録された古代の3つの石碑のことだ。サンピと聞いてもイメージできなかったが、レプリカを見て理解した。

JRの駅に隣接している上信電鉄の高崎駅では、富岡製糸場見学往復割引乗車券を2140円で販売していた。通常の料金より440円安いので迷わず購入。乗車券は今どきのペラペラのものではなく、懐かしい硬券だ。入鋏してもらって、11時23分発の電車に乗り込む。電車はすごく揺れた。JRでは考えられないぐらい大きく揺れ、12時ちょうどに上州富岡駅到着。駅舎は最近建て替えられたのか新しい。横断幕が張られている。「祝　富岡製糸場と絹産業遺産群　世界遺産登録」と「ようこそ　世界遺産富岡製糸場のある町　とみおか市」と書いてある。世界遺産に登録された喜びが伝わってきて、こちらまで嬉しくなる。改札を出るときにオジサン駅員から、製糸場までのルート地図と帰りの高崎行きの時刻表が載った紙を手渡された。10㎝四方程度の小さな紙だが、知りたい情報が入っている。電車の乗り心地はよくなかったが、このサービスはよろしい。

駅前の食堂で昼食をとって10分余り歩くと、テレビで見たことのある建物が目に入った。富岡製糸場だ。正面入り口で写真を撮ったあと、１０００円払って入場。メインの展示場である東置繭所の入り口で重いリュックを預かってもらい、見学を開始。東置繭所、西置繭所、ブリュナエンジン動態展示所、繰糸所などを回り、寄宿舎や首長館、社宅群なども巡った。

15時04分発の電車に乗ろうと上州富岡駅に戻ったとき、気がついた。富岡製糸場の入場券付きの切符を持っていたのをすっかり忘れ、入場券を買ってしまったのだ。せっかく割安切符を買ったのに……。ああ、情けない。実に情けない。

帰りの電車も大きく揺れた。居眠りしていても起きてしまうほどの揺れだ。15時43分に高崎に着き、16時07分発の桐生行き両毛線に乗り換える。21分に前橋駅到着。南口の駅前にある「東横イン前橋駅前」が今日の宿だ。チェックインの手続きをしている間に、客が数人入ってきた。服装を見ると、全員が明日の大会に出場するランナーのようだ。部屋に入ってまたすぐに外出。夕食の食材を買うためだ。フロントで店を尋ねようと思っていたが、客対応に忙しそうだ。周辺の地図がフロントに置いていないかと探したがそれもなく、仕方なく外に出る。南口からも北口からも駅前を見渡したが、コンビニもスーパーも見えない。県庁所在地のメインの駅なのに、賑やかさがない。寂れているというのではないが、賑やかではない。

駅舎内のコンビニにも弁当は売っていない。仕方なく駅舎の中にある観光案内所に尋ねると、「品数が少ないのですが一番近いです」と、北口の駅前ビルの中にあるセーブオンというコンビニを教えてくれた。聞いたことのない名前だが、行ってみるとあった。でも、通常はビルの外にあるはずの看板がない。地元のコンビニチェーンのようだが、こんなことで大手に伍してやっていけるのだろうか。心配しながら覗いてみると、弁当もビールもある。ここで買うことに決める。買ったのはオムライスとカツ丼、チキンたっぷりのペペロンチーノに、缶ビール500㎖を2本。両手にぶら下げてホテルに戻る。

風呂に湯を入れながら、明日の準備をする。風呂から上がってテレビをつけ、ビールを飲みながら夕食。日本シリーズの第5戦を見ていたが、試合が終わらないうちに眠ってしまった。途中で目が覚めると、今度は眠れない。このパターンが続いている。困ったことだ。

9-2) 11月3日（金） ぐんまマラソン当日

6時15分に起床。食堂のオープンは6時半だが、5分前に行くと準備はできていた。食材を手早くトレーに載せ、さっささっさと食べ終える。ゆっくり味わっている時間はない。部屋に戻ってすぐにトイレに入る。準備を整え、7時前にチェックアウト。会場行きシャトルバスは前橋駅の南口、つまりホテルの前から出発する。列に並ぶと、バスはすぐに来た。乗り込んで20分ほどで会場に到着。と言っても、会場までは10分ほど歩かなければならない。みんなのあとについて会場に向かう。

会場は、陸上競技場である正田醤油スタジアムを中心とした運動公園だ。陸上競技場のほかに、補助陸上競技場、サッカー・ラグビー場、野球場もある広い公園だ。運動公園に入ってからも多くのランナーのあとについていく。

補助陸上競技場に到着。参加賞のTシャツを受け取り、空いたスペースに腰を下ろす。今日は好天だが、風が吹いて空気も冷たい。早く着替えてリュックを預けてしまいたいが、レースウエアだけだと寒い。だからもうしばらく今の服装のままでいたい。しかし、ジャケットにジーンズ姿ではストレッチがやりにくい。ストレッチは十分にしておきたい。悩んだ結果、レースウエアになることに決める。

手荷物預けにリュックを預け、トイレに向かう。ホテルですませてはきたが、不安はある。15分ほど並んで目的を果たす。思ったよりも時間がかかった。人を掻き分けるようにスタートブロックへ急ぐ。

スタートブロックはすぐに分かった。日陰と日向のちょうど境目だったので、暖かい日向の方に入り込む。司会の芸人コンビが、ゲストのリディア・シモン、鏑木毅、加納由理を相手につまらない話（個人の見解です）をしている。聞きたくないのに聞こえる。

スタート時間になった。９時、号砲が鳴る。１分近く経ってから動き始め、スタートラインを越えたのは２分48秒後。最近はいつもそうだが、足が真っ直ぐ前に出ない。どうしてこうなるのかと思うぐらい、足が素直に前に出ない。自分では見えないが、変てこなフォームで走っているに違いない。知っている人がいないからいいけれど、格好悪い。

国道17号線に出たところで左折して北上。道幅が広くて気持ちがいい。この道が幹線道路であることが分かる。あれっ？　子供を背負ったランナーが走っている。気づいたランナーは見た瞬間、「あっ！」と驚き、驚いたままの表情で追い越している。声をかけているランナーもいる。若いお父さんランナーは照れたような反応をする。子供は小さくても軽くはない。いかにいい背負子でも、体にフィットはしていまい。ちょっとそこまでと違って42・195㎞は大変だ。最初から背負って走るつもりだったのか、奥さんと喧嘩してこういうことになったのか。そもそも完走する気があるのだろうか、知る由もない。お父さんランナーの健闘を祈りながら追い抜いた。

５㎞を32分台で通過。フォームはまだしっくりしないが、思ったほど遅くない。何も考えないわけにはいかないが、何も考えないで走ろうと決める。川沿いの道に出た。川は利根川だ。水が流れているのは広い河原の向こうだ。利根川が大河であることが分かる。陽光を正面から浴びて暖かい。フォームのばらばら感はなくなった。足は今順調に前に出ている。右の河川敷にゴルフ場が見える。左側は公園だ。多くの家族連れが声援を送ってくれている。9km手前で土手道を上り、利根川に架かる大渡橋を渡る。広がった景色が気持ちいい。10kmを1時間01分台で通過。いいタイムだ。始まったばかりだが、この貯金は大切にしたい。

上りが始まった。13km付近まで長い上りが続くはずだ。JRの跨線橋を越えたあとも上りだったが、落ち着いて進む。沿道の声援が多い。有難いことだ。青梨子町南交差点を左折。南に向かう。この道も広い。15km地点を過ぎ、辻久保交差点を左折して東に向かう。この道も広い。黄色のウエアを着た若い女性ランナーに抜かれた。徐々に離される。若いのはいいことだ。彼女はきっと、オジサンランナーなんかに負けまいと張り切っている。でも、ゴールはまだまだ先ですよ。そのペースで大丈夫かな。

18kmを過ぎて右折。幹線道路を離れて住宅街に入った。どうしてこんな住宅街をコースにしたのだろう。理由はあるのだろうが、外様ランナーには分からない。生活道路を進み、20kmを2時間01分台で通過。まだいいタイムだ。大きなエイドに到着した。漬物と饅頭を見つけて頬張る。こういうところで遠慮してはいけない。提供する側は、出したものが余れば寂しいものだ。全部なくなれば、品物も数量も正解だったということになる。

幹線道路に戻って少し走ったかと思うと、また外れる。ややこしい。どうしてこんなコースにしたのだろう。中間点を2時間08分台で通過。ここで、ゴールの目標を4時間20分以内と決める。

何とも表現しにくい、細かく曲がりくねったコースを進み、幹線道路に戻る。相変わらず日差しは強い。エイドでは必ず給水してきたが、暑さでばててきた。この道路は片側2車線だが、ランナーが走るのは歩

■コース図

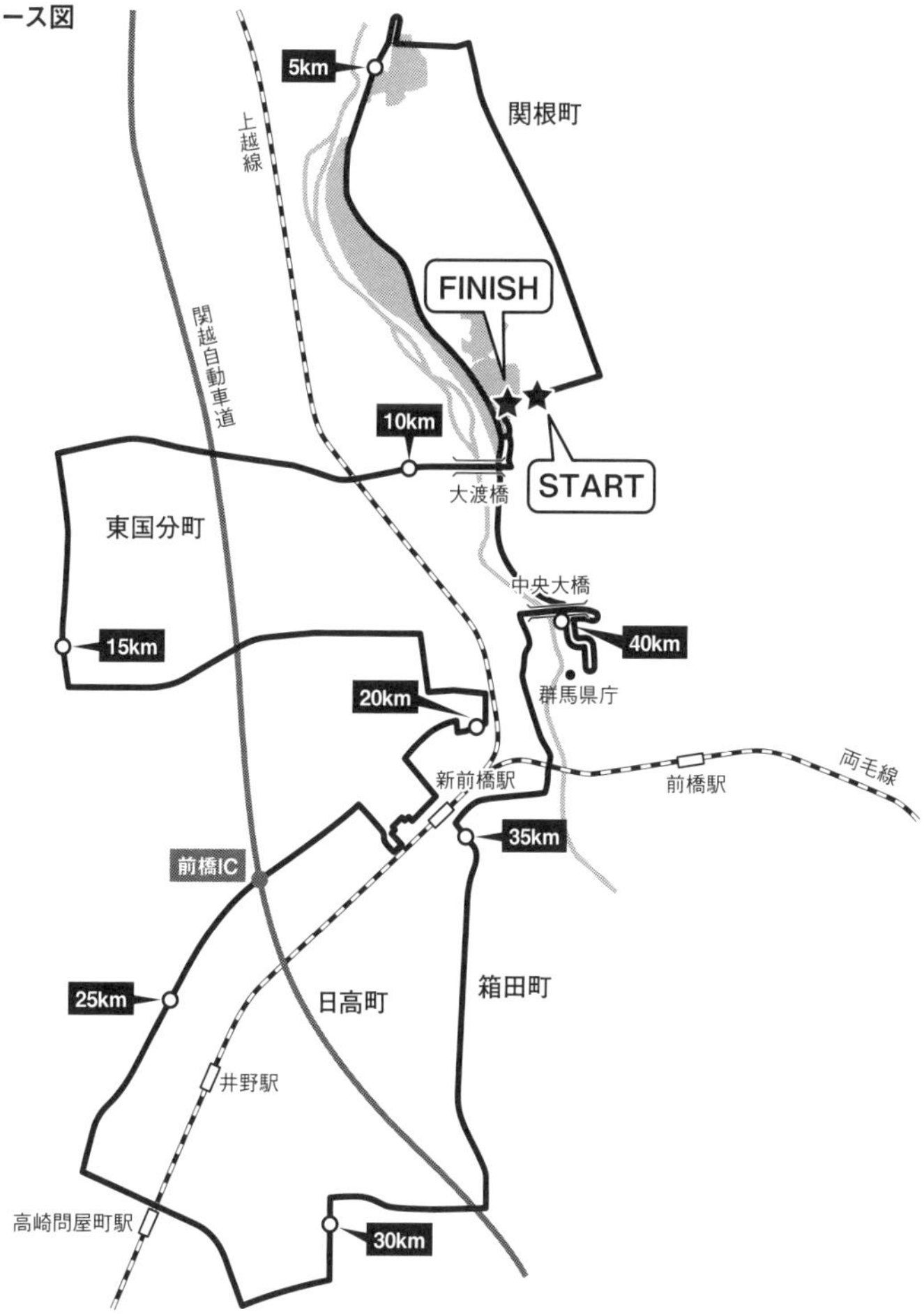

5km
関根町
上越線
FINISH
関越自動車道
10km
START
大渡橋
東国分町
中央大橋
15km
40km
群馬県庁
20km
両毛線
新前橋駅
前橋駅
35km
前橋IC
25km
日高町
箱田町
井野駅
高崎問屋町駅
30km

■高低図

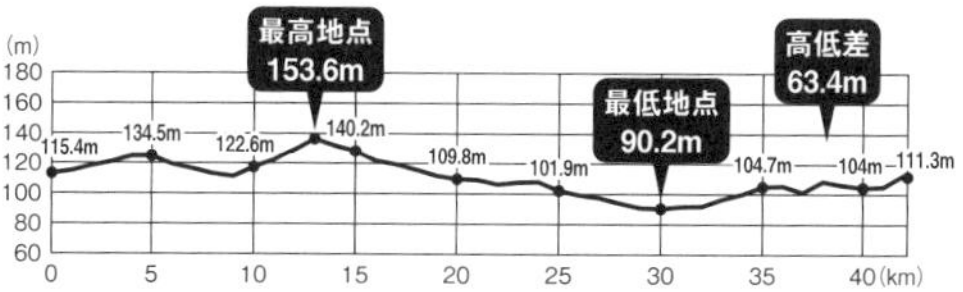

最高地点
153.6m
高低差
63.4m
最低地点
90.2m
(m)
180
160
140
120
100
80
60
115.4m
134.5m
122.6m
140.2m
109.8m
101.9m
104.7m
104m
111.3m
0
5
10
15
20
25
30
35
40(km)

道側の車線だけ。中央側は車が走っている。ランナー密度は低いので一車線でも支障はないが、車が横を走るのはやはり怖い。

高級車の新車を数台積んだトレーラーが止まっている。道路の左にある車の販売店に納車したいが、入れずに困っているようだ。左折の方向指示器が空しくチカチカ光っている。運転手が左の窓をあけ、沿道にいる大会スタッフに文句を言い始めた。スタッフが負けずに説明する。次の信号で右折して云々……。運転手が不満そうな顔で頷いた。勝負は決着した。マラソン大会は大型トレーラーよりも強かった。大会を実施すると、こんなこともあるのだ。

疲れてきた。ペースが落ちてきた。25㎞を2時間32分台で通過。まだタイムに表れていないが、これからペースはもっと落ちる。問屋町入口交差点で国道17号線を左折し、高崎環状線に入る。JR上越線を越え、二回左折して30㎞地点を3時間06分台で通過。やっと30㎞だ。残りが12㎞余りになった。早くゴールしたい。早く楽になりたい。

高速道路をくぐって左折し、北に向かう。道路は広いがコースは狭くなった。隣りの車線を車が走る。赤いコーンで仕切られてはいるが、正直言って怖い。よろめいたら仕切りを越えてしまいそうだ。ランナーが仕切りを越えてくるなど、運転している人は考えてもいないだろう。しかし、あり得ないことではない。疲れるとあり得ないことが起こる。ランナーも走らせ、車も走らせる。両立させたい主催者の気持ちは分かるが、安全とは思えない。

33㎞過ぎのエイドでかりんとう饅頭をいただく。ほかにも食べ物があるが手は伸ばさない。遠慮しているのではない。今日の目的は完走することだ。欲張ってはいけない。

黄色のウエアの若い女性ランナーの姿が見えた。だいぶ前に抜かれたランナーだ。あのときは元気いっぱいだったのに、今は見るからに疲れている。ペース配分を間違えたのだ。そう、自分の力を正しく把握するのは難しい。これもいい経験だ。次回はこの経験を生かすのだよ。

35㎞を３時間38分台で通過。残りは７㎞余り。疲れた。タイムはもうどうでもいい。早くゴールしたい。

何度か曲がったあと川沿いの道に出た。広くない道である。遊歩道にしては起伏がある。と思っていたら、サイクリングロードだった。なるほどと納得する。それにしても川の流れが速い。勢いよく流れている。土手道なのに、どういうわけか坂がある。疲れた体に上り坂は辛い。しかし歩かない。歩かずに走り続ける。サイクリングロードを２㎞以上走り、中央大橋に上がって利根川を渡る。

大橋を渡り終え、折り返して側道に入る。新しい道だ。側道にしては広い。スタッフに指示されるまま左折。しばらくすると上り坂になった。歩きたいのを我慢して進む。くねくね曲がった道を進んで折り返すと、エイドがあった。女子高生スタッフが声を揃え、「食べていってくださーい」と両手で菓子を差し出す。売れ行きが悪いのだろう。いくつでもいいから持っていってと言う。それほど言うならと、数個受け取ってポケットに入れると喜んでくれた。喜んでくれればこちらも嬉しい。別テーブルのよもぎ饅頭も手に取る。これは歩きながら頬張る。さあ、もう少しだ。頑張ろう。走りを再開する。

さっきの上り坂は、今度は下り坂だ。スイスイと走りたいが、思うほど走れない。歯痒く思いながら進む。40㎞地点を４時間12分台で通過。やっとここまで来た。ゴールまで走り切るぞ。

中央大橋の下をくぐり、利根川沿いの広い道を進む。なかなか進まないが、残り僅かなので頑張る。正田醤油スタジアムが見えた。あれがゴールだ。もう少しだ。頑張ろうと思いながら進んでいると上り坂になった。え～っ、ここで上り坂？　予想外だがここは根性の見せどころ（誰に見せる？）。必死に走ってようやくスタジアムに入る。ゴールが見えた。あと数十ｍ。ラストスパートだ。懸命に走ってとうとうゴール！　写真を意識し、両手を挙げてゴール！

完走メダルを首にかけられる。スポーツドリンクとパンが入った袋を渡され、完走証を受け取る。ゴールタイムは4時間26分39秒、ネットタイムは4時間23分51秒だった。中間点で目標とした4時間20分には遠く及ばなかった。暑さに負けた。5日前のマラソンの影響もあっただろう。でも完走した。今日の方がいいタイムだ。よくやった。自分を褒めよう。

ゲストの鏑木毅がいた。ゴールしたランナーとハイタッチしている。僕ももちろん喜んでハイタッチ。スタジアムの出口ですれ違った人から、「落としましたよ」と言われた。指された方を見ると、完走証だった。礼を言って拾う。こんな大事なものを落としてはいけない。今度は「おっきりこみ」をもらいにいく。群馬県の郷土料理らしい。木陰を探し、ドッコイショと腰を下ろして食べる。もう一杯食べたかったが、胸のゼッケンにチェックを入れられたので権利はもうない。荷物を預けた補助陸上競技場に向かう。

リュックを受け取り、近くの小さなスペースに腰を下ろす。あと10m歩けば広い場所があるのだが、そこまで歩く元気がない。ここで着替えようと思って腰を下ろすと、2人の女性が近くに来て腰を下ろした。せっかく下着姿になって（もちろん短時間でさっと）着替えようと思っていたのに、できないじゃないか。若い女性なら歓迎しなくもないが、2人ともそうではない。あと10m歩けばいいのに。心の中でぶつぶつ言いながら、背を向けて着替えを開始。見たければ見るがいい。

見られたか見られなかったか分からないが、着替えは終わった。今日はこれから福島県の須賀川まで行く。14時50分発の電車に乗りたいが、まもなく14時だ。完走の余韻に浸ることなく、シャトルバス出発所に急ぐ。リュックが重い。出発所が遠い。

15分ほど歩いて到着。バスが何台も並んでいる。すぐに出発しそうなバスに乗り込むと、すぐに出発した。ラッキー！と思ったけれども満席だ。座る席がない。仕方なくつり革につかまって立つ。しかし、渋滞でなかなか進まない。リュックが重い。肩に食い込む。マラソンを走ったばかりなのに、どうしてこんな目に遭わなければならないのか。もう少し早く着いていれば、空いた席があったのに。もう少しあとだったら次のバスで座れたのに。駅までの20分が長かった。

電車が出発する15分前、14時35分に駅到着。座りたい。とにかく座りたい。座席を求めて待合室に入る。空席にどっかと腰を下ろす。座りたかった。リュックも下ろしたかった。バスが真っ直ぐ走っているうちはまだよかったが、曲がるときは本当に辛かった。もう少しで吊革を放しそうだった。

ゴール後にもらったパンを取り出して食べ、39㎞過ぎのエイドでもらった菓子（梅しばという菓子だった）も口に入れるとようやく人心地ついた。スイカにお金をチャージして改札口を入り、トイレに入ってからホームに上がる。間もなく電車が来て、座ることができた。今は座席に座れれば満足です。

電車は東へ向かっている。座席はロングシート。広い窓から立派な山が見えている。赤城山だ。南からの陽光を受け、両手を拡げたようにどっしりと座っている。上州人が誇りとするのが理解できる。

東北本線に入ると日が暮れ始めた。宇都宮、黒磯、新白河で乗り換え、19時11分に須賀川駅到着。駅の改札はスイカで通過できず、駅員に操作してもらって出た。

今夜の宿「ルートイン須賀川」は２㎞近く離れている。スマホで進行方向を確認し、コンビニを探しながら歩く。ホテルは宿泊だけなので、夕食（ビールも）を買わなければならない。買えばそれだけ重くなる。リュックだけでも重いので、これ以上重くなるのは嫌だが仕方がない。水戸で使った割引クーポンがまだ残っているので、できればローソンにしたい。駅前通りは広い道なのに車の通行が少なく、コンビニも飲食店もない。この須賀川に店はあるのだろうかと心配しながら15分ほど歩くと、最初のコンビニを発見。が、ローソンではない。ミニストップだ。迷った結果、ここで買わないことに決める。前方に明りが見える。ここまでより賑やかそうだ。ここからホテルまでまだ距離がある。リュックだけでも十分重いのに、弁当やビールをぶらさげて歩くのは辛い。きっとこの先にコンビニはある。そう信じて歩く。

ところが、店は居酒屋ばかりで、一人で食事できるような店はない。コンビニもない。ミニストップで買っておけばよかったかなと思っているうちに、ホテルに到着。チェックインをすませ、あのミニストップまで戻らなければならないかと恐れながら、この近くにコンビニがあるかと尋ねる。すると、「この前の通りを少し行ったところにローソンがあります」という答えが返ってきた。よかった。助かった。近くにあった。しかもローソンだ。部屋にリュックを下ろし、すぐに出かける。

１００ｍほど行ったところにローソンはあった。スパゲッティや焼きそばなど腹の膨れそうなものとビールを買い、両手にぶら下げてホテルに帰る。リュックがなければこれぐらいの重さは問題ない。風呂に入り、テレビを見ながらビールを傾ける。ビールはいつもより苦かったが、胃袋に入れば心地いい。

２つ目のマラソンも無事に終わった。次のマラソンは明後日だ。走れそうな気はする。でもそれはビールで体も頭も麻痺しているからかもしれない。今夜はぐっすり眠って疲れをとりたい。

10）3連戦の締めはアップダウンと向かい風　湯のまち飯坂・茂庭っ湖マラソン（37番目、福島県、2017年11月5日）

10-1）　11月4日（土）　湯のまち飯坂・茂庭っ湖マラソン前日

須賀川は、１９６４年の東京オリンピックのマラソンで銅メダルを獲得した円谷幸吉の出身地だ。メモリアルホールがあるので、以前から訪れたいと思っていた。

朝9時20分にホテルを出発。ＪＲ東北本線を越え、釈迦堂川を越え、30分近く歩いて須賀川アリーナに到着。メモリアルホールはアリーナの中にある。横を流れる釈迦堂川の土手に植えられた紅葉が美しい。晴れていたらもっと美しいだろう。

ホールの外壁に、円谷が走っている大きな写真がある。遠くからでもここがそうだと分かる。来館者を歓迎する気持ちが感じられて嬉しい。入館は無料。入るとホールの奥まで見渡せるが、客は誰もいない。

受付の、僕より少し年配の男性に、見させていただきますと挨拶する。記帳を要請され、訪問者の名簿に「兵庫県　原田剛」と記入する。「リュックを預かっていただけますか?」と尋ねると、「どうぞどうぞ」と言ってくれた。予想通りではあるが、快諾してもらうと嬉しい。

受付のオジサンに、東京オリンピックは僕が小学5年生のときだったこと、円谷が銅メダルをとったのはよく憶えていること、僕もマラソンをやっていて昨日はぐんまマラソンを走ったこと、明日も茂庭っ湖マラソンを走ること、以前からここに来たいと思っていたことなど、次から次へと問わず語り。

何を思ったのかオジサンは受付席に戻り、切り絵を取り出した。4枚広げて「どれか1枚もらっていただけませんか」と言う。「時間があるもんですから」と続ける。どうやら趣味で作っているらしい。予想もしない展開だ。そういうことならと4枚を見較べるが、ピンと来るものがない。迷っているとオジサンは、少し小さいサイズのものを1枚取り出した。女性の花嫁姿で、こちらは見た瞬間に気に入った。これをと言ったら、大きいのもぜひ1枚と言う。どうしても受け取ってもらいたいらしい。そこまで仰るのならということで、怖そうな「嫉妬」という題の切り絵を選ぶ。どちらも落款が押してある。封筒に入れてもらい、リュックに仕舞って見学を始める。

須賀川に生まれてからの経歴や逸話、レースや練習中の写真、当時のシューズやレースウエア、オリンピック代表に選ばれるまでのレース結果、オリンピックでのレース展開、自殺したときの遺書など、展示されてあるもの全てを見た。当時のウエアやシューズは現代のものと較べると、機能に大きな差があるに違いない。それは見ただけで分かる。こんなもので戦ったのかと思うが、当時はみんなそうだったのだ。両親や兄弟などに宛てた遺書はリズムがある。遺書でありながら詩であり、歌である。これを書いたときの円谷の胸中を想うと胸がつまる。

1時間余り見学し、辞することにする。切り絵をいただいたので、オジサンに名前を尋ねた。即座に

「○○○○です」と返ってきた。「明日のマラソン、頑張ってください」と激励されて11時10分にホールを出る。再び30分歩き、須賀川駅に到着。次の下り電車は12時26分発。昼食の店はないかと見回すと、全国チェーンのレストラン「ガスト」があった。ハンバーグとライスを注文。家族や友人のグループ客ばかりの中で、一人寂しくロンリーランチ。

12時26分発の電車で郡山まで行き、乗り換えて13時27分に福島到着。今日の宿は「東横イン福島駅東口1」だが、チェックインできるのは16時。それまで重いリュックを背負って歩き回る元気はない。しかも、雨が降り始めた。雨に濡れずにお金を使わず、ゆっくりできるところはないか。それは図書館だ。スマホで探すと、駅近くの「コラッセふくしま」というビルの三階に、西口ライブラリーという図書館があることが分かった。早速向かい、リュックを背負った福島市民のような顔（どんな顔？）をして入る。何日分も新聞を読み、読み疲れて時計を見ると、16時を過ぎていた。ライブラリーを出る。

地下道を通って東口に出たが、駅から近いはずなのに東横インの看板が見えない。しかしほどなく発見。チェックインして部屋に入ると、すぐにリュックを下ろし夕食を買いに出る。

1階のフロントは、チェックインする客でいっぱいだった。部屋の鍵はフロントに預ける規則だが、チェックインの邪魔になりそうだ。ポケットに鍵なんか入れていませんよという顔をして外に出る。

スーパーかローソンを探しながらホテル周辺を歩く（ローソンの割引クーポンがまだ残っている）。スーパーはなくてもローソンはあるだろう。そう思って探すが見つからない。しばらくすると、信号の向こうのビルにスーパーらしき看板を発見。行ってみると、「Food Max」という名のスーパーがビルの中にあった。見つかってよかったが、まだ17時前だからか値引き品は少ない。ホテルに戻って出直そうかと思ったが、疲れているのでそれも嫌だ。値引き品を中心に食材を選んだが、ビール3本と明日の朝食用におにぎり3個も買ったからか1480円もかかった。電子レンジがなくておかずも温められず、納得いかない気持ちでホテルに戻る。

　部屋に入るとすぐにビールとおにぎりを冷蔵庫に入れる。風呂に湯を入れながら、明日のレースの準備をする。いつもの手順だ。準備を終えると風呂。風呂から上がると冷えたビール。ここまではよかったが、おかずが温かくないので美味しくない。テレビでは日本シリーズの第６戦。どちらが勝つか分からない好ゲームだったが、ビールもおかずもなくなり、寝転んで見ていたら眠ってしまった。目が覚めたら、試合は終わっていた。それからは眠れず、睡眠不十分なまま朝を迎えた。

10-2）　11月5日（日）　湯のまち飯坂・茂庭っ湖マラソン当日

　6時半に起床。このホテルは朝食が無料だが、始まるのは7時だ。会場までのシャトルバスは7時50分出発で、西口から出る。だから7時半にはチェックアウトしたい。7時から食べていたらトイレに行く時間がない。だから昨日おにぎりを買っておいた。朝食の権利放棄は残念だが、今日は仕方がない。部屋の中で、冷たいおにぎりを3個頬張る。

　7時半にチェックアウトし、地下道を西口に向かう。指定場所に着くと、すぐにバスは来た。市街地を抜けると、田舎の風景になった。途中から山道になり、対向車とすれ違うのも難しいほどの道になった。色鮮やかな黄葉が朝の光を浴びて美しい。思わぬ景色に、この大会にしてよかったと思った。

　ところが、急に曇り始め、会場に到着したときは雨。雨の予報ではなかったのに雨である。市街地と山中ではこんなに天気が違う。マラソン中は降らないでおくれ。

　バスを降りるとスタッフが、「更衣室はあのバスです」と近くのバスを指す。え〜っ、バスの中で着替える？　こんなのは初めてだ。雨が降っているので、ぐずぐずしていたら濡れてしまう。急いでバスに乗り込むと、中はランナーでいっぱい。全員が荷物を持っているので、２人席に１人しか座れない。困ったなーと思っていたら、ちょうど目の前のランナーが着替え終わり、席が空いた。ラッキー。リュックを席に置き、着替えを始める。

ランナーが次々と乗ってくる。大会スタッフは、着替えが終わったら出てくださいと繰り返している。走るウエアのまま外に出れば寒い。だから中にいたい。しかしそうはいかない。仕方なくバスを降りる。

雨は上がっていた。よかった。これからも降らないでおくれ。リュックを荷物預けに預けたあと、トイレに行って大も小も排出。取り敢えず心配はなくなった。安堵してドアを開けると、列ができていた。早く入ってよかった。

8時50分、開会式が始まる。大会冊子によると、この大会は徐々に知名度が上がっていて、参加者は年々増えているらしい。それでも今年は、1550人の定員に対してエントリーは1064人。参加者集めはまだ道半ばのようだ。

大会役員や来賓の挨拶があり、地元ランナーが選手代表で宣誓。大都市の大会にはない、素朴な開会式だ。寒いのを我慢しながら見終え、隣接する「もにわの湯」に向かう。ゴールしたあと、できればこの湯に入りたいと思っている。どんな施設か見ておきたい。そう思いながら近づいたら、手前の建物に気づいた。入ってみると、地元の産品が並べてある。もちろん何も買う気はないが、外よりも暖かい。スタートまでここにいようと決める。奥に入ると多くのランナーがいた。みんな考えることは同じだ。

日の当たる場所で日向ぼっこをしていると、隣りのオジサンが話しかけてきた。「村岡ってどこですか?」。僕が着ているTシャツの背中を見て訊いてきた。「兵庫県です」と答えると、「ほーっ、遠いところをご苦労さんです」との反応。そうでしょうね、小さな大会では反応はそんなものでしょう。同年輩のようなので村岡を語り始めようとしたら、オジサンは気がすんだらしく去っていった。

スタート10分前になった。スタート地点に向かう。大きな大会と違って会場が小さいので、1分で到着。

既に多くのランナーが集まっているが寒い。スタートを待つ群れの中に入っても寒い。あと５分長居しておけばよかったと後悔する。周囲の話し声が聞こえるが、聞こえるのは東北弁ばかり。そう。ここは関東ではない。東北なのだ。

９時30分、スタートの号砲が鳴った。スタートラインを越えたのは10秒後。最初から上り坂である。この数か月いつもこうなのだが、足がスムーズに前に出ない。足が前方だけでなく、上方にも向かっているような感じがある。力が分散している感覚なのだ。この感覚は走っているうちに薄れるのだが、最近はいつもこうだ。どうしてこうなるのか分からない。完走はできているので、自分で感じるほどではないのかもしれない。でも、しっくりしない。

２００ｍほど摺上川の右岸を上流方向に走って右折。橋を渡ってまた右折。下流方向に向かう。若干だが下りである。しっくりしない状態は続いている。周囲のランナーは気持ちよさそうに抜いていく。どんどん抜いて行ってちょうだい。僕は自分のペースで走ります。

多くのランナーに抜かれながら進む。１㎞毎の標示が有難い。標示があるたびに、ペースを確認する。感覚ほどには遅くない。自分を信じて走っていればいいようだ。

途中で全くペースの違うランナーに抜かれた。10分後にスタートしたハーフの先頭ランナーだ。遠慮せずに抜いてちょうだい。遠慮していないと思うけど。

５㎞の標示を見落とした。折返し点辺りにあったのかな。終わったことは悔やんでも仕方がない。自分のペースで進むだけだ。沿道の応援は、ないことはない、という程度。沿道に民家が少ないので、応援が少ないのは仕方がない。今日は声援に励まされることはなさそうだ。

８㎞付近だったろうか。また、全然ペースが違うランナーに抜かれた。20分後にスタートした10㎞のランナーだ。遠慮せずに抜いてちょうだい。遠慮していないと思うけど。

スタート地点に戻ってきた。スタッフの拍手に迎えられながら、10㎞地点を1時間00分台で通過。意外に遅くない。もうすぐ上りが始まるが、ひょっとしたら好タイムでゴールできるかもしれない。

このコースは11㎞付近から上りが始まり、1・7㎞の間に標高差100mを上る。上ったあとは40㎞まで、小さなアップダウンはあるものの概ね平坦だ。40㎞からはゴール近くまで、1・5㎞で100mを下る。変化に富んだコースだ。

摺上川にかかる橋を渡ると上りが始まった。11㎞付近からは急坂になった。自分のペースで焦らずゆっくり走ればいい。そう思っていたが、全然足が前に出ない。連戦の疲れか、足に力を感じない。疲れは感じていなかったのに、足は正直だ。走り続けられなくなり、歩きに変える。

歩きに変えたが呆然とは歩かない。前傾で歩く。しばらく歩き、呼吸が整うと走り出す。しかしすぐに走れなくなり、歩きに変える。また呼吸を整えて走りを再開する。そんなことを10度ぐらい繰り返し、標高差100mの坂を上り終える。この間、20~30人のランナーに抜かれた。僕ほど歩いているランナーはいなかったに違いない。抜いていったランナーは内心、僕を嗤っていただろう。でも僕は一昨日、フルマラソンを走ったばかりだ。今日の出場者の中に、ぐんまマラソンを走った人はいまい。僕は言い訳をしない男だ。その証拠に、背中に「おとといのぐんまマラソンを走りました」と書いていない。

左側にダムが見えてきた。黄葉に陽光が当たっている。こんな素晴らしい秋の景色は見たことがない。想像していたよりもはるかに美しい。

上り終えてしまえばフラットだと思っていたが、そうではなかった。予想以上にうねっていて、起伏が多い。しかも、風が強い。向かい風である。ランニングキャップが飛ばされそうになり、手に持って進む。

折り返してきたハーフのランナーとすれ違いながら進む。そのスピードに感心しながら進んでいると、ハーフの折返し点があった。もう少し行ったところで、一人のランナーが焦った表情で走ってきた。ゼッ

■コース図

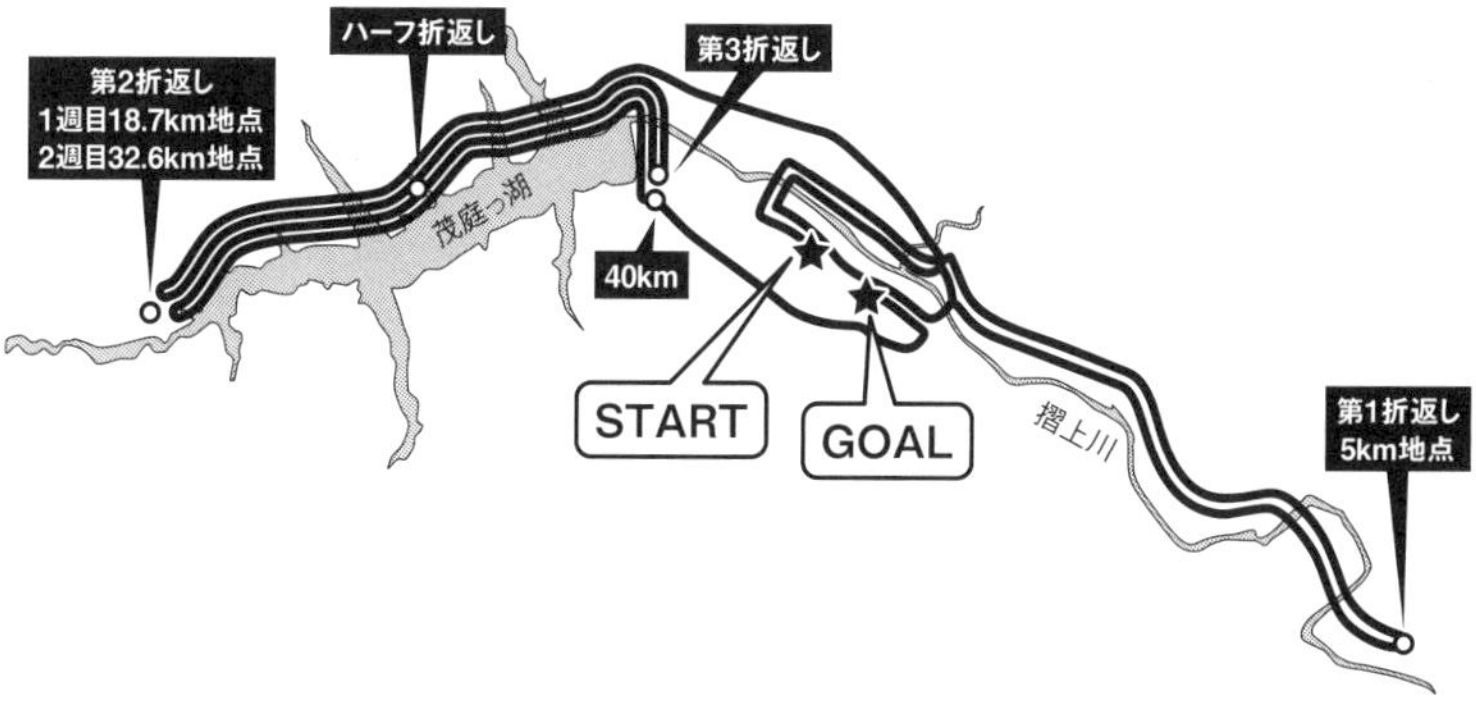
ハーフ折返し
第2折返し
1週目18.7km地点
2週目32.6km地点
第3折返し
茂庭っ湖
40km
START
GOAL
摺上川
第1折返し
5km地点

■高低図

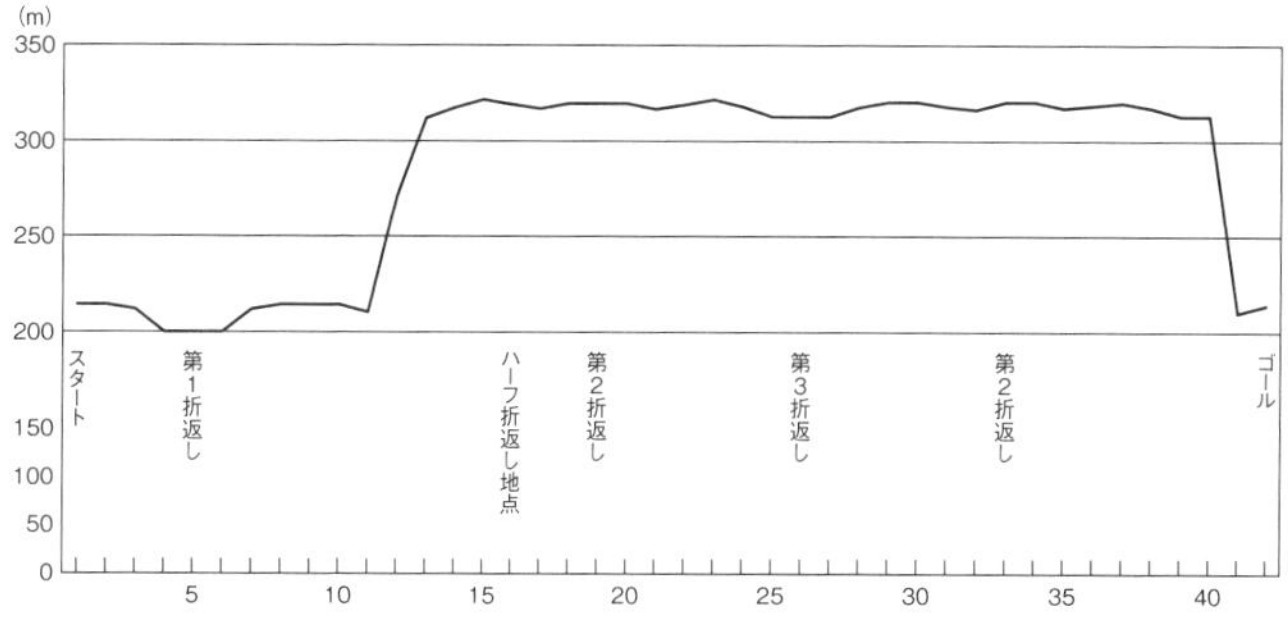
(m)
350
300
250
200
150
100
50
0
スタート
第1折返し
ハーフ折返し地点
第2折返し
第3折返し
第2折返し
ゴール
5
10
15
20
25
30
35
40

ケンを見るとハーフのランナーだ。折返し点に気づかず、そのまま進んだようだ。可哀想に。

次の折返し点まではすごく長かった。いつまでも終わらない起伏と向かい風。くじけそうになるが、リタイアはできない。堪えて堪えて、やっとの思いで折返し点に到達。今度は追い風だ。風を背中に感じながら、20㎞を2時間10分台で通過。感覚よりもいいタイムだが、これから先は厳しいぞ。中間点を2時間18分台で通過。この調子だとゴールは5時間近くになりそうだ。今日は長ーい一日になるぞ。

折り返してからは、後続ランナーを優越感をもって眺める。さっきまですれ違うランナーを羨ましく眺めていたのに……。前を行くランナーには羨望するが、後ろのランナーには自分の方が優れていると思う。順位は変わらないのに……。おかしなものだ。

25㎞を過ぎて右折。ダム湖の堰堤を走る。風を右横から受ける。右を見ると、日が当たっている。湖面の青と黄葉のコントラスト。妻に見せてやりたいが来ていない。心の中でシャッターを切る。カシャッ。堰堤を渡り終えたところが3回目の折返し点。折り返すと、来た道を戻る。堰堤を戻ったあとは左折。4回目の折返し点に向かう。また向かい風が始まった。また試練の始まりだ。折返しまであと何キロあるのか。あとどれぐらい向かい風に堪えないといけないのか。疲れた頭で計算する。5㎞以上はありそうだ。長いなあ。

エイドのスタッフの多くは元気な高校生だ。大きな声で励ましてくれる。多くの場合、有難く思うし、嬉しい。が、激励を素直に受け取れないときがある。この日もこの辺りでそんな気持ちになった。君たちが「頑張って！」とか「ファイト！」とか言ってくれるのは有難いけれど、走っている我々は本当にしんどいのだ。そうは見えないかもしれないが、これでものすごく頑張っているのだ。それなのに君たちは頑張れと簡単に言う。これ以上、どう頑張ればいいと言うのだ。

そんな思いを抱きながら、エイドに到着した。一人の高校生と目が合った。僕の口から出たのは、「しんどい」という言葉。気持ちが素直に、ポロリと出た。本音だ。励ましは嬉しいけれど、このコースは起伏があるだけでなく、今日は風もある。それに、僕は言い訳をしない男だから言わないが、３連戦の３戦目だ。しんどくてしんどくてたまらない。その僕の、今の気持ちというか、苦しみというか、ヘトヘトというか、息もたえだえというか、そんな、これらの言葉、全部を合わせても、まだ言い表わせない、とにかく今の、僕の状態を、分かって欲しい。その思いが、「しんどい」という言葉になって出た。高校生はキョトンとした表情になり、数秒の間を置いて頷き、「そうでしょうね」と言った。そうか、分かってくれたか。分かってくれればいいのだ。

走りを再開し、先行ランナーを眺めながら進む。彼らはゴールするまで1時間もかからないだろう。いいなあ。僕は彼らを羨んでばかりだ。情けない。走力が違うから仕方ないのに。

30㎞を３時間20分台で通過。自分が感じているほどタイムは悪くない。でもこれからもっとペースが落ちる。それは間違いない。自信がある。

僕の前に、歩いているランナーが数人。自分の力を過信してハイペースで走ったのか、向かい風に負けたのか。そのランナーを一人ずつ抜いていく。が、僕も彼らとそれほど差はない。紙一重だ。折返し点まで行けば追い風になる。それを期待して進んでいる。もう力は残っていない。ただ走っているだけだ。先行ランナーを眺める。早く逆の立場になりたい。

４回目の折返し点にようやく到達。ヘトヘト状態で三角コーンを回る。向かい風がやっと終わった。これからは追い風だ。風に負けまいと力む必要はない。これで少し気を抜ける。でも歩かない。歩いたら気持ちが切れてしまう。

35㎞を３時間55分台で通過。やっと残りが７㎞余りになった。せっかく向かい風を歩かなかったのだから、ゴールまでは歩かずに頑張ろう。そう思っていたときだった。少し前を走っていた同世代と思われるランナーが、エアサロンパスを落とした。少し前このランナーは走りながら、ウエストポーチからエアサロンパスを取り出し、走りながら足に吹きかけていた。そしてポーチに収納し損ねた。慌てて拾おうとしたところに僕が通りかかった。このランナーは僕を見て、「お使いになりませんか?」と言った。意外な言葉に驚いたがこれも縁だ。お言葉に甘えることにしよう。有難く受け取り、立ち止まって両足の太腿にシュッ、シュッ。ふくらはぎにもシュッ、シュッ。「有難うございました。これで完走できます」。

2人で走りを再開する。「どちらから?」と訊かれ、「兵庫県からです」と答える。「私は地元の人間ですが、川重に勤務していたので現役時代は東京と神戸をよく往復しました」と返ってきた。兵庫県に縁のある人間が福島県で一緒になった。

このランナーとは1kmほど話しながら並走。「足が出ないので先に行ってください」と言われたのを機に、「それでは」と前に出る。ゴールまで走り続ける自信はないが、追いつかれたらそのときだ。ただ、頑張り過ぎないようにしよう。ゴールは6km先だ。3連戦の3戦目なのだ。

まだ4回目の折返しに向かうランナーがいる。今ここですれ違っているということは、彼らのゴールは難しい。年配のランナーもいるが、若いランナーが多い。悔しいだろうが、もっと練習して次のレースに生かして欲しい。そう思えるぐらい余裕が出てきた。呼吸は苦しく足もパンパンだが、完走はもう間違いない。余力と残りの距離を考えながら走る。このスピードならゴールまでもつはずだ。

39kmを過ぎて右折。堰堤に戻ってきた。右からの横風を受けながら堰堤を走る。右はダム湖、左は大きな谷だ。谷の下にはゴールがあるはずだ。もうすぐだ。もうすぐで下りが始まる。堰堤を渡り終え、下りが始まったところが40km地点。4時間29分台で通過。残りは2・195km。最後までしっかり走るぞ。

急な下りだ。下りだからと張り切り過ぎると転んでしまう。転ぶと大怪我になる。血だらけになる。スピードが出ないように慎重に下る。足はもう、踏ん張りがきかなくなっている。力を使い果たしたのか、急坂を走って下る危険を嫌ったのか、前方を３人が歩いている。３人とも抜き去る。

ある橋の手前だった。位置的にはゴール会場の上だ。そこにいたスタッフが僕のゼッケンを見て、小さな声でマイクに「５０４８番」と囁いた。その数秒後、女子高生の声が谷に響き渡った。「５０４８番の原田さん、頑張ってくださいｌ」。なるほど。マイクに囁いた理由が分かった。思わず左手を挙げ、ガッツポーズで応える。女子高生に激励されて頑張らないオジサンはいない。オジサンは最後まで頑張るよーん。

橋を渡り終えたところに残り１㎞の標示。時計を押す。ラスト１㎞をどんなタイムで走れるか。下りは続いている。足は思うほどに動かない。転倒の恐怖と戦いながら走る。ここまで来たら、こんなに頑張らなくてもゴールタイムは30秒も変わるまい。でも頑張る。

坂が終わった。角度のないコーナーを左折。ゴールまであと４００ｍほど。足が前に出ない。もどかしさに堪え、懸命に駆ける。ゴールが見えた。残りは１００ｍほどか。すぐ前にランナーがいる。抜くぞ。絶対に抜くぞ。

ゴール直前でぎりぎり追い抜き、念願のゴール！　女子高生から完走タオルをかけてもらう。スポーツドリンクのあと、完走証を受け取る。ゴールタイムは４時間42分39秒。疲れた。渡されたアンケートに、椅子に座って記入。地元産品が当たるくじを引くと、せんべいが当たった。前の人は林檎（五個入りぐらいだった）を当てた。あんな嵩高くて重いのが当たったら困ると思ったが、余計な心配だった。

荷物預けでリュックを受け取り、着替えのためにバスに乗り込む。狭い座席で窮屈な着替えを終え、リュックを背負ってバスを降りる。サービス券できのこ汁をいただく。美味しい。温かいのが何よりだ。もう１杯欲しかったが、サービス券は１枚だけ。もう飲めない。

15時にバスが出るとのアナウンスが聞こえた。時計を見ると５分前だ。飯坂温泉15時55分発の電車に乗りたい。次の電車でもぎりぎり間に合うが、何かあれば飛行機に乗り遅れてしまう。乗り場まで走る。

帰りも黄葉の渓谷は美しかった。美しい景色もこれで見納めだ。目に焼き付けながら、30分ほどで飯坂温泉駅に到着。目の前の川は摺上川らしい。マラソン会場の横を流れていたあの摺上川が、この飯坂温泉を流れている。ここは風情ある温泉街らしい。でも重いリュックを背負って歩く元気はない。何もしたくない。リュックを下ろし、ただじっとしていたい。駅の待合室で待つことにする。

定刻に電車は出発し、16時18分に福島駅到着。JRに乗り換え、32分発の電車で仙台空港に向かう。名取駅に着いた17時38分には、すっかり日が暮れていた。43分発のアクセス線に乗り換え、52分に仙台空港到着。着いた。やっと着いた。

スカイマークのカウンターに行き、チケットを発券。そのあとはマッサージチェアで疲れた体を癒す。8泊9日のマラソンはしご旅が今日で終わる。3つのマラソンは完走できた。満足だ。これで残り10県になった。制覇とは関係ないが、来週もおかやまマラソンを走る。ゆっくり休んで臨みたい。無理をするつもりはないが、ここまで来たら早く達成したい。

飛行機は定刻19時35分に出発し、定刻より早く21時に神戸空港に到着した。21時10分の電車に飛び乗り、最寄り駅に23時16分到着。帰宅したのは23時半。試練の3連戦が終わった。重いリュックの旅が終わった。

〈あとがき〉

・最後の1㎞は5分59秒で、ぎりぎり6分を切っていた。よかったと思うが、あれだけ懸命に走ってもこのタイム。寂しい。

・エイドで元気な声を出していたのは、甲子園の常連校である聖光学院の生徒だった。着ているジャケットの背中に校名が書いてあった。多くの大きな大会は、スタッフが着るウエアは、大会名が書いてあるウエアで統一している。こういうところも大きな大会とは違う。

・円谷幸吉メモリアルホールでもらった切り絵は、二枚とも僕の部屋に飾っている。白と黒の色が違和感なくマッチしていて、もらってよかったと思っている。

11）トランプ大統領も出場していた　青島太平洋マラソン（38番目、宮崎県、２０１７年12月10日）

11―1）「あおたい」とはしご旅を決めるまで

宮崎県は有名な「青島太平洋マラソン」を選んだ。この大会は、「あおたい」と呼ばれる1万人規模の人気大会だ。宮崎県にはフルマラソンがもうひとつある。「延岡西日本マラソン」という歴史ある大会だが、こちらは陸連登録者だけに参加資格がある。無登録で鈍足の僕に参加資格はなく、自動的に「あおたい」になった。エントリーは先着順。エントリー初日の６月21日、開始時間の20時にパソコンに向かい、25分後にエントリーできた。

せっかく宮崎まで行くのだから、前後の週に近くで大会をやっていないかと調べた。九州各県と沖縄地区を調べたら、12月３日開催のＮＡＨＡマラソンしかなかった。ＮＡＨＡは２年前に走っているが満足な成績を残せず、もう一度走りたいと思っていた。ＮＡＨＡマラソンは先着順ではなく抽選である。当選するか心配したが、８月に当選通知が来てはしご旅が決まった。

大会が推薦するホテルは高いので、宿は青島のゲストハウスを予約した。マラソンの前々日と前日の２泊である。エントリーが決まってからでは遅いと思い、５月に予約した。

交通手段はこれという手段が見つからず、しばらく決めないままにしていた。８月にＮＡＨＡマラソンが当選してはしご旅が決まったので、神戸―那覇、那覇―鹿児島は飛行機にした。那覇―鹿児島は船も考えたが、飛行機の方が早くて安かった。宮崎からの帰りは船にして、12月２日から11日までの９泊10日のはしご旅になった。

11-2）　12月10日（日）　青島太平洋マラソン当日

計画通りに旅を進め、青島のゲストハウスで当日を迎えた。6時05分に起床。朝食用に残しておいた餡入りの餅2個を食べて出発。無人の青島駅に着くと、ホームは30人ほどのランナーで溢れんばかり。電車は心配していた1両ではなく2両。混んではいるが超満員ではなかった。もうひとつの心配、料金の支払いについてもJRは対策をとっていた。木花駅に到着する前に、「駅に臨時職員が待機しているのでそこで払ってください」とのアナウンス。大会に備えて臨時体制が敷かれていた。心配は杞憂に終わり、よかったよかった。

6時47分、目的の木花駅到着。多くのランナーについて歩き、宮崎県総合運動公園の会場に到着。特別協賛のANAのテントで特製スープを頂戴したあと、更衣室になっている武道館に入る。男子更衣室はほとんどいっぱいだったが、スペースを見つけて場所を確保。荷物を置いてすぐにその場を離れる。向かったのはトイレだ。15分並んで目的を果たす。これで心配はなくなった。更衣室に戻り、走るウエアに着替える。500円で荷物を預け、武道館の外に出る。

体をほぐしながらスタートブロックに向かっていると、無料テーピングサービスのテントがあった。会場に着いて武道館に向かうときは、ここに多くの人が並んでいた。ピーク時間を過ぎたのか、待ち人は今いない。今だと思って申し込み用紙に記入すると、10秒もしないうちに名前を呼ばれた。どこにしましょうかと訊かれ、「どこということはないので、両足のふくらはぎをお願いします」と答える。しかしその瞬間、NAHAマラソンでの腰痛を思い出した。慌てて、「腰をお願いします」と言い直す。すると、「テーピングは2か所までと決まっています。両足と腰では3か所になります」と言われた。「では腰だけにしてください。腰だけを2か所分テーピングしてください」と答える。指示に従ってうつぶせになると、触った瞬間に「凝ってますね」と言われた。そうでしょう、先週は痛くて走れなかったのだから。腰と背中にたっぷりテーピングしてもらって終了。これで大丈夫だ。先週のような惨めな結果にはならないだろう。

８時半、指定のEブロックに入る。周囲から聞こえるのは九州弁ばかり。スピーカーから、地元局アナウンサーのインタビューが聞こえる。相手は宮崎県知事とオリンピック水泳メダリストの松田丈志。今日の天気は曇り一時小雨らしい。小雨ならいいけれど、たくさん降ると嫌だな。

９時、スタート。すぐには動き出さず、スタートラインを越えたのは4分18秒後。サンマリンスタジアムの周囲を回ったあと、運動公園の中に入っていく。ランナーは多いが、コースの幅は広くない。ほかのランナーに接触しないように注意して進む。１㎞を過ぎて国道２２０号線に入ると、ようやく自分のペースで走れるようになった。清武川に架かる木崎大橋を渡ると、ここは宮崎の繁華街、という感じになった。５㎞を35分21秒で通過。１㎞当たり平均6分と少し。まあこんなものだろう。広い道を気持ちよく走る。しかし、このペースで最後まで走るのは無理だ。10㎞は1時間04分台で通過。この５㎞は6分／㎞より速い。ペースを落とした方がいいのだが、気持ちが定まらないまま進む。

先頭ランナーとすれ違ったのはこの辺りだ。後続ランナーはなかなか現れない。独走状態だ。

12㎞辺りで宮崎市の中心部を流れる大淀川を渡る。橋を渡ると下り坂だ。ペースを落とそうかと思っていたところで下りになった。おかげでペースは落ちていない。いいのかよくないのかよく分からない。

コースは右折して国道から離れた。道路中央に大きな並木がある。対向車線には先行ランナーが走っている。コース幅が狭くなり、ランナー間隔も狭くなった。大人数と至近距離ですれ違うので迫力があり、自分が速くなったように感じる。数百m走って折り返し、今度は後続ランナーを眺める。いつまでも後続

■コース図

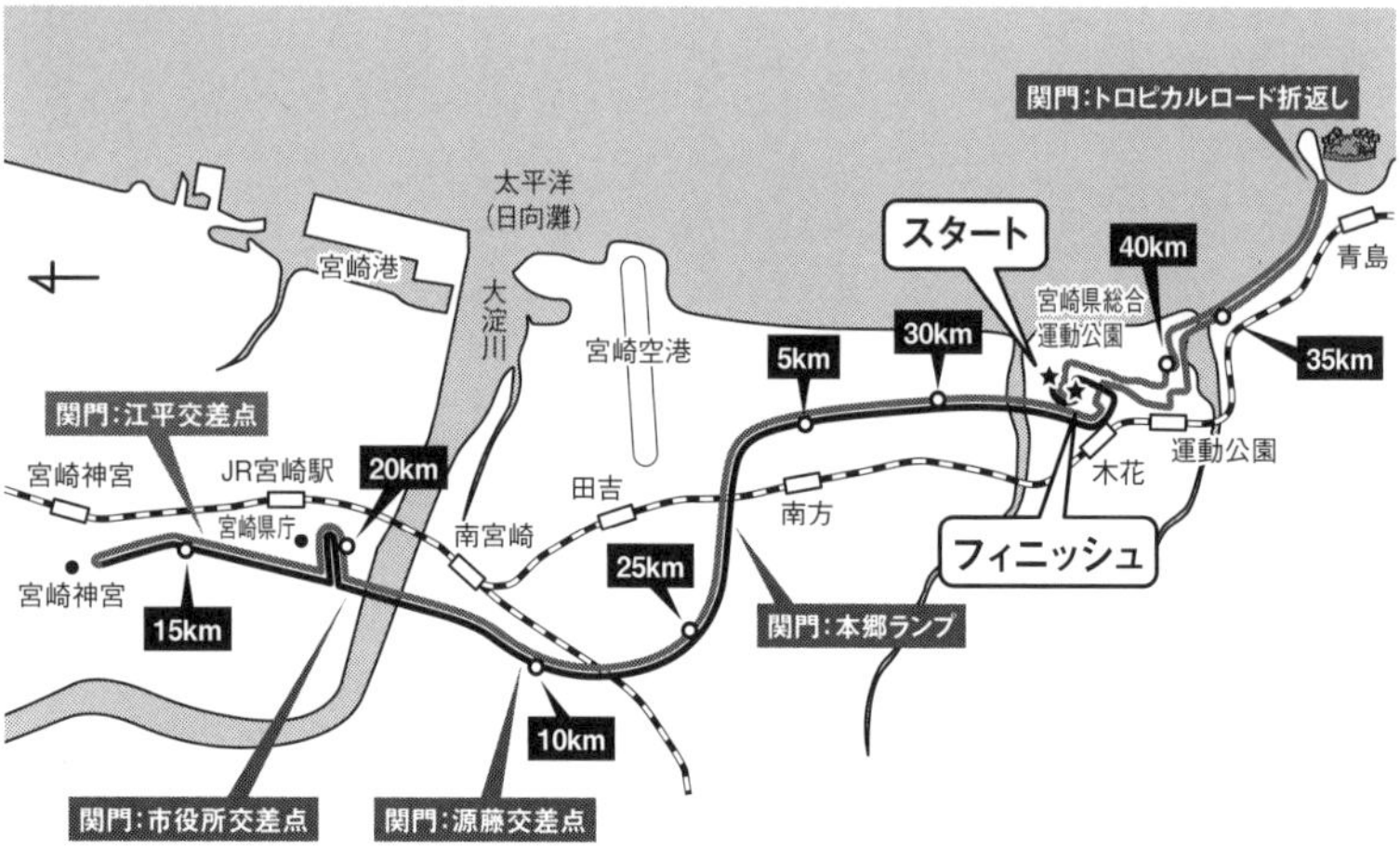
関門：トロピカルロード折返し
太平洋
（日向灘）
宮崎港
大淀川
宮崎空港
スタート
40km
青島
宮崎県総合
運動公園
30km
5km
35km
関門：江平交差点
宮崎神宮
JR宮崎駅
20km
田吉
運動公園
木花
宮崎県庁
南宮崎
南方
フィニッシュ
宮崎神宮
25km
15km
関門：本郷ランプ
10km
関門：市役所交差点
関門：源藤交差点

■高低図

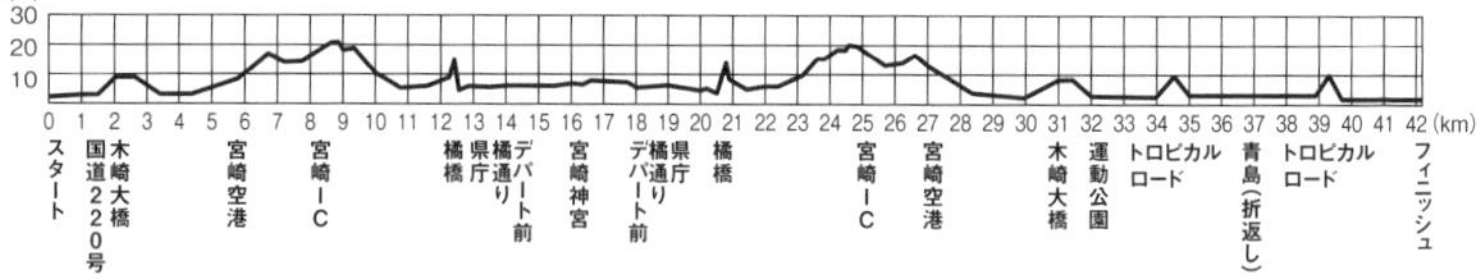
(m)
30
20
10
0 1 2 3 4 5 6 7 8 9 10 11 12 13 14 15 16 17 18 19 20 21 22 23 24 25 26 27 28 29 30 31 32 33 34 35 36 37 38 39 40 41 42 (km)
スタート
国道220号
木崎大橋
宮崎空港
宮崎IC
橘橋
県庁
橘通り
デパート前
宮崎神宮
県庁
橘通り
デパート前
橘橋
宮崎IC
宮崎空港
木崎大橋
運動公園
トロピカルロード
青島（折返し）
トロピカルロード
フィニッシュ

ランナーが続き、自分の位置がそれほど後ろでないことを知る。右に宮崎県庁が見えた。ランナーでもある東国原英夫（そのまんま東）はここで執務していたんだな。

　国道に戻ってきた。宮崎の中心街と思われる街並みが続く。沿道の応援が多い。有難いことである。アメリカのトランプ大統領に抜かれたのはこの辺りだ。トランプ大統領といっても、もちろん本物ではない。縦横の長さが30㎝ぐらいだろうか、トランプ大統領の顔写真を首からぶら提げ、スーツ姿で走っていた。沿道の人が驚きの表情に変わっていくので、何だろうと思いながら僕は走っていた。そこへ追いついてきて、抜いていったのがトランプ大統領だった。１年前の大統領選で勝利し、今年１月の就任以来世界を驚かせ続けているトランプ大統領。その大統領の写真を掲げて走るランナー。変なかぶり物をするよりもインパクトがあった。

　15㎞を1時間34分台で通過。この５㎞も６分／㎞以下で走った。どこまでこのペースで走れるだろう。コースは左斜め前方に折れた。道がまた狭くなり、すれ違う先行ランナーとの距離が近くなった。足音と息遣いが、聞こえた瞬間に過ぎ去る。ランナーが続くので足音と息遣いも続く。僕も数分後にはあちらにいる。できるなら今のペースで走り続けたい。

　16㎞付近、宮崎神宮の前で折り返す。コース左で大宮高校の女子高生がチアダンスで応援してくれている。有難う。手を挙げて声援に応える。その瞬間、分かった。大宮高校の校名は宮崎神宮に由来しているに違いない。相変わらず沿道の応援は多い。有難いことだ。道が狭いので、臨場感と迫力を感じる。

　国道２２０号線に戻ってきた。名のある企業の看板が続く。18㎞過ぎのエイドに、きゅうりとミニトマトがあった。せっかくなので、両方とも口に入れる。

　左折して県庁前の道に入る。まだここを走っている後続ランナーがいる。優越感を覚えると同時に、このランナーたちはゴールできるだろうかと心配する。折り返したところが20㎞地点。２時間03分台で通過。

まだ6分／㎞以下のペースで走っている。心配した腰痛もなく、順調だ。しかし、トイレに行きたくなってきた。時間は惜しいが、危険状態に陥る前に行っておきたい。次のトイレには必ず入ろう。

コースはまた国道に戻った。道が広くなったのはいいが、路面が粗い。転倒すれば大きな擦り傷になりそうだ。シューズの底も痛みそうだ。こんなところは早く通過してしまいたい。

前方にトイレが見えた。仮設トイレが4つほど並んでいる。待ち人は多くなさそうだ。よし、入ろう。コースを外れ、待ち人の3人目となる。前の2人はすぐに順番が来たが、僕の順番がなかなか来ない。やっと空いたトイレから出てきたのは、加古川マラソンのTシャツを着たランナーだった。僕もこのTシャツは持っている。声をかけようかと一瞬思ったが、やめにする。トイレの前で話をすれば、後ろの人に迷惑がかかる。出てきた人も早くコースに戻りたいだろう。僕も時間が勿体ない。今はスタート前でもゴール後でもない。レース中なのだ。

目的を果たし、コースに戻る。まだ路面が粗い。早く普通の路面に戻らないものか。中間点を2時間10分台で通過。スタートまでにかかった4分18秒とトイレタイムを考えれば、同じペースなら4時間20分以内でゴールできる。頑張るぞ。

雨が落ちてきた。予報は当たった。この程度ならいいけれど、本降りにならないでおくれ。25㎞を2時間36分台で通過。トイレでラップが落ちたが、勝負はこれからだ。タイムはこれからの走りで決まる。

バイパスに入り、沿道の応援が少なくなった。雨は相変わらず降っている。やんでもらいたいなあ。

この辺りでまたトランプ大統領に抜かれた。応援の人の表情が変わっていくので、今度はどんな格好のランナーかなと思っていたらトランプ大統領だった。いつの間にか僕が追い抜いていた。大統領は長時間トイレに入っていたのだろうか。あんな大きな顔写真をぶら下げ、スーツ姿。走りにくいと思うが僕よりも速い。さすがです、トランプ大統領。

緩やかな起伏が続くバイパス。30㎞を３時間07分台で通過。この５㎞も６分／㎞以上かかった。前半のハイペースの影響か。残りは12・195㎞。６分／㎞で走ると、73分かかる。ということは、ゴールタイムは４時間20分台。このタイムはもう無理だ。でも、４時間25分以内ではゴールしたい。これを目標にする。

バイパスを降り、運動公園に戻ってきた。雨は止んだが、風が出てきた。ここからは昨日歩いたトロピカルロードに向かう。青島まで行って折り返し、ここに戻ってくる。昨日同じ宿だった熊本氏は、ゴール地点の横を通過してからの残り10㎞が辛いと言っていた、そうかもしれない。30㎞以上走ってゴールが見えるところに戻ってくれば、そう思うのも無理はない。でも僕は違う。今日は余力がある。最後までしっかり走るぞ。

トロピカルロードに出た。昨日と違って青空はない。雨上がりの重い雲が空を覆っている。海の色は青いが、陽光を浴びていた昨日と違って美しくはない。昨日ここを歩いてよかった。昨日の景色こそ、青島海岸の景色だ。

先行ランナーとすれ違う。コースは狭いが、両側に建物がないせいか臨場感は少ない。それはともかく疲れてきた。ペースが落ちているのが分かる。ここはあおたいを象徴するコースだ。楽しんで走りたい。

35㎞を３時間39分台で通過。残りが７・195㎞になった。６分／㎞で走ると43分かかる。ゴールは４時間22分台だ。４時間25分以内のゴールが厳しくなった。

37㎞の折返し点まで来た。その手前にエイドがあった。日向夏ゼリーと飫肥天《おびてん》が置いてある。エネルギー補給の必要性を感じるし、日向夏ゼリーは今まで食べたことがない。立ち止まって両方いただく。

さて、タイムを犠牲にしてエネルギーを補給した。残りは５・195㎞。残る力を使い切ってゴールするぞ。エイドで使った時間を取り返すぞ。急げ！

宿で一緒だった熊本氏らしきランナーとすれ違った。苦しさに顔がゆがんでいた。熊本氏は５時間が目標と言っていた。彼も頑張っている。名前も知らない熊本氏（熊本から来たと言っていたので熊本氏と命名）。最後まで頑張りましょう！

トロピカルロードが終わり、運動公園に戻ってきた。疲労度と残りの距離を測りながら走る。ここまで来たらもう全力だ。全力で走っても、ゴールまでもつはずだ。

40㎞を通過。時計を押すがタイムは見ない。もうこれ以上のスピードは出ない。今このスピードが精一杯だ。正面にカメラマンが構えている。右手でガッツポーズ。どうだ、40㎞を過ぎてもこの走り。64歳のこの走りを見よ！

コースはまだ運動公園の中。ゴールはまだか、ゴールはまだか。そればかりを考えて進む。ゴールはやってこない。それは知っている。でも考える。ゴールはまだか。まだ見えぬか。

サンマリンスタジアムが見えた。ゴールはスタジアムを回ったところにあるはずだ。もう少しだ。もう少しで終わる。最後まで全力で走るのだ。

サンマリンスタジアムまで来た。あとはこの周りを走るだけ。残る力を振り絞って必死に走る。前のランナーを抜こう。ゴールまでにあのランナーを抜こう。と思っていると、別のランナーにすーっと抜かれた。抜こうと思っていたランナーにも離されている。ああ、駄目だ。駄目だった、と思いながらやっとのゴール。

頑張っているのは自分だけではない。それを学んでマラソンは終わった。ゴール横のデジタル時計は4時間24分台を示していた。目標とした4時間25分は切った。よかった。頑張った甲斐はあった。女子高生スタッフに計測タグを外してもらい、完走タオルを肩にかけてもらう。ほかのランナーのあとについて歩き始めたとき、目の前に松田丈志がいた。ゴールしたランナーを祝福している。僕も慌てて手を差し出し、握手する。「おめでとうございます」。「有難うございます」。男と男。アスリート同士。長い言葉はいらない。

アクエリアスを受け取り、一気に飲み干す。一杯では足りず、今度はコーラに手を伸ばす。それにしても疲れた。ランナーの流れから外れ、ゆっくり飲み干して人心地。ようやく動く気になり、完走証発行所へ向かう。受け取った完走証のゴールタイムは4時間24分30秒、ネットタイムは4時間20分12秒だった。ネットで4時間20分を切れなかったのは残念だが、先週よりも40分近くいい成績だった。テーピングのおかげだ。腰も痛くならずにゴールできた。歩かずに最後まで走ることができた。テーピングしてくれた人、有難う。マンゴーメロンパンと水を受け取り、ランナー専用エリアを出る。

武道館に入ったところで男性スタッフから、「お手伝いしましょうか」と言われた。ここでこの言葉は有難い。「お願いします。肩を貸してください」と答える。スタッフの肩に手をかけ、ふらつきながらシューズを脱ぐ。

荷物預かり所でゼッケンを示し、リュックを受け取る。リュックはゼッケン番号を貼ったビニール袋に入れてある。他ランナーの邪魔にならないように、出口に近いところまで移動する。袋から出そうとするが、結んだ紐が解けない。手の指が思うように動かないのだ。かなりの時間をかけて、やっと解けた。リュックを両手で抱え、更衣室へ向かう。重い。

更衣室に入る。更衣室は、中央の床部分と、周囲の観覧席部分の2つに分かれている。一瞬考えたあと、観覧席に向かう。ベンチがある観覧席の方が、腰痛持ちには助かる。空いたスペースを見つけ、リュックを下ろす。どっかと腰を下ろす。疲れた。本当に疲れた。何をする気にもならない。ただ、ぼーっとする。しばらくしてようやく動く気になって着替え始めたが、普段の3倍の時間がかかった。

数m前の床に、年配ランナーがやってきて座り込んだ（この人をAさんとしよう。Aさんは頭髪がほとんど残っていない禿頭だ）。いかにも疲れたという感じで、倒れ込むように座り込んだ。すぐ近くにいた別の年配ランナー（この人をBさんとしよう。頭髪はたくさんあるがオール白髪だ）が、Aさんに声をかけた。Bさんがかけた言葉は、「だいぶお歳ですか？」。何という質問。失礼なだけでなく、意味が曖昧だ。確かにAさんの頭髪は少ない。僅かに残っている髪も白い。だから若く見えない。Aさんは、どう答えようかという表情をしたあと、「見かけほどでもないですよ」と答えた。定量的でない質問には、定量的でない答えになるのは仕方がない。Aさんはまた曖昧な追加質問をされると思ったのか、「いま69歳なんですよ。80歳までマラソンを走りたいと思っていますが、走っても時間内に完走できるかどうか。完走できなかったらつまらないですもんね」と続けた。それを受けたBさんは少し考えたあと、「そうですね」と答えた。そのあと、言葉を探していたが見つからなかったようで、「じゃあ」という感じで出ていった。年上だと思って声をかけたら年下だったということなのだろうが、何とも中途半端で、締まらないやりとりだった。これは明らかにBさんが悪い。禿頭Aさんは、白髪Bさんの後ろ姿を見ながら、何なの？という表情をしていた。全くその通りである。

11-3） 12月10日（日）＆11日（月） あおたい後＆帰宅

疲れもようやく落ち着き、帰途につく。木花駅15時05分発の臨時列車に乗るつもりだ。武道館を出ると、また雨が降ってきた。リュックから取り出して傘をさす。風が強い。この風だと走っていても寒いだろう。14時55分、木花駅に到着。臨時駅員が切符を売っている。ホームにはかなりの人がいたが、何とか割り込む。リュックを下ろして電車を待つ間にも、客は増えていく。全員が乗れるかと心配したが、ぎりぎり乗って出発。10分余りで南宮崎駅に着いた。駅から出ると、雨は強くなっていた。傘をさし、近くのすき家に入る。いつもは牛丼の並盛だが牛丼と豚汁のセットを注文。マラソンが無事に終わった。はしご旅も無事に終えることができそうだ。ビールなしの一人打ち上げパーティ。豚汁が温かくて美味しい。

本格的な雨になった。通りの反対側のイオンに入る。宮崎港行きのバスまで1時間半もある。食品売り場近くのテーブルで、缶コーヒーを飲みながらメモを取る。

バスの時間が迫ってきた。急いで夕食の食材とビールを買い、バス停に急ぐ。完全に日が暮れて真っ暗だ。ところが、発車時刻の17時35分になってもバスが来ない。5分過ぎても来ない。ここは単なるバス停ではなくターミナルだ。バスはここから出る。遅れるはずがないのでもう一度時刻表を見ると、17時35分発は平日ダイヤだった。土日祝日は17時55分発だった。よかった。

バスが来た。乗り込むとすぐに発車。窓外を眺める。走っているのは見覚えがある通りだ。今日マラソンで走った国道220号線を走っている。クリスマスムードのイルミネーションが飾ってある。まだ半日しか経っていないのに、ここを走ったのは昔のことのように思える。何だかしみじみとしながら、30分ほどで宮崎港に到着。乗船カードに記入し、フェリーに乗船。2等大部屋の奥に場所をとる。リュックを置き、イオンで買った食材を持ち、食べる場所を求めて歩く。外が見たくて窓辺の席を探すも、どこも先客に占められた。仕方なく、テレビのある一画に座る。

ビールの栓を空け、喉に流し込む。美味い！と感じる予定だったが、美味くなかった。冷たくなかったのだ。考えてみれば買ってから1時間半も経っている。ぬるくなっていたのだ。弁当を開き、いつもの夕食のように飲みながら食べる。たっぷり時間をかけて食事を終える。大部屋に戻り、21時半頃就寝。無料で入れる風呂はあったが、入らなかった。マラソンを走ったが汗はかいていない。というのは嘘だ。ビールを飲んだら動くのが面倒になったのだ。

翌日は6時に起床。「ビュッフェがオープンしたのでご利用ください」との船内放送があった。寝具を片づけたり、荷物をまとめたりしているうちに神戸港着岸が近づいた。7時10分の定刻よりも10分ほど早く到着。下船して30分ほど歩き、神戸三宮駅に到着。7時49分の電車に乗って、9時21分に最寄り駅到着。

帰宅は9時40分。9泊10日のはしご旅が終わった。重いリュックの旅が終わった。

12）10㎞地点で早くもスタミナ切れ　北九州マラソン（39番目、福岡県、2018年2月18日）

12－1）はしご旅を決めるまで

福岡県はこれまで2度福岡マラソンにエントリーしたが、いずれも落選だった。福岡県にはほかにフルマラソンが2つある。北九州マラソンと筑後川マラソンである。福岡と北九州は完走メダルがあるが、抽選である。筑後川は完走メダルはなくて先着順である。できれば、完走メダルのある大会を走りたい。当選を願いながら北九州マラソンにエントリーした。

10月6日、当選の通知が来た。同じ日に熊本城マラソンと京都マラソンからも当選通知が来た。実は、北九州が落選になったときのために、同じ日の熊本城と京都にもエントリーしていた。どれかひとつ当選すればいいと思っていたのだが、3つとも当選した。熊本県は阿蘇カルデラスーパーマラソンで100㎞を走っている。京都府も木津川マラソン、福知山マラソンを走ったし、京都マラソンも2度走った。歴史街道丹後ウルトラも何度か走っている。以上の理由で北九州マラソンを走ることになった。

北九州を走ることが決まる3日前、10月3日に、長崎県の唯一のフルマラソンの大会である五島つばきマラソンにエントリーした。この大会は五島列島の福江島で開催される大会で、フルのほかにハーフマラソンと、フルをリレーで走るリレーの部がある。今年が18回目だ。募集人員はパンフレットに書いていないが、数百人と思われる。開催日は北九州の1週間後の2月25日である。この2つの大会もはしご旅にした。行きは小倉まで新幹線、帰りは長崎から飛行機にした。2月17日から26日までの9泊10日の旅になった。ちょうど平昌冬季オリンピックの時期と重なった。持っていく本は4冊。いい旅にしたい。

12-2）　2月17日（土）　マラソン前日　姫路—小倉

いつもと同じ時間に起き、いつもと同じ朝食とトイレをすませ、8時35分に出発。9時44分発の新幹線で小倉駅に11時31分到着。マラソンの受付は夜までやっているので門司観光のあとだ。まず門司港に向かう。12時過ぎに門司港駅到着。有名な駅舎は補修工事中で外観は見えず。楽しみだったので残念。

門司は昔、大いに栄えた街だ。九州鉄道記念館を皮切りに、旧門司三井倶楽部（ここの庭で昼食として持参したおにぎり4個を食べた）、門司港レトロ海峡プラザ（すごく風が強かったので風よけに入った）、旧門司税関（さすがに税関だ。麻薬撲滅のポスターがいっぱい貼ってあった）、門司港レトロ展望室（一階に入っただけ。ものすごい強風だったのでここに避難した）、門司港レトロ観光物産館（見ただけ）、関門海峡ミュージアム（昔の街の風景を展示していた）、松永文庫（旧大連航路上屋内にあり、懐かしい名作洋画のポスターをたくさん展示していた）を巡る。

駅に戻ると、改札口付近は人だかりだ。人身事故の影響でダイヤが乱れているという。ダイヤ回復の目途も立っていないらしい。困った。どうしようかと思うが、アイデアが浮かばない。浮かばないまま30分ほど経ったとき、突然の出発アナウンス。よかったー。

小倉駅から西日本総合展示場に向かう。ここがマラソンの受付会場になっている。受付をすませて出ようとすると、増田明美のトークショーをやっていた。見ていると司会の女性アナウンサーのランニングやマラソンに関する知識が全くない。美人だが、増田とのやりとりがとてもお粗末で聞くに堪えない。我慢できずに席を立つ。美人なら許されると思うなよ。もっと下調べして臨むものです。

宿に向かおうと小倉駅の中を通ると、号外が配られていた。手に取ると、すごく大きな字で「羽生金」とあり、少し小さく、「フィギュア男子66年ぶり連覇」「宇野銀」と続いている。金の文字は金色、銀の文字は銀色だ。平昌五輪の男子フィギュアで日本が金と銀のメダルを獲ったという。素晴らしい快挙だ。羽生は昨年11月に大怪我をした。出場を心配されていたのだが、見事な演技をしたらしい。初出場で銀メダルの宇野も素晴らしい。羽生選手と宇野選手、おめでとう。

宿は有名な旦過市場の近くにあるゲストハウスだ。賑やかな商店街を通って、30分ほどで到着。2泊分5600円を払って案内されたのは2段ベッドの下段。希望通りだ。よかった。

まだ明るいので、調査に向かう。宿から5分ほどの、紫川を渡ったところがマラソンのスタート地点だ。近くに仮設トイレが何十台も並んでいる。スタッフが明日の準備をまだしている。明日ここからスタートすると思うと、気持ちが引き締まる。

紫川を渡り、値段とボリュームをポイントに夕食の店を探す。探した甲斐あり。商店街に食堂のような店を発見し、770円のヤング定食を注文。ヤング定食を完食し、オールドボーイは満足す。

ローソンで缶ビール1本とおにぎり2個を買って宿に戻る。ジャズが流れるラウンジでビールを飲みながらメモをとり、22時に就寝。

12−3） 2月18日（日） 北九州マラソン当日

6時に起床。枕が変わったせいかほとんど眠れなかった。眠いが仕方なく起きる。おにぎり2個を食べ、トイレへ行き、レースウエアになって宿を出る。寒い。寒い。寒いという予報だったので覚悟はしていた。防寒ポンチョも着た。でも寒い。少しはマシかなと地下駐車場に入る。今日ここは男子更衣室になっている。僕は更衣の必要はないが、どんなところか見てみたい。広い駐車場をゆっくり2周すると厭きた。外に出て、手荷物を預ける。市役所の裏を回って仮設トイレに入り、念のために用をたす。次はストレッチ。時間をかけてゆっくりと体を動かすが、それでも時間を持て余す。

8時半、スタートブロックに入る。ブロックはSAからHまで10ブロックあるが、僕は7番目のEブロックだ。会場にスピーカーから声が流れている。ＲＫＢ毎日放送の男女1名ずつのアナウンサーが喋っている。２人の話によるとＲＫＢ毎日放送は北九州市になく、福岡市にあるらしい。だからこの２人は北九州市についてあまり知らないと言っている。そうかもしれないが言い訳のように聞こえる。そして、マラソンについてもよく知らないことが窺える。言っては失礼だが、未熟な上に勉強不足。こんなアナウンサーしかいないのかと思う。会社が北九州になくても、事前勉強はできる。北九州マラソンについて、市民マラソンについてもっと勉強してもらいたい。与えられた時間を喋っていればいいというものではない。昨日の美人アナといい、今日の若手アナ（たぶんイケメンと美人なのだろう）といい、とても残念だ。イケメンと美人なのは仕方ないとしても、勉強不足という点で問題あり。指導不足の上司も問題ありだ。

寒さ凌ぎとマラソンの準備運動を兼ね、足踏みしながらスタートを待っている。もう厭きたが、スタートはまだだ。仕方なく続ける。8時45分、開会式が始まった。まず大会会長（市長）と市議会議長が挨拶。川内三兄弟の母親が紹介されて挨拶した。この大会には川内三兄弟が特別招待選手となっている。最近は母親も招待されることがあるらしく、今日は４人で参加しているようだ。ルールと注意事項の説明が終わった。いよいよスタートだ。待ちに待ったスタートだが、僕はもう待ちくたびれました。

9時、スタートの号砲が鳴った。我々の左側にいたSAブロック、SBブロック、Ａブロック、Ｂブロックのランナーが順にスタートしていく。僕がスタートラインを越えたのは5分07秒後。

徐々に上り始める。このコースはスタートしてから7㎞ほど西に進み、八幡製鉄所の東田第一高炉跡を通って北上する。その後東に向かい、門司港駅の近くで折り返して小倉駅近くの国際会議場前まで戻ってくる。５㎞過ぎにピークがあるが、全体に平坦なコースだ。今日は気温が低いが天気はいい。焦らず、自分のペースで走りたい。

スタートは混雑したが、２㎞付近では自分のペースで走れるようになった。沿道の声援を受けながら県道２７０号線、２９６号線を進む。５㎞を36分台で通過。上っているので少しきつい。まだ序盤だ。無理をする段階ではない。

５㎞過ぎのピークを過ぎ、下り坂も終わった７㎞付近、製鉄所の地区に入った。門があったように思わなかったが、雰囲気は製鉄所の構内だ。応援が多い。自然とペースが上がる。増田明美がいた。慌ててハイタッチ。日が差して暑くなってきた。エイドの給水は忘れない。

一般道に戻って県道50号線を進む。10㎞を１時間05分台で通過。疲れてきた。まだ10㎞なのに、足に疲れを感じる。今日はスタートブロックに入ってからずっと足を動かしてきた。寒さで足に力が入っていたのだろうか。

沿道の声援を受けながら進む。足に疲労を感じるがまだ前半だ。歩くわけにいかない。我慢して走り続ける。この辺りの風景はいかにも工業地帯だ。ＪＲ鹿児島本線の下を潜り、少し行ったところが20㎞地点。20㎞を２時間07分、中間点を２時間13分台で通過。スタートまでにかかった５分余りを考えれば悪くない。これからいかにペースを落とさずに走るか。それが問題だ。

先頭の川内優輝とすれ違ったのはこの辺り。必死の形相だった。汗が光っていた。周辺のランナーから感嘆の声が洩れ、声援が飛ぶ。聞こえているのかいないのか、あっという間に川内は走り去った。２位のランナーは来ない。完全な独走状態だ。

国道１９９号線を門司に向かって進む。日差しを背中に受けて暑い。ポンチョを脱ぎたい。でも昨日の門司港は強風が吹いていた。今日もその可能性は高い。それを考えると、ポンチョは脱げない。つけたままで進む。

この辺りで後ろから声をかけられた。誰だろうと思って振り返ると、Kuさんだった。僕が着ている村岡

■コース図

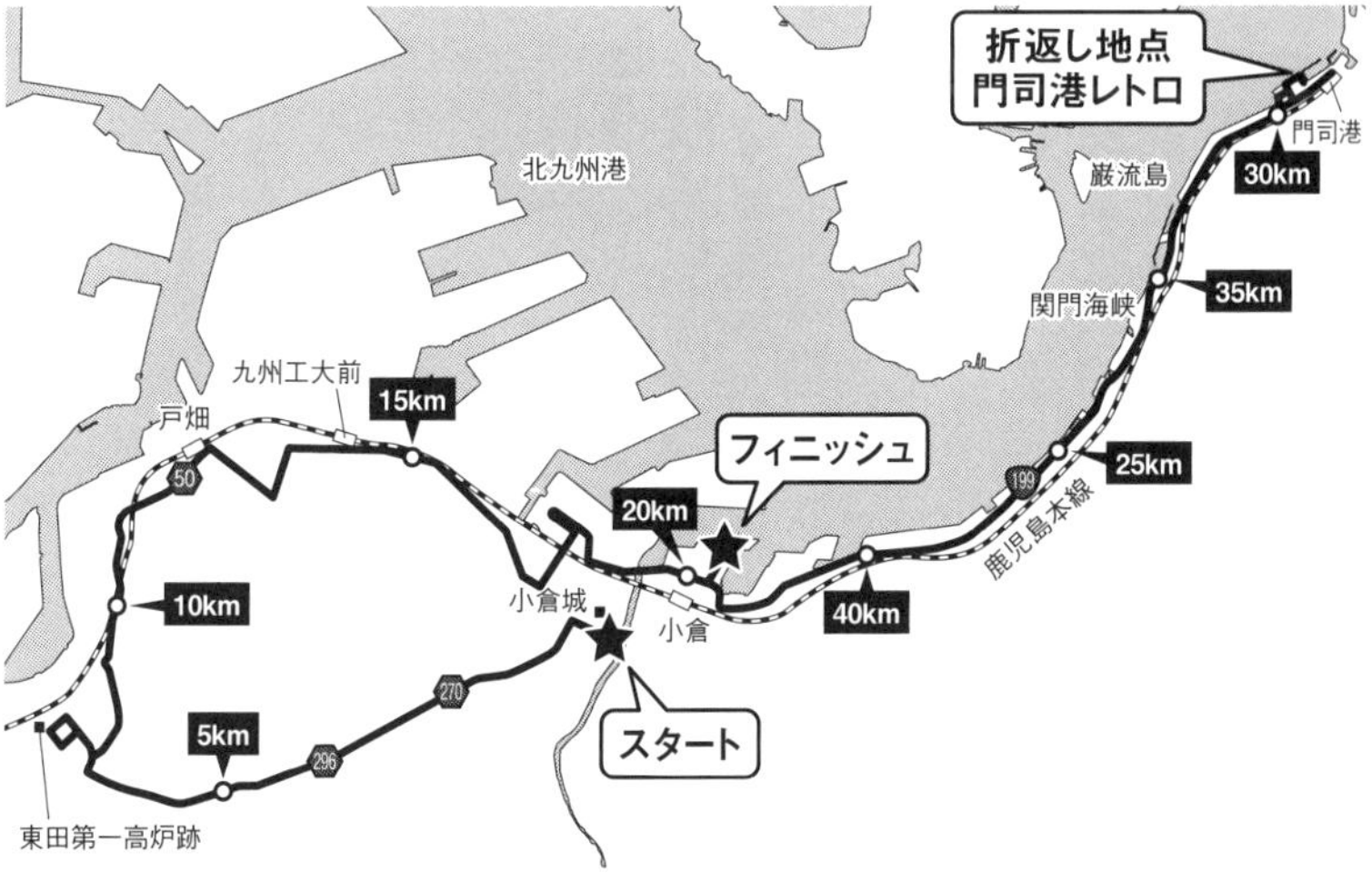
折返し地点
門司港レトロ
門司港
30km
北九州港
巌流島
35km
関門海峡
九州工大前
15km
戸畑
フィニッシュ
25km
199
50
20km
鹿児島本線
10km
小倉城
小倉
40km
270
スタート
5km
296
東田第一高炉跡

■高低図

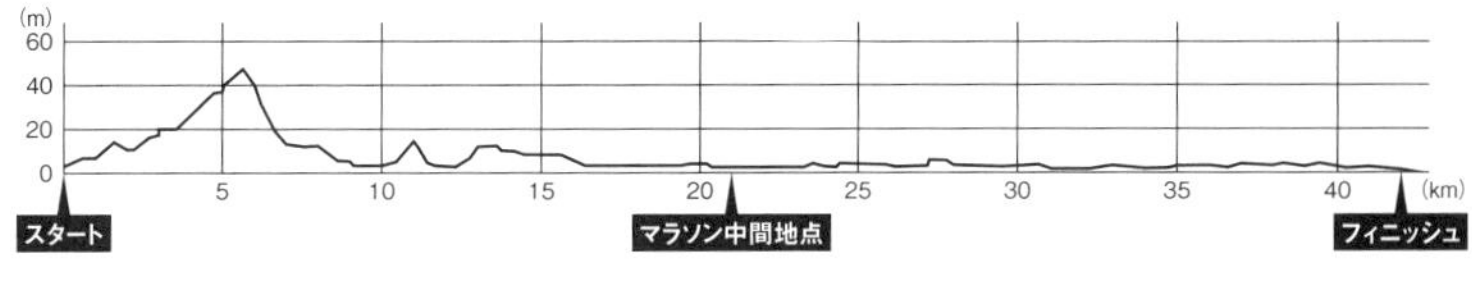
(m)
60
40
20
0
5
10
15
20
25
30
35
40
(km)
スタート
マラソン中間地点
フィニッシュ

Tシャツを見て、声をかけてきた。Kuさんは村岡ダブルフルマラソンを企画した人で、残酷マラソンの実行委員長でもある。その道では有名人だ。僕はKuさんを知っているが、Kuさんは無名の僕を知らない。以前に伊豆の大会で会ったと言うと思い出してくれた。

Kuさんはよく喋り、よく動く。僕と一緒に走りながらも、沿道に面白そうな人がいれば近づいて声をかけ、ハイタッチしたり、写真を撮ったりしている。Kuさんは来週の五島つばきマラソンも走ると言う。僕も走ると言うと、一緒に走りましょうということになった。

Kuさんは昨年、故障で走れなかったらしい。最近ようやく走れるようになったと言う。僕は喋りに付き合いながら走っているが、余裕はない。Kuさんは余裕がありそうだ。このまま一緒に走り続けるのは無理と感じ、先に行ってくださいと言った。Kuさんは先に行き、僕は30㎞を3時間10分台で通過。疲れた。これから先は厳しいぞ。

門司港駅の近くで折り返す。関門海峡が見えるエリアに入り、復路に入る。今日の海は穏やかだ。オールスポーツのカメラマンがいた。慌ててポーズする。

今度は後続のランナーを眺めながら進む。日差しを正面から受ける。暑い。強風に備えて防寒ポンチョをつけてきたが、風はなかった。そろそろ脱ぐことにしよう。ポンチョを脱ぎ、近くにいたスタッフに処分を依頼。涼しい。気持ちがいい。もっと早く脱ぐべきだった。

前方から救急車がやってきた。誰かが倒れたのだろう。怪我だろうか。体調不良だろうか。僕も注意しなければ。ここはすれ違い区間だ。道の両側をランナーが走っている。救急車は中央を走ってきて、走り去った。

35㎞を3時間45分台で通過。この前だったか、あとだったか、エイドの手前にトイレがあった。空いていたので入る。用をたしている間は、僅かだが休める。

疲れた。残りは７km余り。早くゴールしたいが、ゴールは向こうから近づいてくれない。自分の足で辿り着くしかない。頑張るしかない。

このあと、少し走ったところだった。コースの右側にランナーが集まっている。何だろう。近づくと焼き肉を配っていた。マラソンで焼き肉を食べられるなんて滅多にない。焼き肉ならもちろんいただきます。一切れだけだったけど、この肉がエネルギーになりますように。そう願いながら走りを再開する。

それにしても疲れた。走れなくなった。歩きに変わる。沿道から声援を受ける。頑張ろうと思うが頑張れない。歩きでないと進めない。走れるようになれば走り出す。それを何度も繰り返す。40km地点まで来た。４時間21分台で通過。残りは２・195km。とにかく早くゴールしたい。早く楽になりたい。

沿道の声援は相変わらず多い。感謝の気持ちを示しながら進む。声を出して礼を言う。出せなければ表情で示す。声を出せない方が多い。申し訳ないと思う。

41kmを４時間29分台で通過。ネットタイム４時間半以内でゴールしたいと思っていたが、難しくなってきた。しかし、最後までベストを尽くしたい。悔いを残したくない。

ゴールが近いのを感じる。もうすぐ終わりだ。残る力を振り絞ってラストスパート。見た人はこれをラストスパートと思うまい。でも、僕は真剣だ。足は重く、腰も痛い。呼吸も苦しいが、残りは少しと思って頑張る。スタッフの指示に従って国道を右折。正面にゴールが見えた。あそこだ。あそこまで走れば終わる。楽になれる。もう少しだ、頑張れ！

４時間36分台でゴール。あー、疲れた。本当に疲れた。長かった。苦しかった。ゴールしたランナーの流れに従って進み、水のペットボトルを受け取る。完走メダルを首にかけてもらう。シューズの計測チップを外してもらう。完走タオルを受け取り、食べ物が入った袋を受け取る。受け取るものはこれで終わりらしい。そのまま進んで男子更衣室となっている建物に入る。手荷物を受け取り、空きスペースを探す。

腰が痛いので床に座りたくない。運よく近くの椅子が空いた。ドッコイショと腰を下ろす。疲れた。本当に疲れた。何もしたくない。ぼーっと周囲を眺める。疲れて動けない人、満足そうな顔をした人、興奮気味に仲間と話している人などさまざまだ。みんなそれぞれ、何かを感じたマラソンだったのだろうな。そんなことを思いながら、もらった袋の中を見ると、メロンパンとソーセージが入っていた。腹も減ったし荷物も減らしたい。帰り支度をするのはこれを食べてからだ。

2つとも食べ終え、帰り支度を始める。時間をかけて、ようやく着替えを終える。外に出ようとすると、表彰式をやっていた。男子の優勝は川内優輝で、2時間11分46秒の大会新記録。第2人は10分以上離されて3位と6位だったらしい。女子は招待のタイ人選手が優勝したらしい。増田明美と地元出身のメキシコ五輪銀メダリスト君原健二がプレゼンターを務めていた。

建物を出たところで、陸上自衛隊小倉駐屯地の部隊が豚汁サービスをやっていた。列に並んで受け取る。温かくて美味しい。次はマッサージだ。100mほど離れた別の建物に入って申し込む。20人以上が待っていたが、30分待つと順番が来た。マッサージ師の言うがまま身を任せ、表になり裏になる。あなたに全てをお任せします。好きにしてください。

10分ほどでマッサージは終了。スカッとまではいかないが、だいぶ身体が軽くなった。特に腰の痛みは改善した。建物を出て再び豚汁コーナーへ行き、2杯目をいただく。美味しい。まだ2~3杯食べられるが、品がないので自粛。宿に向かう。

12-4) マラソンのあと

小倉駅の中を通ると、今日も号外を配っていた。手に取ると、「北九州路　駆け巡り」という大見出しだ。スタートを待つランナーがぎっしりの大きな写真が載っている。小見出しは「1万人超　快走」。一枚だけの号外とはいえ、速やかな仕事に感心する。

宿に戻ってシャワーを浴び、再び外出。今日の夕食は宿の近くのラーメン店だ。和風とんこつラーメンと餃子を注文。途中でラーメンの玉の追加が無料と分かった。もちろん追加した。

スーパーに立ち寄り、ビール2本を買って宿に戻る。昨日と同じラウンジで、ジャズを聴きながらビールを飲み、メモをとる。これで残り7県になった。昨夜は眠れなかったので、今夜はぐっすり眠りたい。


〈あとがき〉
・後日、完走証が届いた。グロスタイムは4時間36分37秒、ネットタイムは4時間31分30秒だった。
・完走メダルは北九州出身の漫画家松本零士のメーテルの図柄入りだ。ストラップは小倉織で、上品な縞模様のデザイン。気に入っている。

13）近大マグロに舌鼓　五島つばきマラソン　（40番目、長崎県、2018年2月25日）

13－1）　2月24日（土）　大会前日

北九州マラソンのあと、太宰府や宗像大社、福岡市内を観光し、長崎市に到着。長崎市内も観光し、五島つばきマラソンの前日はゲストハウスで迎えた。6時半に起床。朝食をとって7時20分に出発。5分でフェリーターミナルに到着すると、ランナーと思われる客がたくさんいた。切符を買い、8時05分発のフェリーに乗り込む。11時15分に福江港に到着。福江港ターミナルの2階が、今日はマラソンの受付会場になっている。受付をすませたあと、1階の観光案内所で地図をもらう。

重いリュックから早く解放されたくて、今日の宿「ゲストハウスU」に向かう。15分ほど歩いて到着。

まだチェックインはできないが、荷物は預かってもらえることになった。お勧めの昼食の店を訊くと、フェリーターミナルの近くの「うま亭」がいいという。それなら来る途中で立ち寄ればよかったと思ったが、あとの祭りだ。来たときとは別の道を歩き、「うま亭」に到着。地元の人がよく来る店のようで、混んでいた。注文したのはとんかつ定食。福江島のとんかつは特別かと期待したが、普通の美味だった。

歩いて5分の五島観光歴史資料館に向かう。資料館は城郭の形をしている建物らしい。その手前の、公園に入ったところに図書館を発見。この図書館も城郭風の建物だ。トイレを借りたくて、まずこちらに入る。トイレを終えて中に入ると、新聞が閲覧できる一画があった。しばらく新聞を読んでいないので、読んでいこう。数日分の新聞を読んでいたら、読者投稿欄に「60代の若者」というのがあった。いい内容だったので忘れないようにとスマホで写真に撮る。

1週間分の新聞を読むと、歴史資料館に行く気が失せた。チェックインできる15時になったので、宿に向かう。チェックインして案内された部屋は、2段ベッドが4つの男女兼用の8人部屋。誰もいない今のうちにとシャワーを浴びる。明日の準備をしたあと、談話室でメモをとる。

夕食の食材買い出しに出る。一番の繁華街らしいが、人が少なくて賑やかさとは程遠い。一軒のスーパーを見つけ、食材を購入する。マラソン前日なので、ビールは1本だけにする。

宿に戻ると同室の人が増えていた。兵庫県尼崎市から来たUさんだ。この人もマラソンに出るらしい。僕が買ってきたスーパーを教えると、彼もその店に買いに行った。Uさんが戻り、談話室で一緒に夕食をとる。この宿は居酒屋を併設していて、宿泊者には酒を1杯サービスしてくれる。ならばと2人で移動し、居酒屋の客となる。ここに、フリーのジャーナリストだったという男性スタッフがいた。中東やアフリカにも行ったと言う。今はこの福江島に移住し、結婚して落ち着いたと言う。行ったことのない国を取材した人には興味がある。経験談を聞いてみたい。しかし今この時間、テレビでは平昌五輪の中継をやっている。体験談は聞きたいが、そちらの方が気になる。昨日までと違って、今日は久し振りにテレビが見られるのだ。どうしても我慢できず、談話室に戻ってテレビを見る。ところが、電波の状態が悪い。映りが悪くてイライラする。我慢して見た結果、スケートのマススタートという新しい種目で高木菜那が金メダル、女子カーリングは銅メダルを獲った。めでたしめでたし。画像は悪かったが許そう。22時に就寝。

13-2）２月25日（日）マラソン当日

６時に起床。朝食をとり、トイレをすませて出発しようとしたが、Ｕさんがいない。どうしたのだろう。一緒に行く約束をしたわけではないが、一緒に行くものだと思っていた。もう出ないと港から出る会場行きのバスに乗り遅れてしまう。出発しよう。

今日は雨。天気予報通りだ。７時05分、傘をさして港に向かう。15分で到着するとバスは待っていた。5分後にバスは出発。８時ちょうどに「道の駅　遣唐使ふるさと館」に着いた。ここがマラソン会場になっている。館内で着替えと荷物預けを終える。合羽もつけて準備はＯＫ。開会式の途中でKuさんが近づいてきた。村岡Ｔシャツを着ているのですぐに見つかったと言う。一緒に走りましょうと言われた。走力に差があるので一緒では申し訳ないが、Kuさんがいいのなら異存はない。そうしましょうと答える。外に出るとまだ降っている。今日は終日雨と覚悟する。

９時にスタート。雨の中を西に向かう。この大会のコースは地図で見ると、左右の羽根がアンバランスな蝶のような形をしている。中央部分をスタートし、前半は小さな右の羽根を一周して戻ってくる。後半は大きな左の羽根を一周して、スタート地点に戻る。すぐにトンネルに入った。上っていたがすぐに下りになり、６㎞を35分台で通過（５㎞は見逃した）。速い。ペースを落とさないと最後までもたない。小さな起伏が続くコースを進む。

■コース図

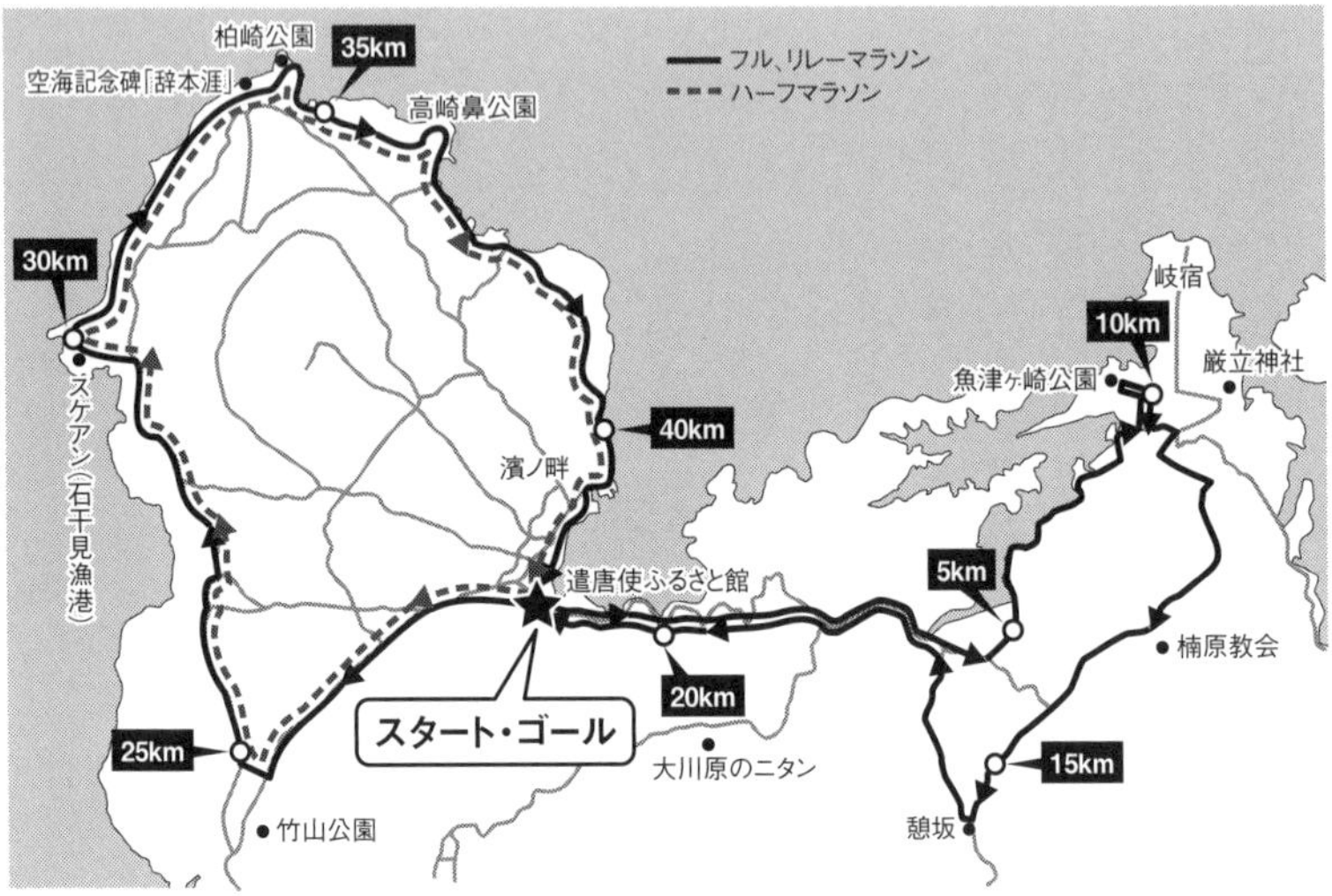

フル、リレーマラソン
ハーフマラソン
柏崎公園
35km
空海記念碑「辞本涯」
高崎鼻公園
30km
スゲアン(石干見漁港)
40km
濱ノ畔
遣唐使ふるさと館
岐宿
10km
魚津ヶ崎公園
巌立神社
5km
楠原教会
20km
スタート・ゴール
25km
大川原のニタン
15km
竹山公園
憩坂

■高低図

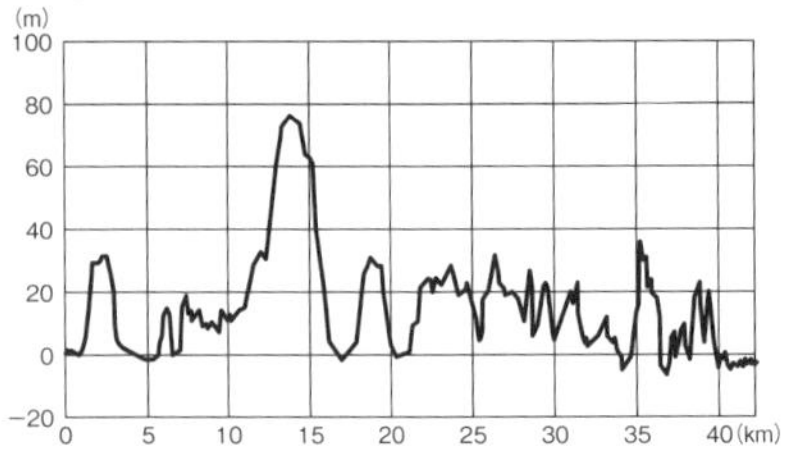

(m)
100
80
60
40
20
0
−20
0
5
10
15
20
25
30
35
40(km)

左折して、先行ランナーとすれ違う区間に入った。強い向かい風だ。我慢して進む。先行ランナーの中にUさんの姿があった。お互い同時に姿を見つけ、同じように驚く。すれ違う瞬間に僕が、「朝、探したんですよー！」と叫んだが、聞こえただろうか。Kuさんが、「同じ宿の人ですか？」と訊くので、「そうです」と答える。

9・4㎞で折り返す。ここのエイドで、中学生スタッフに「かんころ餅」を勧められる。さつま芋とも ち米が原料だそうで、口に入れるともっちりしている。エネルギーにはなりそうだが、簡単に飲み込めない。水で流し込む。すぐに10㎞に到達。59分台で通過。ほとんど向かい風だったのに、まだ6分／㎞を切っている。抑えよう。このペースではあとに響く。

すれ違い区間が終わって左折。少し離れていたKuさんがこの辺りで追いついてきた。一人のおじさんランナーと一緒だ。どうやら年齢が話題になっていて、2人とも昭和30年生まれらしい。質問が僕に向けられ、「28年生まれです」と答える。「2歳年上ですね。同じだと思っていました」とのこと。一緒のおじさんランナーは大分県から来たらしい。

きつい上りを進む。長い上り坂を我慢して進む。上りが一段落したところに教会があった。大分の人が、「写真を撮っていきますからお先にどうぞ」と言ってコースを離れた。するとKuさんも、「じゃあ私も」とついていった。僕はそのまま進む。僕はスマホを持たない。持って走ろうと思わない。これはマラソンに臨むスタンスの違いだ。余裕があるかどうかの差でもある。僕はスマホを持つよりも、その分早くゴールしたい。

また上りになった。きつい上りだ。雨の中を中学生が並んで、「岐宿中学校」と書いた幟を持って応援してくれている。「何と読むの？」と尋ねたら、「きしゅくちゅうがっこうです」との答え。もっと難しい読み方かと思って訊いたが、そうではなかった。

坂の頂上を過ぎ、下りに入った。下りの途中の15㎞地点を1時間29分台で通過。きつい上りがあったのにタイムが落ちていない。このペースでいけばいいタイムが出るぞ。

坂を下り切ると、また上りに入った。起伏が多い。ちっとも休ませてくれないコースだ。Kuさんが追いついた。スタート直後の道に戻り、記憶のあるトンネルを走る。中は雨も風もないので有難い。中間点を2時間04分台で通過。いいタイムだ。北九州マラソンはよくなかったので、今日はいいタイムでゴールしたい。このペースで走れば4時間10分を切れる。でも、そんなにうまくいかない。僕は経験で知っている。

後半に入った。リレーの部の中継点がここにあるが、リレーではない我々は関係ない。ゴール目指して進むだけだ。この辺りだった。Kuさんが前を走る男性ランナーに、「どこから来られたんですか」と訊いた。男性は「大阪です」と答えたあと、「よく喋りますねえ。ずっと喋ってますね」と続けた。思わず笑ってしまった。なるほどその通りだ。その多くは僕とだが、Kuさんは若いランナーを見れば男女に関係なく話しかけている。僕とはスタートしてからほぼずっと話していた。実は僕も、話に付き合ってはきたものの、感心していた。近くで聞いているランナーが、Kuさんを不思議なおじさんと思うのも当然だ（相手の僕も？）。

小さな起伏をいくつも過ぎ、30㎞を3時間ちょうどで通過。さすがに疲れてきた。海岸沿いの道に出ると道が細くなった。ここは遊歩道なのだろう。海岸の石も砂浜も黒い。こんな色の海岸を見るのは初めてだ。ここは観光スポットに違いない。晴れていれば素晴らしい景色だろう。

それにしても風が強い。雨は横殴りだ。起伏も続いている。心が折れそうだが、Kuさんが一緒なので前に進むしかない。しんどいなあ、寒いなあ、冷たいなあ。早くゴールが来ないかなあ（ゴールは来ません。分かってます）。

海岸を離れると、風が弱くなった。緊張が緩んだのか、尿意を感じた。実はずっとトイレに行きたいと思っていたが、トイレがなかった。そんなところにトイレを発見。Kuさんにことわって駆け込む。Kuさんはエイドで若い女性ランナーと話しながら待っていてくれた。気軽に話しかけ、会話できる才能に感心する。見習いたいが僕にはできない。ここにもかんころ餅があった。ひとついただき、走りを再開。また上りが始まった。上りの途中で35㎞を通過。３時間34分台だ。ペースは落ちたがまだ悪いタイムではない。残りの７・195㎞を何とか粘りたい。いいタイムでゴールしたい。

マラソン終盤で急坂を走って上るのは簡単ではない。とうとう走れなくなった。Kuさんもつき合って歩きに変える。眼下を見ると砂浜がきれいだ。ちょうどそこで応援してくれていた男性（70歳くらい）に「きれいな砂浜ですねー」と話しかけると、「福江島にはもっときれいな砂浜がたくさんありますよ」との返事。「何という名前の砂浜ですか」と尋ねると、「高浜という浜が一番だと言われています」との答え。知らなかった。「有難うございます」。礼を言って通り過ぎる。このあとも起伏が続いたが、我慢して走る。足の力はもう残っていないが走る。

起伏が終わり、ようやく海岸沿いの平坦な道になった。40㎞地点を４時間08分台で通過。やっとここまで来た。もう起伏はなさそうだ。ここまで来たらこのまま歩かず走り切りたい。沿道の応援が増えた。声援に応えながら走る。この辺りも砂浜が白くて美しい。干潮なのか潮が引いていて、遠浅の砂浜が広がっている。天気が悪くてもこんなにきれいなのだから、天気がいい日はどんなにか美しいだろう。41㎞を過ぎた。残りは１・195㎞。もう少しだ、頑張れ！　自分を叱咤して進む。しんどくて苦しくてたまらないが、ここまで来たのだ。頑張るしかない。

海岸沿いから内陸に入った。川沿いにゴールに向かう。道の突き当りを右折。そして少し行ったところを左折。目の前にゴールが現れた。僕の名前がアナウンスされた。その直後、Kuさんと並んでゴール！ゴールタイムは４時間22分台。残念。４時間20分は切れなかった。

やっと終わった。長かった。きつかった。辛かった。最後まで雨で寒かった。シューズにつけた計測チップを外してもらい、完走タオルを肩にかけてもらう。ふるさと館の中に入って手荷物を受け取り、更衣テントに移動。テントの中に入ると、床面シートのあちこちが濡れている。ずぶ濡れの体をタオルで拭く。濡れた床面に注意しながら着替えを終える。せっかく着替えたのだ。また濡れてはたまらない。

着替えを終えた。トイレにも行った。あとは食事だ。二階の広い部屋に入ると、何種類もの料理が並べられていた。2人分の席を確保してから、料理を運ぶ。少し遅れてKuさんも合流。メニューの種類が多い。マグロの刺身、鶏の唐揚げ、五島豚の焼き肉、五島うどん、カレーライス。全部食べたがどれも美味しい。マグロの刺身は特に美味しかった。訊くと近大マグロだという。並べてから時間が経っていたと思うが、非常に美味しかった。周囲の人も美味しいと言っていたので、美味だったのは間違いない。

あれも食べてこれも食べて、腹いっぱいになった。大満足だ。シャトルバスで帰るつもりだったが、Kuさんから一緒に帰りましょうと言われた。レンタカーを借りているのでドライブしながら帰ろうと言う。せっかくなのでお言葉に甘えることにする。

ふるさと館の横の駐車場を出発。60歳代のおじさん2人でのドライブだ。残酷マラソンの話、村岡ダブルフルマラソンの話、高石ともやさんの話、村岡高校の話、安達さんの話、Kuさん自身の話、経営している会社の話など、途切れることなくずうーっと話した。途中で一番美しいと言われる高浜に気づき、車を降りて眺めた。重い曇り空だったが、聞いた通りの美しい浜だった。16時10分、僕の宿に到着。6月の残酷マラソンでの再会を約して別れた。

荷物を置き、夕食の買い出しをして（昨日と同じスーパーだ。今日はビールを3本買った）戻る。ビールを冷蔵庫に入れ、シャワーを浴び、今日着たウエアを水洗いして干し、今日のことをメモし終えたあと、談話室で夕食をとる。ＮＨＫは今日もうまく映らない。映りがマシな民放の東大生クイズを見ながら、もちろんビールも飲みながら、ゆっくり時間をかけて夕食をとる。Uさんも途中で入ってきたが、食べ終わると隣りの居酒屋へ行った。僕は行かず、21時半に就寝。

13-3）2月26日（月）マラソン翌日

６時半に起床。朝食のおにぎりを食べ、Uさんと一緒に7時半に宿を出る。Uさんは3時間56分台でゴールしたが終盤は全然走れなかったらしい。横浜で育ったハマッコだという。大学は大阪外大。東京外大は偏差値が高くて無理だったらしい。卒業が超氷河期に当たり、いいところに就職できず商社に就職したが、今は介護業界で働いているという。独身で41歳（だったかな？）。

８時のフェリーに乗り、11時45分に長崎港到着。２人とも神戸行きのスカイマークで帰るが、僕は14時50分発、Uさんは17時25分発の別便だ。ゆめタウンの前で握手をして別れた。

ゆめタウンに入り、地下１階のリンガーハットに向かう。長崎名物と言えばやはりチャンポンだ。今回の旅行の最後は、長崎チャンポンと決めていた。大盛りを食べて満腹になり、空港行きのバス停がある出島に向かう。

15分ほどでバス停に到着。途中から便意が高じていたので、トイレに直行。無事にすませる。12時44分発のバスに乗り（満員だったので補助席に座った）、13時25分に長崎空港到着。マッサージチェアで本を読みながら時間を過ごす。

神戸空港には15時55分到着。16時07分の電車に乗り、18時04分に最寄り駅に到着。帰宅したのは18時20分だった。９泊10日のはしご旅は無事終わった。残りは７県になった。

〈あとがき〉
しばらくして、完走証を兼ねたはがきが送られてきた。記録は4時間22分17秒。順位は男子60歳以上の部で、エントリーした58人中12位（出走数は不明）。雨の中、よく頑張った。

14）桜は見られず　さが桜マラソン（41番目、佐賀県、2018年3月18日）

佐賀県のフルマラソンは、この「さが桜マラソン」しかない。今年が29回目の歴史ある大会だ。フルマラソンのほかにファンランがある。フルは８５００人、ファンランは１５００人、合計１００００人の大会である。宿は佐賀駅に近く、会場へも徒歩圏内のゲストハウスを予約した。エントリーは先着順。開始の10月3日20時にパソコンの前に座り、15分後にエントリーできた。往復の交通機関は新幹線。ＪＲ西日本の「おとなび」でこだまの格安切符を利用することにした。

このさが桜マラソンは結果から言うと、北九州、五島つばき、鹿児島、バルセロナ、さが桜、佐倉朝日健康と続く6週連続の5週目の大会となった。前週のバルセロナは両足のふくらはぎが攣《つ》りそうになり、4時間46分台という情けないタイムに終わった。大丈夫だろうと思って組んだ6連戦だが、さすがに疲労がたまってきたようだ。

前日の朝、8時45分に家を出て、博多駅に到着したのは14時15分。佐賀駅到着は16時12分。日差しが強くて暑い。明日も天気がいいらしい。暑さに苦しむことになりそうだ。スマホの電源が入らないというアクシデントがあったが、何とか無事に宿に到着。

案内された部屋は2階で、ベッドは2段ベッドの下段。キッチンもトイレもベッドも新しく、掃除も行き届いていて清潔だが、全てが小さい。明日はマラソンのあとすぐに帰るので、明るいうちに観光をしておこう。時間はあまりないが、佐賀城跡に向かう。途中で見つけた佐嘉神社に参拝して完走を祈願。ついでに、現在制作中の『走ってやる！』が売れますようにと祈願する。暗くなってきた。佐賀城跡は諦め、宿に戻ろう。

スーパーで夕食用にスパゲッティと唐揚げ弁当に缶ビールを２本、明日の朝食用におにぎり３個を買う。宿に戻ると客はまだほとんど着いておらず、２階は静かなままだ。スパゲッティと唐揚げ弁当を電子レンジで温め、今のうちにと食事を開始する。一人静かにビールで乾杯。完走の前祝いだ。

食べていると客が次々と上がってきた。誰もがコンバンワと挨拶するだけで通り過ぎる。明日のマラソンに出場するランナーもいたが、会話に発展しないまま夕食を終了。眠くなったのでベッドに入る。

トイレで目が覚めた。時計を見ると眠ったのは2時間ほど。今度は眠ろうとするが眠れない。結局ほとんど眠れないまま朝になった。６時半に目覚ましをかけていたが、周囲がザワザワしてきたので6時に起きる。自分のベッドでおにぎりを食べ、今日のレースのウエアを着る。その上にシャツを着てジーンズを穿き、出発準備は完了。時計を見ると7時15分。予定よりも30分早く起きたのに、出発は15分も遅れた。狭いベッドでの作業に思わぬ時間がかかった。

寒い。暑くなる予報だが、寒い。国道２６３号線を北に向かう。同じ方向に歩いているのは、みんな大会出場者だろう。15分ほどで会場に到着。到着と同時にトイレに直行。途中で便意が高じていたのだ。無事に目的を果たす。レース前の大きな心配がこれで消えた。

更衣室のある総合体育館に向かう。ゼッケンを見せて館内に入ろうとするが入れない。スタッフが、ゼッケンだけでなくリュックの中も見せるように言う。リュックを開けて見せると、ちょっと覗いただけで、「有難うございます。ＯＫです」。検査の必要性は分かるが、やるのならしっかりとやってもらいたい。中途半端はやめてもらいたい。奥村チヨも歌っていたじゃないか（１９７０年「中途半端はやめて」）。

館内の「大競技場」は混んでいた。スタッフのアドバイスに従って「小競技場」に行くと空いていた。こちらで着替えをすませる。それはいいのだが、貴重品預り所があるのは大競技場だ。広い体育館の中をあっちへ行ったり、こっちへ行ったり。やっと預けて体育館を出る。出たところの仮設トイレに長い列ができている。迷った結果、もう一度入っておこうと最後尾に並ぶ。10分ほど並んで目的を果たす。これで大丈夫だ。レースに専念できる。

スタートブロックに入るのは8時45分までだ。僕のブロックはC。S、A、Bの3つの次のCブロックである。あとはDブロックしかない。制限時間は6時間半。僕より遅いランナーが数多く、AやBに入っていると思われる。

8時45分まで時間はあるが、入って待つことにする。スピーカーから声が流れている。スタートライン近くの特設ステージで喋っているようだ。佐賀にしては（失礼！）都会風の、DJのような喋りをしている。いつも思うのだが、こういう人たちの話は空疎（個人の見解です）である。空疎な話を間断なく喋っている。どの大会も同じだなあと思いながら、時間の経過を待つ。8時45分からゲストの増田明美が加わった。今日は暑くなるので、水分をしっかり摂るようにと言っている。大会会長の佐賀新聞社社長が挨拶する。県知事、佐賀市長、神埼市長も続いて挨拶。いよいよだ。

9時、スタートの号砲が鳴る。スタートラインを越えたのは5分10秒後。国道263号線を南下すると、すぐに264号線に変わる。コース幅は2車線だが、人数が多いのでまだ狭い。ほかのランナーに接触しないように進む。沿道の応援が多い。有難いことだ。1㎞を通過した。もう少しリラックスして走りたいが、思うように走れない。昨日泊まったゲストハウスの横を通る。昨夜は車の通行音で眠れなかった。

長崎本線の高架下をくぐり、更に南下する。先頭ランナーがやってきた、と思ったら左折。左側の広場に気球が浮いている。箱に乗っている何人かが、我々に向かって手を振っている。僕も手を振り返す。佐

■コース図

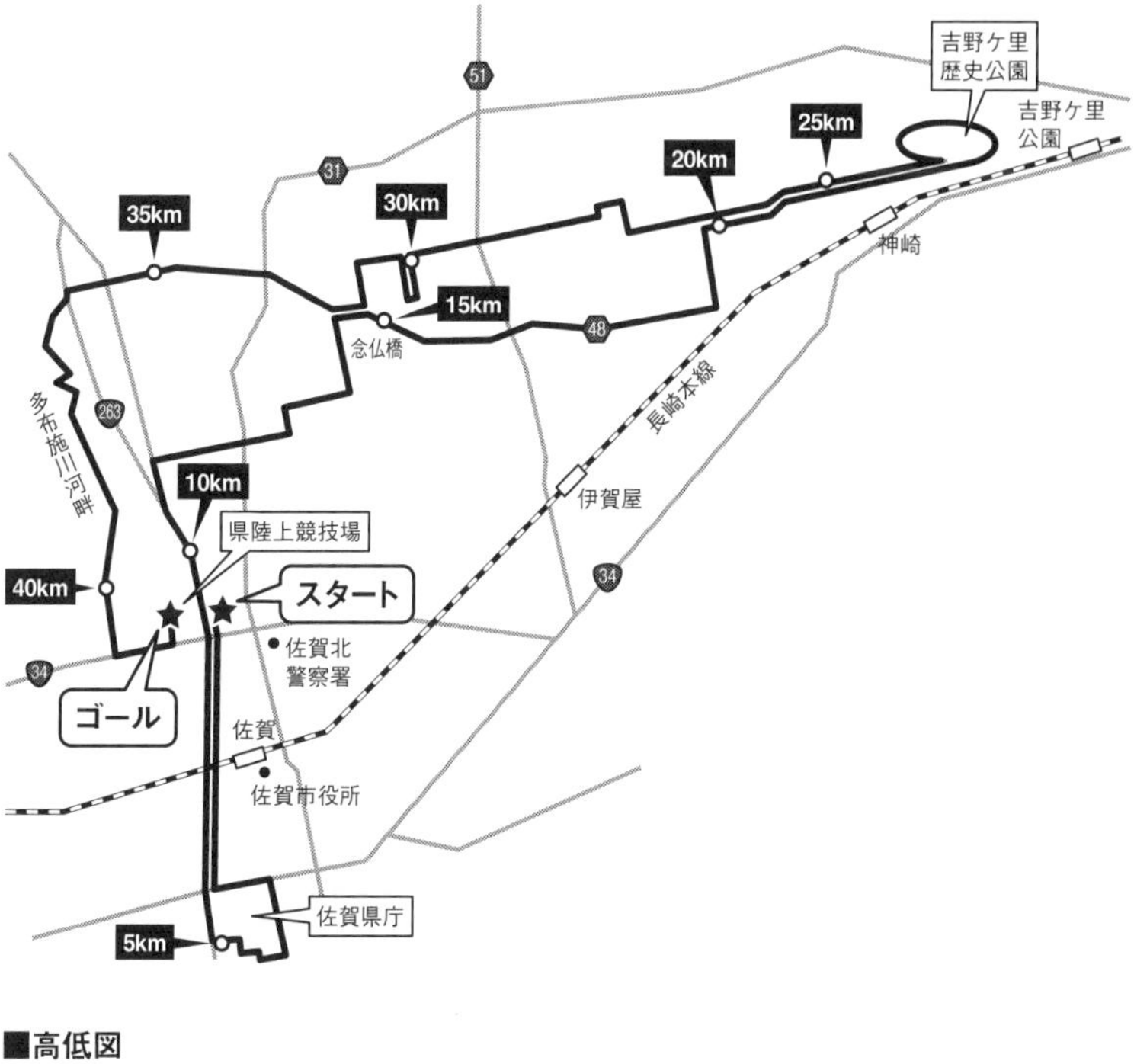
吉野ケ里
歴史公園
吉野ケ里
公園
25km
20km
30km
35km
15km
念仏橋
神崎
長崎本線
多布施川河畔
10km
伊賀屋
県陸上競技場
40km
スタート
佐賀北
警察署
ゴール
佐賀
佐賀市役所
佐賀県庁
5km

■高低図

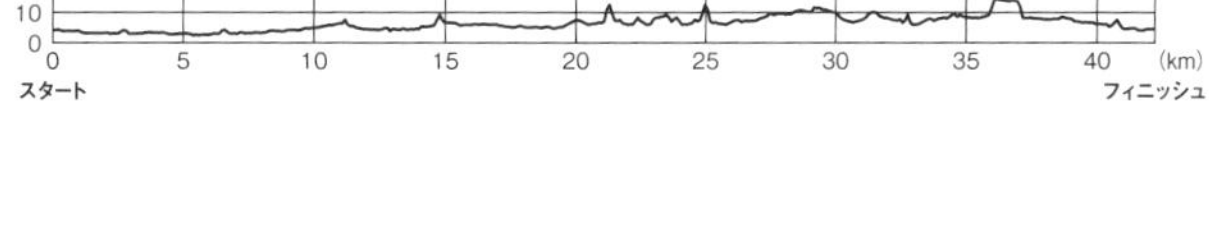
(m)
50
40
30
20
10
0
0
5
10
15
20
25
30
35
40
(km)
スタート
フィニッシュ

賀は気球に力を入れていて、国際熱気球大会があるほどだ。佐賀城跡に建つ佐賀県庁をぐるりと回り、５km地点を34分台で通過。スタートラインまでの時間を除けば６分／km以下だ。いいペースだ。このペースでどこまで行けるか、それが問題だ。

国道２６４号線に戻ってきた。今度は北上し、後続ランナーを眺めながら走る。同じ２車線だがここは広く感じる。背中から日差しを受けて暑い。少しでも日差しを遮ろうと、ランニングキャップの前後を逆にする。今日は暑くなる。暑いと思ったときはもう遅い。早め早めの水分摂取をしよう。スタートした県総合運動場の横を通過し、少し行ったところが10km地点。１時間03分台で通過する。この５kmも６分／kmを切っている。順調だ。

市街地を離れ、田舎の風景になってきた。右折して東に向かう。遠く正面にまた気球が見える。田畑が広がるコースを、右折左折を繰り返して進む。15kmを１時間32分台で通過。順調というより、速過ぎる。このペースで最後までもつとは思えない。

Ａブロックのゼッケンをつけたランナーを一人抜いた。調子が悪いのかなと思いながら抜いたら、裸足だった。中央の白線の上を走っていた。白線の上は痛みがマシなのだろう。多くの大会で、裸足のランナーを見かける。自分にチャレンジしているのだろう。感心はするが、僕はやろうと思わない。

現役時代に何度も来たことがある神埼市に入った。20kmを２時間02分台で通過。20kmをこんなタイムで通過するのは久し振りだ。先程から先行ランナーとすれ違っている。彼らは吉野ケ里歴史公園へ行って、戻ってきている。彼らとはどれぐらいの差なのだろう。

中間点を２時間09分台で通過。スタートラインまでの時間を除けば、２時間04分程度のタイムだ。どこまでこのペースで行けるか、それが問題だ。

吉野ケ里公園に入った。散策路がコースになっている。今日は入場無料なのか、多くの人が入っている。

そのほとんどが声援を送ってくれている。右前方に高床式倉庫群が見える。最初にこの町に来たときは、この公園はなかった。吉野ケ里公園駅は三田川という駅だった。その後、遺跡が見つかり、この遺跡が大発見級の遺跡であることが分かった。遺跡は吉野ケ里遺跡と名づけられ、駅名も吉野ケ里公園駅になった。30年の間に大きく変わった。30年前に現在の姿を予想した人はいないだろう。

園内をぐるりと回り、外に出る手前にエイドがあった。ここに増田明美がいた。ランナーにつかまって困った顔をしている。それを横目に神埼そうめんを食べる。

公園を出た。後続ランナーを眺めながら進む。対面コースは飽きがこないし、気持ちが紛れる。ずっと対面でもいいくらいだ。25㎞を２時間33分台で通過。ペースは少し落ちたが、まだ大丈夫だ。残りは17㎞余り。今日はいいタイムが出る可能性がある。うまくいけば４時間15分以内でゴールできる。

力まずに淡々と、できるだけ淡々と進む。先はまだ長い。力まずに走るのが、結局一番速い。僕はそう思っている。30㎞を３時間04分台で通過。またペースが落ちたが、まだいける。今日のチャンスを逃してはならない。残りは12㎞余り。粘り強く粘り強く走るのだ。

１㎞毎の標示を見るたびに、あと11㎞、あと10㎞と心の中でカウントダウンする。自分を鼓舞しながら進む。35㎞を３時間36分台で通過。残りは７㎞余り。今日は最後まで歩かずに走れそうな気がする。

コースが多布施川河畔に入った。道は狭くなったがほどほどの狭さだ。応援はまとめて何人かではなく、一人一人に向けられる。あるおばさんと目が合った。「頑張るのよ！」。真剣な目で言われた。思わず「はい！」と答える。こんなに近いと、そう答えざるを得ない。

ＣＤコンポから「負けないで」が流れている。

♪負けないでもう少し　最後まで走り抜けて　どんなに離れてても　心はそばにいるわ♪

うん、そばにいてくれるならおじさんは頑張るよん。

40㎞を4時間09分台で通過。ゴールは4時間22分台か。ネットタイム4時間15分以内はもう無理だ。悔しいが、精一杯頑張った結果だから仕方がない。最後までベストを尽くすことに価値がある。左折して国道34号線に出た。もう2㎞もない。懸命に走る。足は思うように動かない。でも頑張る。悔いを残さないために頑張る。

41㎞まで来た。時計を押す。最後の1・195㎞をどんなタイムで走れるか。左折する。運動公園に入った。まだ700mほど残っているはずだ。一挙にゴールとはいかない。一歩ずつしか近づけない。

陸上競技場に入った。第3コーナーと第4コーナーの間だ。ということは、残りは150m。本当に最後だ。全力で走る。前のランナーを抜いた。でも、別のランナーに抜かれた。がっかりしながら両手を挙げてゴール。ゴール横のデジタル時計は4時間22分台を示していた。

完走タオルを肩にかけてもらう。水と、クールダウン用の氷が入った袋を受け取る。次は完走証。グロスタイムは4時間22分36秒、ネットタイムは4時間17分26秒だった。今シーズンのベストタイムだ。悔しいがこれで良しとしよう。それにしても疲れた。本当に疲れた。トラック内の芝生に大の字になって寝転ぶ。氷袋を首筋にあてる。冷たくて気持ちがいい。場内アナウンスで、女子の優勝タイムが大会新記録だったので、50万円の優勝賞金が出ると言っている。50万円か、いいなあ。それにしても疲れた。

息が整うまで数分かかり、ようやく立ち上がる。国道を渡って総合体育館に向かう。体育館に入るとまずトイレ。個室に入ると思った以上に排出。レース中に危険状態にならずによかった、と思うほどの量だった。思えば、レース中はトイレに行かなかった。好運に感謝しながら手を洗い、鏡で自分の顔を見る。というのは、ゴールしたランナーの顔の多くに塩が吹いていたのだ。自分も同じかと心配したが、それほどではなかった。貴重品を受け取り、小競技場に入る。10分ほどかけて着替えを終え、体育館を出る。

会場を出たところにおばさんのグループがいた。そのうちの一人から「よかったら読んでください」と袋を渡され、わけが分からないまま受け取る。信号待ちで中を見ると、新興宗教の教祖の本だった。

リュックの重さを感じながら20分ほどで佐賀駅に到着。次の鳥栖方面行きの普通電車は15時06分発。乗車口の先頭でリュックを足元に置き、電車を待つ。少し経って後ろを見ると、列ができていた。やっと来た電車の、残っていた唯一の空席に座る。よかった。座れるのと座れないでは大違いだ。

うつらうつらしながら鳥栖に到着。電車を降りると目の前に、博多方面行きが止まっていた。この電車にも座ることができ、博多駅には16時07分に到着。博多から乗るこだまは17時05分発だ。１時間近く時間がある。どうやって時間を潰そうかと思いながら歩いていると、憩いのスペースに出た。幸い椅子がある。よかった。ここに座ろう。今は重いリュックを背負って歩き回る元気はない。座ってメモをとる。こだまに乗ったらビールを飲むぞ。

新幹線乗り場は意外に遠く、エスカレーターで上ったり下ったり。ビールを買ってホームに上がると出発３分前だった。指定席に座り、ビールの栓を開ける。本を開いて読み始めるが、眠くて仕方がない。諦めて本を閉じる。21時05分、相生到着。在来線に乗り換え、最寄り駅には21時21分に到着。リュックの重さを噛み締めながら、22時15分に帰宅。６週連続の５週目が終わった。未走は６県になった。

15）精も根も尽き果てた　佐倉朝日健康マラソン（42番目、千葉県、2018年3月25日）

15−1）佐倉朝日健康マラソンに決めるまで

千葉県はどの大会にするか悩んだ。フルマラソンの大きな大会は１月の「館山若潮マラソン」、３月の「佐倉朝日健康マラソン」、10月の「ちばアクアラインマラソン」の３つだ。ほかに稲毛海岸や柏などにもあり、毎月のように大会がある。走るなら代表的な大会を走りたいと思い、この３つに絞った。館山若潮と佐倉健康は完走メダルがないが、ちばアクアラインは完走メダルがある。ちばアクアラインにしたいところだが、隔年開催であり、しかも抽選である。２０１８年は開催年だが、当選するとは限らない。完走メダルに拘ると2年待たなければならない。2年待っても、また落選する可能性もある。今は２０１８年末の全国制覇を目指している。ちばアクアラインはまたの機会に走るとして、館山と佐倉のどちらにするか。館山は房総半島の先端なので交通が不便。佐倉は我らがヒーロー長嶋茂雄を生んだ偉大な土地だが、大会主催は朝日新聞。迷った結果、交通の便利な佐倉にした。今年が37回目の歴史ある大会で、フルと10㎞の2種目がある。フルは６５００人、10㎞は５０００人の大きな大会だ。先着順なのでエントリー初日の11月15日に申し込んだ。

交通手段は費用面から新幹線ではなく、神戸―羽田の飛行機にした。宿泊は2泊とし、大会翌日に幻冬舎訪問とAさんに会う予定を立てた。

15‐2) 3月24日(土) マラソン前日

神戸空港14時40分発の飛行機に乗るために、11時20分に自宅を出発。空港には13時24分に到着。チェックイン後、おにぎりを頬張りながら、待合室のテレビで選抜高校野球を見る。21世紀枠出場の膳所《ぜぜ》高校が北陸チャンピオンの日本航空石川高校と対戦している。公立校である膳所に勝ってほしいが、結果はいかに。

飛行機は15時50分に羽田空港に到着。モノレールとJRを使って宿のある平井駅に到着したのは17時前。昔、市川に住んでいた頃に総武線を使っていたが、平井駅に降りるのは初めてだ。北口を出て、平井橋の方向に向かい、10分ほどでゲストハウスRに到着。間口僅か数mの小さな宿だ。呼び鈴があったので押すと、すぐにドアが開いた。

開けてくれたのは若い男性だ。見た目は日本人だが、言葉を聞くと日本人ではない。２泊分４５６０円を支払い、案内された部屋は2段ベッドの上段の１０２号室。下段に変えてもらえないかと頼むも、満室だからと断られる。上り下りするはしごが小さいのが難点だが、テーブルがあるのは助かる。

まだ明るいので、周辺探索に出る。近くに食事をする店があるか、コンビニやスーパーはあるか調査する。１００mほどのところにコンビニがあった。東武線の東あずま駅の横の踏切を渡るとスーパーがあった。食材はここで買うことに決める。向こうに東京スカイツリーが見える。昨年11月に訪れてはいるが、もう一度行ってみよう。

住宅街を歩いてスカイツリーに到着したときはすっかり暗くなっていた。夜空に屹立するスカイツリー。それを背景に自撮りする。今日は土曜日。ソラマチは観光客でいっぱいだ。２階に書店を見つけ、30分ほどいてソラマチを出る。

スーパーで夕食と朝食の食材（もちろんビールも）を買って宿に戻る。テーブルに食材とビールを置き、夕食開始。飲むと明日の準備をする気が失せた。６時に目覚ましをセットして就寝。

15―3）　3月25日（日）マラソン当日

すぐに眠ったものの2時頃に目が覚めた。そのあとなかなか眠れない。やはり自宅以外では眠れないなあと思っていると、目覚ましが鳴った。６時だ。さっと起きて、ベッドから下りる。テーブルに置いていたおにぎりを頬張る。３個食べ終えてトイレに行くも、排出は少しだけ。本格的排出はマラソン会場としよう。出発したのは6時40分。船橋で京成電車に乗り換える。乗った7時16分発の特急電車は満員。途中から超満員になり、全く身動きできず。京成佐倉駅には7時40分に到着。佐倉は都会ではないけれど、首都圏開催の大会はいつもこうなのだろうか。若い頃の〝痛勤〟電車を思い出した。

会場までは駅の北口からシャトルバスが出るが、長い列ができていた。ピークの時間帯に到着したようだ。イライラしながら待つよりも、ウォーミングアップを兼ねて歩こう。歩くランナーは多いので、ついていけば会場に着ける。途中から若い女性2人組のあとを歩くことになった。歩くときは前を見る。見る景色は美しい方がいい。断っておくが、僕は強引にこの位置を手にしたのではない。転がり込んできたのだ。しかし手にした幸運は逃さない。途中で失いそうになったが守り抜き、20分ほどで会場到着。

参加賞のTシャツを受け取り、長嶋茂雄記念岩名球場に入る。今日はいい天気だ。春の日差しが降り注いでいる。外野のフェンス際に場所をとって着替える。多くのランナーが外で着替えている。

スタート1時間前になった。スピーカーから準備体操の音楽が流れる。僕も周囲のランナーと一緒に体を動かす。体操が終わり、荷物を預けてトイレに向かう。長い列を見てスタートに間に合うか心配したが、全然問題なかった。列は途中から何本にも枝分かれていた。無事に排出して量も満足。これで安心だ。

スタートは陸上競技場だ。陸上競技場に入ると、スタート地点には既に多くのランナーがいた。先頭から100mほどの、「4時間～4時間30分」のところに入る。開会式で佐倉市長と市議会議長が挨拶している。これが終わればスタートだ。

9時30分、スタートの号砲が鳴る。スタートラインを越えたのは2分03秒後。トラックを半周もしないうちに競技場を出る。すぐに下りになった。陸上競技場は台地の上にあるので、競技場を出れば下りだ。ゴール前もここを通るが、そのときは上りだ。ゴール前でこの坂は辛い。そう思うほどの勾配だ。1km付近でブラスバンドが演奏していた。手を振って通過する。行ってきまーす。頑張ってくるよーん。

公園から出たところで右折。駅から歩いてきた道だ。来た道を戻るように進む。上り坂だがスタートして間もないので問題なし。ちょっと速いかなと思うペースで進む。駅前の交差点を左折。民家からたくさんの人が出てくれている。有難いことだ。住宅街を京成線に沿って進み、5kmを31分台で通過。

■コース図

20km
双子橋
15km
印旛沼公園
25km
佐倉市民
の森
野鳥の森
30km
舟戸大橋
（仮橋）
35km
10km
中平橋
竜神橋
40km
オランダ風車
スタート・
フィニッシュ
5km
大佐倉駅
京成佐倉駅
京成本線

■高低図

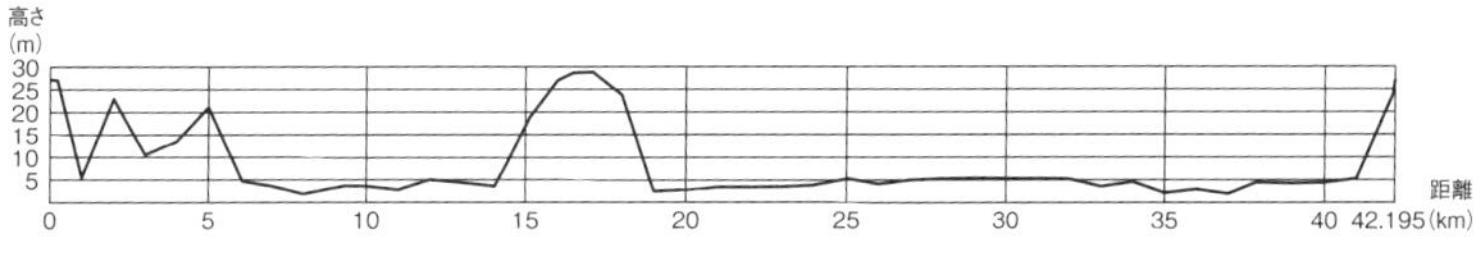
高さ
(m)
30
25
20
15
10
5
0
5
10
15
20
25
30
35
40
42.195
距離
(km)

5km過ぎに最初のエイドがあった。スポーツドリンクで喉を潤す。暑いので、水を首筋にかける。今日は水分補給だけではなく、体を冷やした方がいい。面倒くさがらずにやるつもりだ。

住宅街を抜け、田園地帯に入る。見渡す限りの田園風景だ。はるか前方にランナーの列が見える。あちらの方向に行くのだな。

「アベ政治を許さない」と背中に書いた、赤いTシャツのランナーに抜かれた。こんなところに政治を持ち込むなんて、無粋な輩だ。こんなのに負けないぞと思うが追いつけない。悔しいが負けを認めよう。でも、走力と人間性は別だぞ。早く見えないところへ行っておくれ。

10kmを1時間00分台で通過。無理をしているつもりはないがペースは速い。きついと感じたらペースを落とそう。11km過ぎに2つ目のエイドがあった。ひとつ目のエイドと同じように、水のテーブルが3台、そのあとにスポーツドリンクのテーブルが3台あるのだろうと思っていたら、1台ずつしかなかった。手前の混むテーブルは避けて、先のテーブルで取るつもりだったが、気づいたときは遅かった。ということで給水はできず。同じ数のテーブルを並べてよ。そうでないなら、案内板や声で知らせてよ。

ゼッケン7038番の女性ランナーの後ろについた。顔は見えないが、色白のいい感じの若い女性である。後ろ姿もいい。この女性を見ながら走ることにする。

15kmを1時間29分台で通過。ペースは少し落ちたが、まだ十分に速い。ここからは上り坂。スタッフが大きな声で、「300mほど上りです」とランナーに告げる。教えてくれるのは有難い。覚悟ができる。エッサホイサと上り切ると、今度は下りだ。下るのなら上らせるなと言いたいが、そんなことを言ってはいけない。ここは人工コースではない。

7038番についていけなくなった。徐々に離される。市民の森を通り、3つ目のエイドに来た。ここでも水で体を冷やし、スポーツドリンクを飲む。速いペースが影響し始めたか、ペースダウンしている。

これからどれだけ粘れるか、それが問題だ。

応援の多い箇所があった。交差している道が下に見える。小さいが立体交差になっている。下を走っているのは、先行するランナーかその逆か。どちらなのか分からない。

左側に湖岸が見えてきた。でもこれは印旛沼である。沼岸という言葉があるのだろうか。湖と沼は何が違うのだろう。疑問が湧いても、今は調べられない。

20㎞を２時間00分台で通過。疲れてきたがまだそれほどペースは落ちていない。印旛沼を左に見ながら進む。中間点を２時間07分台で通過。前半と同じペースで走れば４時間15分台のゴールだが、それはあり得ない。

印旛沼はどこまでも続いている。強い日差しも相変わらずだ。疲れてきた。桜並木が続く一画があった。佐倉の桜だ。もう満開に近い。近年開花が早くなったが、今年は例年より早いようだ。僕は桜を見ながらマラソンを走った経験がない。先週のさが桜マラソンも、桜は咲いていなかった。桜を見ながら走れるのは幸せだ。花見気分で走りたいところだが、今の僕は余裕ゼロ。ゴールはまだか、ゴールはまだか。そればかり考えている。25㎞を２時間32分台で通過。残りはまだ17㎞もある。17㎞は長いなあ。

沿道の応援は多いとは言えない。ここは散歩コースのようだ。犬を連れている人もいる。ある人がスマホで、「負けないで」を流してくれていた。有難いけど、スマホではさすがに音が小さいです。

オランダ風車の前を通過して左折。竜神橋を渡ってまた左折。30㎞を３時間05分台で通過。しかしここで歩いた。我慢してきたが、とうとう走れなくなった。この辺りは堤防が高くて印旛沼は見えない。残りは12㎞に減ったが、全然嬉しくない。まだ12㎞もある。長いなあ。暑いなあ。しんどいなあ。

印旛沼から離れたのは32㎞過ぎ。単調な田舎道だ。この道を走るのは二度目だと思うが、よく憶えていない。エイドにエアスプレーがあった。両足にたっぷり吹きかける。少しでもこの疲れを減らしておくれ。

スポーツドリンクを飲み、水を首筋にかけて体を冷やす。水を首筋にかけると、Tシャツの胸や背中の部分も濡れる。濡れている間は冷たくて気持ちがいい。でも1㎞もすれば乾いてしまう。

歩く時間が長くなった。周りは田園が広がっている。多くのランナーが歩いている。疲れているのは自分だけではない。みんな辛く苦しいのだ。そう思うと気持ちは少し楽だ。でも、疲れは癒えない。

35㎞を3時間44分台で通過。この5㎞はペースががくんと落ちた。これだけ歩けば落ちるのも当然だ。残りは7㎞余り。早くゴールしたい。早く楽になりたい。

沿道にいる女性スタッフと目が合った。こう書くと偶然のようだがそうではない。可愛さに見とれながら歩いていたら、僕の視線に気づいたのだ。僕は動揺したが彼女はそれに気づかず、「頑張って！」と言ってくれた。僕に言ってくれたのだから答えたい。しかし気の利いた言葉が浮かばない。焦った結果、出た言葉は「はいっ！」。そう、その通り。今の僕に必要なのは頑張ることだ。もう少し歩いていたいが、頑張ってと言われたからには走り出さねばならぬ。せめて彼女の視界にいる間は走りたい。頑張っているところを見せたい。大きく深呼吸し、走りを再開する。

１００ｍ走って、歩きに変わる。情けない。長く走れない。２００ｍぐらい離れている右側の道を走っているランナーが見える。先行するランナーらしい。僕が今歩いている道は、この先で右折して、２００ｍほど進んでからまた右折するようだ。であれば、今ここを右折してショートカットしたい。そんな馬鹿なことを考えるほど疲れた。１㎞が長い。前半と違ってすごく長い。ゴールが迎えに来てくれないだろうか（来てくれません。分かってます）。

右折する。未舗装の道だ。舗装路に較べると走りにくい。それを言い訳に歩きに変える。走りたいが走れない。

未舗装区間が終わって右折。また舗装路になった。これを区切りに走りを再開。長くは走れないが、歩いてばかりではいたくない。歩きと走りを繰り返し、やっと40kmに到達。４時間27分台で通過。この５kmはものすごく時間がかかった。残りは２km余り。最後のエイドがあった。水で体を冷やし、スポーツドリンクを飲む。よーし、ここからゴールまでは歩かないぞ。強く強く決意して走りを再開する。

縦笛を吹いている女性がいる。この女性は確か数km前でも見たぞ。あっ、分かった。この大会のコースはそれほど広くない地域を行ったり来たりするコースになっている。中心部を移動すれば、少しの移動で応援することが可能だ。あの地点からここまで我々は大回りしたが、彼女はショートカットしたのだ。前の曲は「ランナー」だったが、今度は「負けないで」だ。上手ではないが嬉しい。心にしみる。

残りは２kmを切った。左折する一画にたくさんの人がいる。そのうちの一人が、「４時間45分のペースランナーが後ろに迫っているよー。ゴールまでもう少し。頑張ってー！」と叫んだ。そうか。そう言えば、だいぶ前に４時間15分のペースランナーに抜かれた。そのあと４時間半にも抜かれた。そして今、４時間45分にも抜かれようとしている。駄目だ。２週間前のバルセロナは４時間46分台のゴールだった。あれと同レベルとは情けない。１秒でも早くゴールする。それが僕のマラソンだ（ちょっと言い過ぎ）。

ここからゴールまで走り切ろう。絶対に歩くまい。ゴール前の坂も歩かないぞ。そう、走り切るのだ。もちろんスピードはない。でも、このペースならゴールまで何とかもつはずだ。歩いているランナーは多い。僕もさっきまで、その一人だった。でも今は違う。生まれ変わった僕の、この走りを見よ！

走りは続いている。41km地点を通過。こんなに頑張っても走りを再開してからまだ１km。まだ１km以上残っている。心が折れそうだ。でも折らない。走り続ける。

右折。左側の歩道はレースを終えて駅に向かうランナーが歩いている。いいなあ。羨ましいなあ。早くあっちの立場になりたい。心からそう思う。でも、そんなことを思って何になる。残り１kmを走り切るのだ。できるかどうか分からないなどと思ってはいけない。できると思えばできる。何が何でも走り切るのだ。

坂が始まった。この坂は２００～３００ｍ続く。ペースは落ちても歩かない。沿道から、「ナイスラン！」「頑張れっ！」「頑張って！」「もう少し！」という声が飛ぶ。前のランナーが歩いた。言い訳ができた。と思ったが歩かない。まだ行ける。自分で限界をつくってはいけない。

やっと坂を上り終え、陸上競技場に入った。ゴールは１００ｍ先。正面に見えている。全力で走る。待ち受けているはずのカメラを意識し、あと10ｍでゴール！　と思ったときに前のランナーが重なってきた。何をするのだ、もう。僕が写らないじゃないか。慌てて方向を修正。そしてゴール。

ゴール横のデジタル時計は４時間42分台を示していた。終わった。やっと終わった。疲れた。本当に疲れた。30㎞以降は特に辛かった。でも、最後の２㎞はよく頑張った。そこは満足だ。中学生スタッフから完走タオルを受け取る。カメラマンが近づいてきた。反射的に笑ってポーズ。レース内容は不満だが、終わったのは嬉しい。

女子中学生のスタッフが、チップ外しはこちらへどうぞと言う。本当はこちらに来てもらいたいところだが、そちらへ移動。外してもらう。そこへ、飲み物を盆にのせた男子中学生スタッフが現れる。スポーツドリンクと水のどちらかを選んでと言う。スポーツドリンクを手にとり、一気に飲み干す。まだ欲しい。もう一杯手にとり、今度は少しずつ飲む。液体が喉を通っていく。ああー、美味い！

ここは芝生。何人ものランナーが寝転んでいる。倒れていると言った方が近い。僕もそうしたいがそれよりもまだ水分が欲しい。近くにいた別の中学生をつかまえ、今度は水を所望。ぐいっと飲み干す。これでやっと生き返った。芝生に寝転ぶのは日差しを浴びるだけなのでやめにし、完走証発行所へ向かう。完走証に記載されたタイムは４時間42分21秒、ネットタイムは４時間40分18秒だった。４時間40分は切れなかった。でも、バルセロナの記録は上回った。頑張った甲斐があった。

ゴール前の走路を横切り、競技場の外に出る。トイレで用をすませたあと、荷物預かり所がある長嶋茂雄記念岩名球場に向かう。荷物を受け取り、外野フェンスの一画に座り込む。疲れた。何もする気になれない。５分ほど経ってようやく動く気になり、着替え始める。いつもの10倍かかって着替えを終える。ちょうどそこに、いかにもヘトヘトという感じのランナーが倒れるように座り込んだ。ゴールしてそのままここに来たのだろう。まだ息が荒い。誰が見ていようと関係ない、自分は疲れた、精も根も尽き果てた。そんな感じだ。このランナーのそばにいると疲れが伝染しそうだ。慌てて腰を上げる。

この会場へは歩いて来たが、帰りはバスに乗りたい。バス乗り場を総合案内で尋ねる。言われた方向に歩くと、ゴール手前の坂に出た。ゴールを目指すランナーがまだいる。もう少しだよ、頑張れ！

ランナーを見ながら歩道を歩く。腕時計を見ると15時20分。制限時間まであと10分だ。ほとんどのランナーは歩いている。ここまでくればゴールはできる。そう思っているのだろう。ランナーを見ると、老いも若きも、男も女も、太った人もそうでない人もさまざまだ。今日の暑さで、いつものタイムより遅くなった人も多いだろう。皆さんお疲れさまでした。お先に失礼します。

シャトルバスに乗り、５分ほどで駅に到着。次の電車は15時52分発の特急だ。ホームの一番前で10分待つも、来た電車に空席なし。立つことになった。京成船橋の手前の駅でやっと僕の前の席が空いた。一駅だけだが待ってましたとばかりに座る。16時17分に京成船橋駅到着。27分発のＪＲに乗り、45分に平井駅到着。昨日から気になっていた駅前の松のやに入り、ミルフィーユかつ定食大盛りを食べる。満腹になり、満ち足りた気持ちで宿に到着。

ドアを開けると目の前に昨日のスタッフがいて、何となく話すことになった。彼はモンゴル人だった。中国人かと思っていたが、そうではなかった。力士と違って細身である。モンゴル人に会うのは初めてだ。見た目は日本人と変わらない。昨年４月に日本に来て、１年間日本語学校に通い、もうすぐ帰国するらしい。平仮名と片仮名は覚えたが、漢字は難しくて読めないという。彼が言うには、日本語とモンゴル語は文法が８割方同じで、語順も同じ。でも文字はロシアの文字を使うらしい。どうしてだろう。

５分ほど話して自分の部屋に入る。シャワーを浴びたあと、自室に戻ってメモをとる。とり終えると20時を過ぎていた。慌てて外に出て、昨日と同じスーパーで、夕食（ビール二本も）と明日の朝食の食材を購入。部屋に戻って食事をとる。疲れのせいかすぐに酔い、眠くなった。

翌日は午前中に幻冬舎を訪問して『走ってやる！』の打合せ。初めてだったので少々緊張。午後は友人Ａさんと靖国神社で待ち合わせして痛飲し、夜の飛行機で帰ってきた。６連戦が無事に？終わった。今回のマラソンは、とにかく暑くて参りました。

16）参加賞Ｔシャツが２枚　仏の里くにさき・とみくじマラソン（43番目、大分県、２０１８年11月11日）

大分県は「仏の里くにさき・とみくじマラソン」にした。今年が29回目の大会で、約１０００人ずつが参加するフルとハーフのほかに10㎞、５㎞、２㎞、ウォークの部があり、総参加者３０００人の大会だ。先着順なので、エントリー開始の６月20日に申し込んだ。交通手段は、神戸―別府のフェリーも考えたが、費用面からＪＲにした。姫路から小倉まではＪＲ西日本のおとなび早割を利用し、小倉から別府までは在来線（日豊本線）を使うことにした。日豊本線は各駅停車と同じぐらいの本数の特急があるが、各駅停車で行くことにした。宿は、開催される国東市に安価な宿がなく、近くの観光地別府のゲストハウスにした。

大会前々日の９日の朝、前日の飲み会で危うく寝過ごすところだったが、無事に起床。頼んでおいたおにぎり２個とお茶をリュックに入れ、６時40分に出発。姫路７時40分発のこだまに乗る。小倉には10時57分に到着。駅近くで早い昼食をとり、11時54分発の日豊本線に乗車。途中の中津で観光したあと、18時32

分に別府到着。翌日は別府市内を歩き回ってマラソン当日を迎えた。

当日の5時15分、目覚ましが鳴った。昨夜は夜中に目が覚め、なかなか眠れなかった。すぐに音を消し、同室の客を起こさないように、静かに静かに着替え、静かに静かに荷物をまとめて部屋を出る。

一階に下りて、朝食に残しておいた稲荷寿司を急いで食べ、駅に向かう。駅に着くとランナーらしき姿が数人。僕もしばらく外で待っていたが、急にトイレに行きたくなった。トイレは駅の中にしかなさそうだ。改札口を入ってトイレに急ぐ。

トイレの個室は空いていた。運よく洋式で、気持ちよく排出。プラットホームに上がるとかなりのランナーがいた。待っている5時46分発の電車はこの駅始発ではない。満員かと心配したがぎりぎりで座ることができ、6時09分に目的の杵築駅到着。駅を出ると会場行きのバス3台が並んでいる。1台目に乗り込むと、すぐに満員になり出発。隣席のオジサンが、「いい天気になってよかったですね」と話しかけてきた。「そうですね」と頷く。このオジサンは途中から眠ったが僕は眠れない。40分ほどで会場に到着。

7時15分に受付を終了。参加賞は黒のTシャツだった。福引き抽選も、当たったのは参加賞のTシャツ。商品はいくつもあるのに、2分ほどの間に同じTシャツが二枚。トホホ。

男子更衣室は「レストラン和宴亭」の一室だ。更衣室としては狭い。着替えて外に出ると、入れずに待っている人がたくさんいた。荷物預けは隣りの「ヴィラくにさき」の中。預け賃は500円。

スタート地点はすぐそこ、ヴィラくにさきの玄関前だ。その向こうにお祭り広場がある。仮設トイレでもう一度排出したあと、近くの黒津崎海岸に降りる。正面の海面から朝日が昇っている。写真に撮りたいと思うほどの景色だったが、スマホは荷物と一緒に預けてしまった。諦めるしかない。睡眠不足だがマラソンに影響なし。そう思うことに決め、会場内を探索する。

8時45分、スタート地点に向かう。水を飲み、日陰に入ってスタートを待つ。今日も天気がいい。11月半ばだというのに、日差しを受けるとこの時間でも暑い。今日は暑さとの戦いになりそうだ。

9時、スタート。スタートラインを越えたのは26秒後。すぐに国道213号線に出て右折。初めての大会で初めての道。右も左も分からない。みんなのあとをついていく。1kmほど走ると、右折して国道から離れた。市街地に入り、生活のにおいがする道を進む。

3km地点で時計を見る。17分台だ。速い。今日は暑くなる。このペースでは最後までもたないぞ。

5km地点で時計を見ると、あれっ？ 11分台だ。時計の表示がいつの間にかスプリットになっている。いつの間に設定が変わったのだろう。しかし、今更言っても仕方がない。今日はこのスプリットのまま進むしかない。11分台ということは、この2kmに12分かかっていない。ペースダウンが必要だ。

と思っていたら、8km付近で声をかけられた。後ろから「原田さん」と呼ばれた、ような気がした。この大会に知り合いはいない。聞き間違いかと思ったが、声の主は僕に追いつき、「Miです。Saから原田さんを見つけるように言われました」と言った。その瞬間に理解した。そうだ。SaさんもこのMiさんも、3月の鹿児島マラソンの打ち上げで遅くまで一緒に飲んだ。Saさんから、Miさんがこの大会のハーフに出場すると連絡を受けていた。この大会の参加者は多くはない。でも、走りながら見つけるのは簡単ではなかったはずだ。それなのに見つけてくれた。予期せぬ出来事に思わず右手を出し、握手を求める。Miさんは即座に応じ、めでたく握手。僕のペースにMiさんを付き合わせては申し訳ないので、「僕に構わず、先に行ってください」と伝える。Miさんは、ニコッと笑って「じゃあ」という感じで走り去った。Saさんよ、驚かせてくれるじゃないか。

市街地に入り、ぐるぐる回って市街地を抜ける。広くて快適な道になった。コース左の田圃に案山子が並んでいる。田舎らしくていい感じだ。折り返してきたハーフのランナーが対向車線を走ってくる。さっきのMiさんも折り返してくるだろう。しかし、顔を覚えていない。ランニングウエアは赤っぽい色だった

■コース図

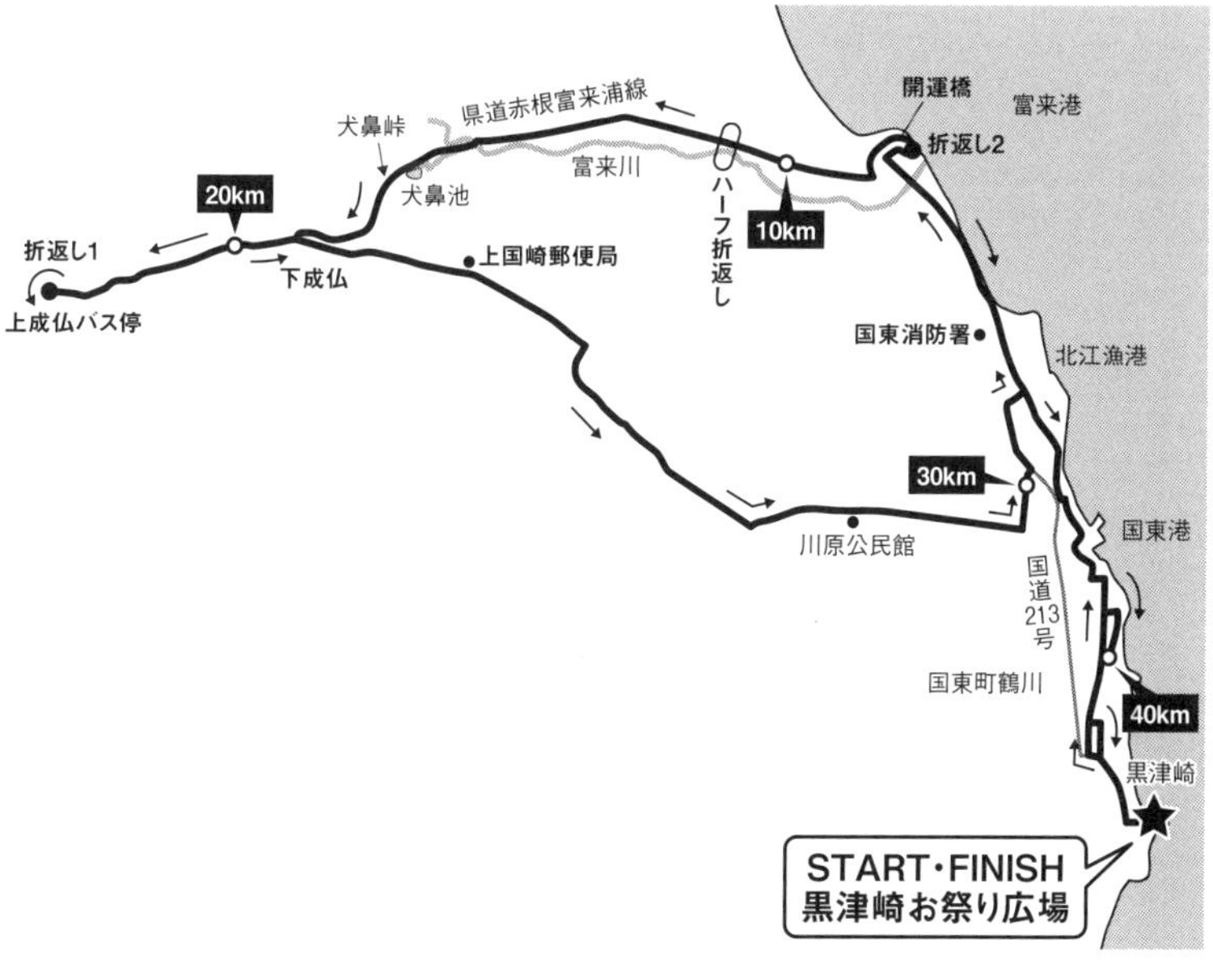
県道赤根富来浦線
犬鼻峠
犬鼻池
富来川
開運橋
富来港
折返し2
ハーフ折返し
10km
20km
折返し1
上成仏バス停
下成仏
上国崎郵便局
国東消防署
北江漁港
30km
川原公民館
国東港
国道213号
国東町鶴川
40km
黒津崎
START・FINISH
黒津崎お祭り広場

■高低図

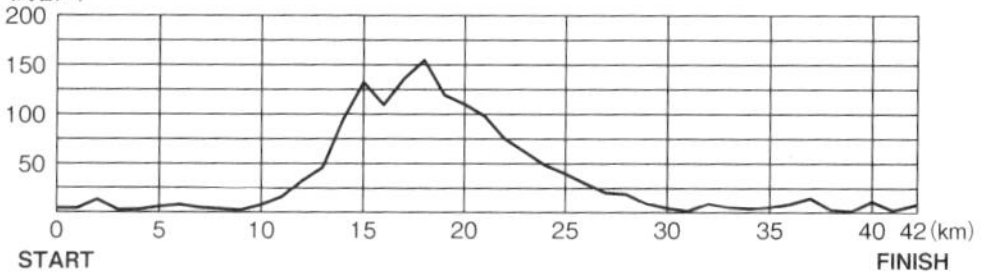
(海抜m)
200
150
100
50
0
5
10
15
20
25
30
35
40
42(km)
START
FINISH

と思うが、はっきり覚えていない。ゼッケンは背中になかったので番号は分からない。どのランナーがMiさんか分かるだろうか、しかし、分かった。Miさんの方から手を振ってくれた。僕も手を振って応える。やはりウエアは赤だった。

10㎞地点で時計を見る。この5㎞は28分台だ。まだ速い。最近にない速いペースだ。落とそうと思っているのに、まだ落ちていない。困ったなと思っていたら、前方に上り坂が見えた。あれがこのコース最大の上りだな。あの坂なら自然とペースは落ちるだろう。力まずに走ろう。はっきりとした上りなので、最後まで走り続けることはできまい。途中で歩くことになるだろう。このコースは、これからの5㎞で120mも上るのだ。

15㎞までの5㎞を32分53秒で通過。歩きはしなかったが、この5㎞はさすがにペースが落ちた。よし。これでタイムを気にせずに走れる。

15㎞を過ぎると一気に下りになった。上りがあれば下りになる。どの大会でもそれは同じだ。一喜一憂しながら進むしかない。下り終えたところの交差点で、スタッフに右折を指示される。短い下りのあとは上りになる。そうなると思っていたのに、そうではなかった。高低図と違って平坦な道だ。おかしいな。上りのはずなのに……。対向車線を走ってくる先行ランナーを眺めながら進む。どれだけ進めば折り返すのだろう。見える範囲では、コースは緩やかに上っている。この先に15㎞地点のピークよりも高いピークがありそうに思えない。

16㎞、17㎞と同じような道を進む。折返し点がピークなのだろうと想像しながら進む。でも、思ったほどの上りではなかったと思いながら、折返し点を回る。

折り返してすぐにエイド。ここでもスポーツドリンクを飲む。暑くなってきたので水を首筋と胸にかける。今度は後続ランナーを眺めながら進む。折り返してからは下りだった。折り返してやっと、ここまで上りだったと知る。

20㎞地点を通過。この５㎞は31分台だった。上りも下りもあったのでこんなものか。すれ違い区間が終わり、初めての道を進む。中間点の通過時間を知りたかったが、標示はなし。救急車が我々を追い抜いていった。暑さのせいでランナーが倒れたのか。それとも住民の異変か。その後、コース上に救急車の姿はなかった。ランナーではなかったようだ。そんなことを考えながら、平坦な道を進む。快調だ。これからゴールまでは少し起伏はあるものの、概ね平坦だ。ここまでのペースは、スプリットから判断すると悪くない。今日は好記録が出そうだ。

エイドにうどんがあった。椅子があったので腰かけて食べる。休息と栄養補給を同時にできた。立ち上がって走りを再開。広い道から集落のある道に入る。狭くはなく、適度な道幅だ。住民の声援が近くなった。いい感じだ。

県道29号線にぶつかって左折。29号線の左側の歩道を進む。だが、この歩道が狭い。２人並ぶと窮屈だ。真ん中をぼーっと走っていては邪魔になる。今日の僕はしっかりしている（つもりだ）からいいけれど。

３㎞ほど29号線を走って左折。そこから１㎞ほど走ったところが30㎞地点だった。この５㎞も31分余りで走った。少し遅くなったものの、我ながらよく粘っている。残り12㎞余り。今日は４時間15分切りは無理としても、４時間半は切れそうだ。

31㎞地点を過ぎて左折。見覚えのある道に出た。前方からランナーがやってくる。反対側に37㎞の標示が見えた。37㎞ということは、この道は３㎞ほど行って折り返すということらしい。焦っても残りの距離は縮まらない。一歩一歩進むしかない。ランナーを眺めながら上り坂を走り切り、折返しに向かう。

まだかまだかと思いながら、やっと折返し点に到達。折り返したところにエイドがあった。ここでもスポーツドリンクを飲み、水で体を冷やす。左折して、来た道を戻る。今度は後続ランナーを眺める。追い抜いたランナー、20㎞手前ですれ違ったランナーがここにいる。元気そうだったランナーが歩いている。でも僕は、好記録が出る可能性がある。最後まで頑張るぞ。

35㎞地点を通過。この5㎞は32分台だった。疲れてきた。暑さのせいで、さすがに疲れてきた。残りは7・195㎞。いつも練習で走っている距離だ。もう少しだ。頑張れ、ツヨシ！

後続ランナーを眺めながら37㎞を過ぎた。すれ違い区間が終わった。さあもう一息、最後の頑張りと思ったところが上り坂だった。短かったが限界を感じ、歩いてしまった。抜いたばかりのランナーに抜き返される。上り切ったところで走りを再開。スタミナ切れだが、走らなければならない。

スタッフの指示に従って右折と左折を繰り返す。前方のランナーに近づき、並び追い抜く。何人かそんなことが続き、40㎞地点を通過。この5㎞は33分台だった。これまでで一番悪い。好記録でのゴールは難しくなった。でも1秒でも早くゴールしたい。早くゴールして、早く楽になりたい。

気分が悪くなってきた。スポーツドリンクばかり飲んだためか、ムカムカしてきた。レース中にこんなことは初めてだ。早く治まっておくれ。

足の力がなくなった。ヘトヘトだ。それでも我慢。我慢して進む。41㎞を過ぎた。市街地から国道213号線に出た。左側の歩道を走る。沿道の応援が増えた。ゴール間近なのが雰囲気で分かる。「ナイスラン！」「お帰りっ！」と声がかかる。有難うございます。有難うございます。選挙中の候補者のように声援に応えたいが、声が出ない。前のランナーが左折した。続いて僕も左折。50ｍ先にゴールが見えた。全力で駆ける。ゴール前のデジタル時計が4時間24分台を表示している。両側から声援が飛ぶ中、両手を挙げてゴール！

疲れた。本当に疲れた。20ｍ歩いて完走証を受け取る。タイムはグロスが4時間24分56秒、ネットが4時間24分30秒。終盤に大きくペースダウンし、好記録にならなかった。でも、今日の暑さでは仕方がない。

ゴール横の給水所で水（スポーツドリンクもあったが、気分が悪くて水にした）を2杯飲み、ヴィラくにさきで荷物を受け取る。トイレで小用をしたあと、そのままトイレの洗面所で洗顔。更衣室で着替え、お祭り広場に向かう。

パンフレットに付いている食券で「いころ鍋」と「たこめし」を受け取る。両手に持ったまま広場全体を見渡す。どこにも椅子が見当たらない。仕方なく草地に腰を下ろす。腰が痛い。でも、いころ鍋とたこめしは簡単に胃袋に収まった。

14時40分発のバスには少し早いが、発車場に向かう。いないだろうと思ったバスはいた。乗り込むと10人以上の先客がいて、予定より10分早く出発。車中でSaさんに、Miさんと会ったことを報告。Saさんは今日、福岡マラソンのスタッフをしていたらしい。

大分空港で何人かを下ろし、15時10分に杵築駅到着。次の小倉行きは15時34分発の特急だが、自由席でも930円かかるので乗らない。次の普通は15時50分発。30分以上あるが動く元気はなく、待合室で待つ。売店にゆずのハイボールを売っていた。もっと早く気づくべきだった。プシュッという開栓音が嬉しい。冷たいアルコールが喉を通過していく。美味い！　これがあるからマラソンはやめられない。

15時50分発は、小倉行きではなく中津行きだった。本を開くも眠くて読めない。マラソン疲れと睡眠不足が重なるとこうなるのも仕方がない。16時42分に中津到着。49分発に乗り換え、17時56分にやっと小倉到着。改札口を出たところで、何かのイベントをやっていた。覗いてみると、5人組のご当地アイドルが特設ステージで歌い踊っている。見物客はざっと100人。前列に陣取っている若い男たちが熱心に応援している。それを囲むように見ている一般の人たち。マラソンで声援する人あれば、アイドルに声援する人あり。世の中いろいろだ。18時18分発のこだまに乗って21時58分に姫路駅到着。帰宅したのは22時45分。帰りの新幹線でも眠くて眠くてたまらず、本は読めなかった。

17）チャンスは一度　三重お伊勢さんマラソン（44番目、三重県、２０１８年12月2日）

三重県は「三重お伊勢さんマラソン」にした。この大会は5㎞とハーフの2種目があるだけである。フルマラソンはない。フルマラソン以上の全都道府県制覇を思いついたのは２０１６年秋だ。そのとき三重県の大会を調べると、フルは四日市市で開催される「みんなで楽しく42・195㎞リレーマラソンｉｎ中央緑地公園」という大会だけだった。２０１６年3月に開催されたのは第4回で、フルのほかに10・55㎞、ハーフ、駅伝でフルを走る部の4種目となっていた。フルがメインでないのが残念だが、ほかにフルの大会がなければこの大会にするしかない。そう思っていた。

ところが、２０１６年の年末が近づいても２０１７年の大会要項が発表されない。年が明けて２０１７年になっても発表されない。3月を過ぎても発表されない。秋の開催に変わったのかと思いながらチェックしたが、発表はなかった。別の新しい大会がないかと期待して待ったが、それもなかった。２０１８年になり、同じようにチェックを続けたが、期待した大会情報はなかった。ならばとウルトラマラソンを探したが、これもない。ならばフルは諦め、ハーフにするしかない。三重県にハーフの大会はいくつもあるが、その場合は県を代表する「三重お伊勢さんマラソン」にしよう。そう思った。２０１８年の6月になっても、フルもウルトラも新しい大会情報は現れなかった。お伊勢さんマラソンのエントリー開始は8月23日だ。それまでに新情報がなければフルは諦めるしかない。そう思いながら待ったが結局新情報は出てこず、お伊勢さんマラソンにエントリーした。こうなることを予想して、宿は5月にゲストハウスを予約した。

この大会は歴史がある「中日三重ロードレース」と、「お伊勢さんマラソン」が統合して、今の「中日三重お伊勢さんマラソン」になった。この大会名となって今年が8年目である。２０１６年からは地元出身のアテネ五輪金メダリスト野口みずきの名前を大会名に冠していて、正式な大会名は「野口みずき杯2018中日三重お伊勢さんマラソン」である。ハーフのほかに5㎞と前日開催のウォーキングの部がある。ハーフは5500人、5㎞は2300人の大きな大会である。大会長はもちろん野口みずきだ。

大会前日、早朝5時半に起き、トイレをすませ、できていたおにぎり4個とお茶をリュックに入れて5時55分に出発。今日は朝食抜きだ。この季節のこの時間は暗い。6時13分発の電車に乗り、飾磨《しかま》、阪神梅田、大阪、鶴橋で乗り継いで、10時53分に宇治山田駅到着。どれもきわどい乗り継ぎだったが、事前調査とスイカの利用でうまくいった。

ところで僕は、伊勢神宮には10年以上前にバスツアーで一度来たことがあるだけ。心行くまで見たという印象がない。今回は伊勢神宮と周辺を歩いてみるつもりだ。1日目は外宮と神宮徴古館、2日目はマラソンのあとに内宮とおかげ横丁を回ろうと思っている。

今日はその1日目。宇治山田駅で下車し、駅に置いてある観光マップを入手。外宮に向かって歩き始めると、沢村栄治の生家はこちらとの表示を見つけた。沢村栄治は言うまでもなく、日本のプロ野球が職業野球と言っていた頃に活躍した名投手だ。しかし出征し、27歳の若さで戦死した。その名は今も沢村賞というタイトルに栄誉をとどめている。遠くなさそうだったので駅前の商店街を入って少し行くと、あった。ただ、もう家は残っておらず、駐車場になっていた。生家跡であることを示す石碑と、案内板があるだけだった。

そこから外宮までは約10分。外宮の前まで来ると人でいっぱいだ。今日は好天の土曜日。観光客が多い。砂利道を正宮に向かう。多くの観光客を真似、鳥居の手前で立ち止まって礼をする。中に入るとさすがに伊勢神宮。雰囲気が厳かだ。5分ほど歩いて正宮に到着。神宮様式の建物は荘厳という言葉がぴったりで、思わず身が引き締まる。金色の千木《ちぎ》に日が当たって眩しい。二礼二拍手一礼でしっかりとお参りした。僕はいつも神社ではマラソンの完走と旅の無事を祈るが、今日は日本の安寧を加えた。ひとつ増やしただけだがいつもとリズムが違ってぎこちなくなった。

正宮の右隣りの、次回の式年遷宮で建設される敷地（古殿地と言うらしい）も見、来た道を戻って外宮を出る。ところで、まだ昼食をとっていない。横断歩道を渡ったところにベンチを見つけ、行き交う観光客を眺めながらおにぎり4個を頬張る。商店を眺めながら参道を歩いていると、伊勢市駅に着いた。外宮から5分ほどの距離だ。こんなに近かったのだ。

今日の宿はここから近いはずだ。明るいうちに場所を確認しておこうと、用意してきた手書き地図を持って探し始める。ところが、見つからない。スマホに住所を入力して調べるとようやく分かった。３００ｍも離れた場所にあった。隣りは派手なネオンの熟女キャバクラだった。

場所が確認できたので、もうひとつの目的である神宮徴古館に向かう。途中の日蓮上人誓いの聖跡や倭姫宮という別宮に立ち寄ったりしたので、30分以上かかった。入館料を払い、リュックをコインロッカーに入れ、身軽になってじっくり鑑賞。同じ入場券で入れる農業館にも入る。美術館は休館で入れなかった。

今日の観光はこれで終了。再び、今日の宿に向かう。いつの間にか太陽が隠れ、風が出てきた。明日の好天を祈る。

16時半、宿に到着。宿泊料を払うと、「19時半に松阪牛入りの牛丼を出す夕食会をやります。よかったらどうぞ」と誘われた。「参加します」と即答。案内されたのは2階の部屋だ。木製の2段ベッドが5つある。まだ誰もチェックインしていない。指定されたのは希望した下段ベッド。しかし、ベッド毎の照明がない、背もたれできる壁面がない、腰かけられるスペースが少ないなど、快適さに欠ける。

Tシャツにゼッケンをつけるなど明日の準備をしていたら、向かいのベッドに年配の人がやってきた。静岡県の人で75歳（名前は聞かなかった。静岡の頭文字をとってSさんとする）。明日はハーフを走るという。ＺＫＭの会員で、この大会には20回近く参加しているらしい。ＺＫＭは全国健称マラソン会の略称で、会員資格は60歳以上だという。ということは僕も資格がある。僕は以前、まだまだ先のことだと思った記憶がある。いつの間にか有資格者になっていた。

19時前、近くのコンビニに向かう。今晩のビールと明日の朝食のおにぎりを買うためだ。店に入ると、おにぎりのセールをやっていた。税込み１５０円のおにぎりが１００円になっている。安いおにぎりを買うつもりだったが、普段は買わない１５０円のものばかりを選ぶ。ビールは１本か２本かで迷ったが、１本にした。今日は誘惑に負けなかった。自分との戦いに勝った。

宿に戻ると夕食の準備が進んでいた。女性スタッフが調理しているようだ。２階に上がってビール以外をベッドに置き、ビールだけ持って下りる。夕食会場にはＳさんの仲間２人が先着していた。間もなくＳさんも合流。僕も含めて４人が揃った。ほかの客も三々五々下りてきて、総勢11人になった。

間もなく松阪牛の牛丼が出来上がった。全員に行き渡り、「いただきまーす」。夕食会の開始だ。松阪牛が美味しいのか、それとは関係なく料理が上手なのか。どちらか分からないが、とても美味しい。１杯では満足できず、お代わりをした。

11人の客のうち、明日のマラソンを走らないのは２人だけ。僕の周りは全員がランナーだ。話題はマラソンのことばかり。ただ、アルコールを飲んでいない人が多く、打ち解けるまでには至らなかった。21時過ぎ、全員で後片付けをする。食器も洗って夕食会は終了。21時15分、歯を磨いて眠りに就く。

ところが寝つけない。隣りのベッドのＳさんの寝息が聞こえる。眠れなくても焦るまい。明日はフルと違ってハーフだ。眠れなくても影響はないだろう。嬌声が聞こえるのは隣りの熟女キャバクラか。天照大神のお膝元でも風俗店は存在している。天照大神はやはり広い御心の持ち主に違いない。

一時は眠れないのではと心配したが、いつの間にか眠っていた。Sさんは5時に起きた。その音で僕も目が覚めたが、いくら何でも5時は早過ぎる。もう少し眠ろう。ほかの客が起き始めた5時45分、僕も起きる。スマホの明りで出発準備をし、一階に下りる。おにぎりを1個食べ、6時10分に出発。伊勢市駅発6時30分の電車に乗る予定だ。10分ほどで到着。ところが、この駅は近鉄の駅だと思っていたのにＪＲの標示になっている。あれ？　切符販売機はＪＲも近鉄もある。改札口はＪＲと書いてあるが、一番右の改札機は近鉄のものだ。駅員に確認すると、ＪＲと近鉄の両方の改札があるのだと言う。改札口を入って案内を見ると、1～3番線がＪＲ、4～5番線が近鉄となっている。急いで跨線橋を上がり、目的の5番線に着いた。

乗ること数分で目的の五十鈴川駅に到着。乗客全員が降りる。Sさんのグループ3人も降りた。会場行きのシャトルバスはここから出る。人の流れについて乗り場に行くと、スタッフが手際よくここまでは1台目、ここからは2台目とさばいている。毎年のことで慣れているのだろうが、手際のよさに感心する。どの大会もこうあって欲しいものだ。

3台目のバスに乗ると、すぐに出発。少し渋滞したが、20分ほどで到着。人の流れについていくと、メインアリーナの3階スタンドに着いた。時計を見ると7時。椅子に座って残っていたおにぎりを頬張ったあと、混まないうちにとトイレに向かう。ところが、着いたトイレは真っ暗。照明が故障しているらしい。先客たちはスマホや携帯の明かりで用をたしているようだ。暗い中を順番待ちしていたら、係の人が来て点灯してくれた。よかった。スマホの明かりを使っても、不便だったはずだ。10分ほど並んで入室し、目的を果たす。席に戻ったものの、スタートまで時間はたっぷりある。アリーナ内を眺めて時間を潰す。

8時半、準備終了。手荷物を預けて外に出る。初めての会場を散策する。テントがいくつも並び、試供品提供と書いた紙が下がっている。これがSさんが言っていた完走後のお楽しみらしい。

念のためにもう一度トイレに行っておこう。そう思って行くと、仮設トイレは長蛇の列だった。スタートに間に合うか心配したが、離脱者のおかげで間に合った。スタートブロックに入ったのはスタート15分前。予想ゴールタイム順に1時間半以内、1時間30分台、1時間40分台などのプラカードが並んでいる。見るからに速そうなランナーもいるが、一見してそうでないランナーもいる。疑惑の目で睨みながら、1時間50分台のところに入る。予想は2時間台だが、目標は1時間50分台だ。嘘ではない。

9時、５㎞の部がスタート。僕たちが並ぶ横を、ランナーがスタートしていく。５㎞だけでこんなに多いのか。全てのランナーが通過し、静寂が訪れた。今日は前半を自重するつもりだ。フルの半分だからと、前半飛ばして後半崩れるのは避けたい。

9時10分、ハーフの部がスタート。すぐには動き出さず、スタートラインを越えたのは2分23秒後。初めてのコースなので、前のランナーについていくだけだ。数百m走って左折、また数百m走って左折、また数百m走って今度は右折。土地勘がないので、どちらを向いて走っているのか分からない。高速道の下をくぐったかと思うと、また左折。よく曲がるコースだ。ランナー密度が高いので、他ランナーとの接触に注意する。高速道を左に見ながら進む。２㎞地点だったか、風船をつけた2時間10分のペースランナーがコースに入ってきた。ここから走るの？　まあ、いいけど。

３㎞過ぎだったと思う。高速道に上がった。高速道をコースにしている大会は多くない。見晴らしがよく、普段走れないところを走れるので気分はいい。だが、平坦とは限らない。上っているが、思った以上に足が前に出ている。いい感じで走れている。

５㎞を31分台で通過。スタートまで2分以上かかったのに、それも入れて31分台だ。速い。速過ぎる。フルでは6分／㎞を目安にしている。もっと抑えなければ。でも、今日の目標は2時間を切ること。達成するには5分40秒／㎞以内で走らなければならない。６分／㎞を切って、速過ぎると思ってはいけない。

■コース図

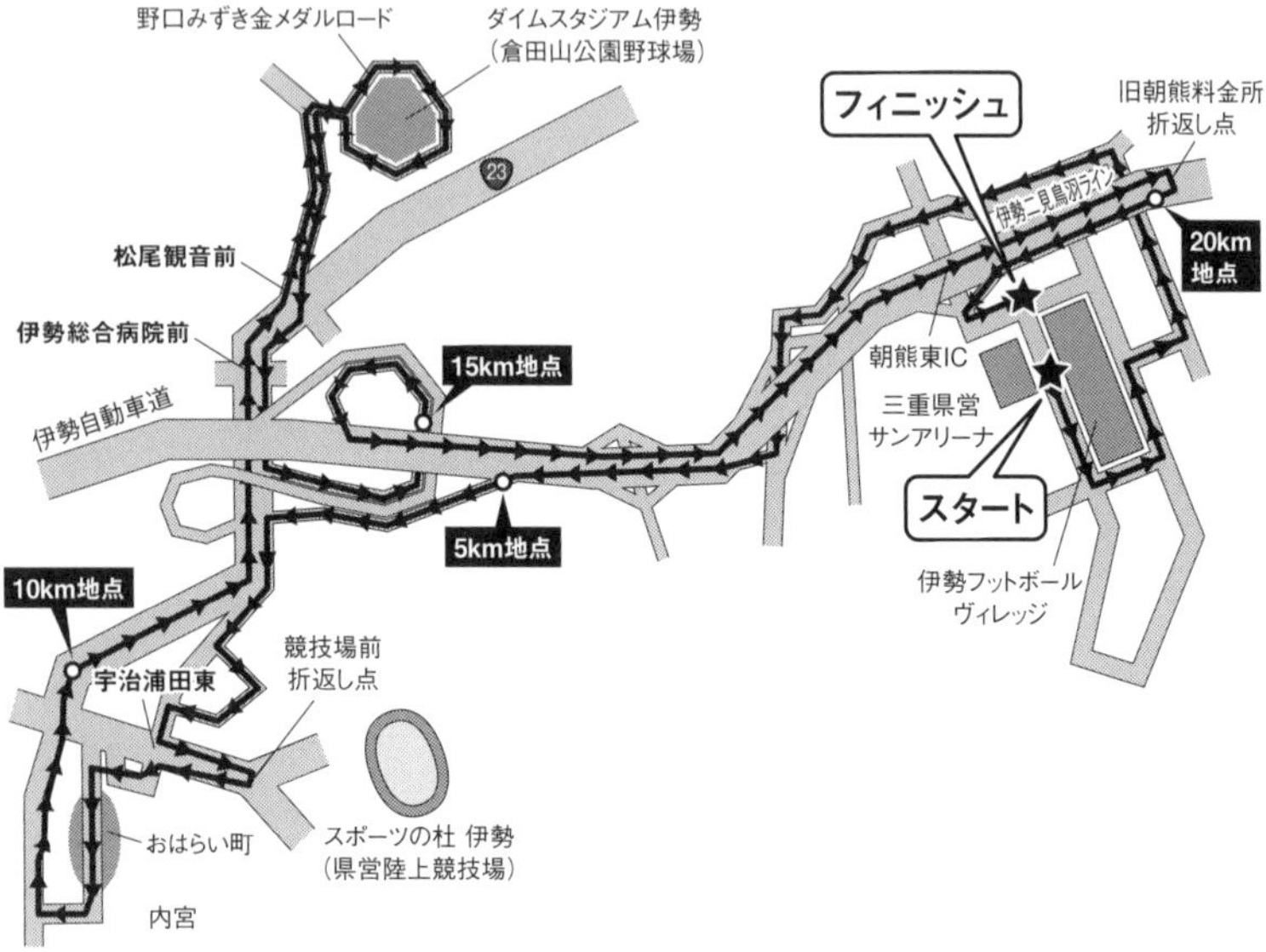
野口みずき金メダルロード
ダイムスタジアム伊勢
（倉田山公園野球場）
23
フィニッシュ
旧朝熊料金所
折返し点
伊勢二見鳥羽ライン
20km
地点
松尾観音前
伊勢総合病院前
15km地点
朝熊東IC
三重県営
サンアリーナ
伊勢自動車道
スタート
5km地点
10km地点
伊勢フットボール
ヴィレッジ
競技場前
折返し点
宇治浦田東
おはらい町
スポーツの杜 伊勢
（県営陸上競技場）
内宮

■高低図

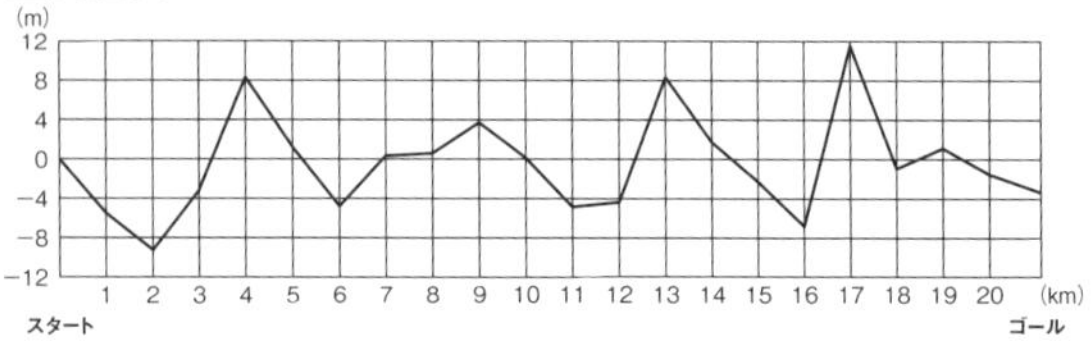
(m)
12
8
4
0
−4
−8
−12
1 2 3 4 5 6 7 8 9 10 11 12 13 14 15 16 17 18 19 20 (km)
スタート
ゴール

５㎞を過ぎたところで高速道を下りる。一般道に入った。住民の応援がある。子供も応援してくれている。有難いと思う。頑張ろうと思う。６㎞を過ぎた辺りが最初のエイド。スポーツドリンクを飲んで通過。内宮に近づいているのかな。観光客用の駐車場や、伊勢神宮に関係のある建物が現れ始めた。宇治浦田東の交差点を左折する。右側車線はこちらに向かって来るランナーだ。ということは、この先に折返しがあるはず。と思いながら進んでいると、橋を渡ったところが折返し点だった。思った通りだ。三角コーンを回って折り返す。今度は後続ランナーを眺めながら進み、コースに従って左折。いつの間にかコースの両側にロープが張られていて、その中を走っている。ロープの外側は歴史がありそうな商店が並んでいる。そうだ、ここは有名なおはらい町だ。法被を着た女性や子供たちがロープを持っているところからすると、これは子供会の役割か。ロープの外側は観光客が歩いている。そうだ、我々は参道を走っている。参道がコースになっているのだ。

参道を出た。左に宇治橋を一瞬見て、右にある大きな木を回る。宇治橋を渡れば内宮だ。この辺りは見覚えがある。ここは11月に開催される全日本大学駅伝のゴール地点だ。そんな場所を走っている自分に酔っていたら、前方に野口みずきがいた。やってくるランナーに次々とハイタッチしている。慌てて方向を修正して僕もハイタッチ。予期していなかったが冷静に対応できた。９㎞手前に２つ目のエイド。ここでもスポーツドリンクを手にとる。喉が渇いてからでは遅い。大事なのは早めの水分補給だ。

10㎞を59分台で通過。予想よりもはるかに速い。ここ数年なかったペースだ。最後までもつだろうか。無理しているという自覚はない。足も呼吸もまだ大丈夫だ。どこまで行けるか分からないが、自分でブレーキをかけるのはやめよう。高速道の下をくぐって北に向かう。少し上っている。Sさんが言っていたのはこの坂か。きっとここが頑張りどころだ。頑張れ、ツヨシ！　力まずに頑張るのだ。

何とか頂上に到達。下りに入った。なだらかな下りがしばらく続き、右折したと思ったら急な上りになった。さっき頑張りどころと思ったのは間違いだったか。こちらが本当の頑張りどころらしい。頑張れ、ツヨシ！　こちらが本当の頑張りどころだ。

急坂は１００ｍ余りだったろうか。上り切ると和太鼓の演奏に迎えられた。ドンドンと鳴り響く太鼓が、萎えそうになった気持ちを叱咤する。頑張れ、ツヨシ！　男だろ？　この程度の坂に負けるのか？

ここは野球場らしい（あとで調べると倉田山公園野球場）。入り口に沢村栄治ともう一人、知らない名前の胸像があった。その前を通って、球場をぐるりと一周する。エイドがあった。ここでも忘れずにスポーツドリンク。和太鼓の音に送られ、さっき上ってきた急坂を下る。後続ランナーが上ってくる。頑張るんだよ。もうすぐ坂は終わるよ。

頑張りどころは乗り切った。足はまだ大丈夫だ。このペースでゴールまで行きたい。

急坂を下り切るとまただらだらの上り。楽あれば苦あり。平坦が一番だが、平坦ばかりだと面白くない。変化が欲しくなる。厄介な生き物、それは人間なり。

後続ランナーに優越感を覚えながら進む。上り切ると、今度は緩やかな下りになった。緩やかな下りが最もスピードが出るのだが、今は違う。疲れてきたのかもしれない。高速道の下をくぐり、ぐるっと回って高速道に上がる。ここが15㎞地点。１時間26分台で通過。ここ数年、６分／㎞より速く走ったレースが少ない。だからこのペースでいいのかどうか、頭の中で計算できない。でも、６分／㎞を切っているからと喜んではいけないのだ。６分／㎞なら20㎞で２時間かかる。ハーフは21・０９７５㎞だから、６分／㎞では駄目なのだ。１・０９７５㎞分のタイムを削り出さないといけないのだ。

そうは言っても、走りながら計算はできない。ペースを緩めるわけにいかないし、ペースを上げるにも限界がある。そもそも限界に近い速さで走っている。問題はこのペースでどこまで行けるかなのだ。

高速道を走る。前のランナーに離されないように走るのではなく、追いつき追い越すつもりで走る。上り坂だ。体を前傾にし、すぐ前のランナーを目標に進む。はるか前方のランナーを目標にすると顎が上がる。顎が上がるとスピードは出ない。顎を引き、大きく腕を振って進む。でも抜かれることがある。でも、抜く方が多い。今日は2時間切りのチャンスだ。♫チャンスはいちどー、逃しはしないー♫と歌っていたのは西城秀樹だ。人生は残り少なくなった。チャンスは逃さない。

高速道の頂上を過ぎ、下りに入った。楽にはなったが、足は思うように進まない。適度な勾配の下りだから、素直に足を前に出せばいいのだが、うまくいかない。思った通りにいかないのだ。もどかしさを感じながら、とにかく前に足を運ぶ。一人の女性ランナーを抜いた。次はあのランナーだと思いながら走っていると、先程のランナーに抜き返された。カチンときたが、目標は前のランナーを抜くこと。前のランナーを目標に走っているうちに、また抜き返した。

18㎞、19㎞を過ぎ、残りが２㎞と少しになった。ぐいぐい進んでいるという実感はないが、抜く方が多い。ペースは落ちていないはずだ。

そろそろ20㎞かと思っていたら、折返し点があった。折り返してから１００ｍ行ったところが20㎞地点。1時間54分と少しで通過。残りは１・０９７５㎞。これを5分50秒ほどで走らなければならない。前回2時間を切ったのはいつだったろう。ひょっとすると、今日が人生最後の2時間切りになるかもしれない。スタートまで2分以上かかったので、ネットタイムの2時間切りはほぼ確実だ。でも今日は、グロスタイムでも2時間を切りたい。せっかくのチャンスだ。最後まで全力で走るぞ。

実際のスピードは分からないが、ここ何年もこんなスピードで走ったことがない。エンジンはフル回転している。それは間違いない。

前方に2時間のペースランナーが見えた。あのランナーに追いつけば、２時間切りは間違いない。そう思って懸命に追う。少しずつ近づくが、期待ほど距離は縮まらない。高速道を外れ、一般道への道を下る。

近づいている。しかし追いつけない。一般道に下りた。鋭角に左折。正面にゴールが見えた。ゴールまで100mもない。ペースランナーがペースを緩め、ゴール前で立ち止まった。コース脇に移動して後ろのランナーに叫ぶ。「頑張れっ！　もうすぐ2時間ですよ！　2時間が切れますよー！」

ゴール左のデジタル時計が見える。1時間59分40秒が過ぎ、1秒の位の数字が増えていく。ゴール前まで来た。ゴール前2mでその数字が5になった。もう間違いない。やった！　やったぞ！　カメラを意識し、ガッツポーズでゴール！

よく走った。本当によく走った。最後まで攻めの走りができた。大きく深呼吸する。水を喉に流し込む。一杯では足りず、もう一杯もらう。2杯目を飲み干して、ようやく落ち着いた。

ランナーの流れに沿って歩き、完走タオルをかけてもらう。続いてお伊勢さんチケット、サンプリングチケット、参加賞引換券を受け取る。メインアリーナに入り、手荷物と記録証を受け取る。ゴールタイムはグロスが1時間59分46秒、ネットが1時間57分23秒だった。久し振りの2時間切りだ。狙ってはいたが、できると思っていなかった。易しいコースではないので無理だと思っていた。

参加賞の赤福餅とスポーツドリンクを受け取り、メインアリーナを出る。3階入り口からもう一度アリーナに入り、トイレをすませ、座席にリュックを置き、どっかと腰を下ろす。2時間を切った喜びに浸る。観覧席から1階フロアのランナーたちを見下ろす。僕は彼らよりも早くゴールした。僕はいま65歳。その僕が、僕よりも若い、こんなに多くのランナーよりも早くゴールした。我ながら大したものだ。まだ捨てたものではない。

さて着替えだ。遅くなると試供品がなくなるとSさんが言っていた。アリーナを出て物産展会場に急ぐ。テントの前に列ができている。長い列もあれば、列がないところもある。試供品がなくなったのか、人気がないかのどちらだろう。そう思って見回すと、試供品がなくなりましたと貼り紙をしたテントがいくつかある。やはりそうか。売り切れてしまったのだ（試供品を売り切れと言うのはおかしいけれど）。ゴール後にもらったチケットを手に持ち、列の最後尾に並ぶ。じっくり選んでいる暇はない。列ができているところは、まだ試供品があるということだ。選んでいたらなくなってしまう。

もらった試供品は結局、バナナ、牛乳など６つ。このあと、隣りのお伊勢さんチケット利用エリアに移動。唐揚げ、カレー、焼きそば、寿司などの店が並んでいる。迷った結果、うどんに決める。やはりここは、ご当地の伊勢うどんだ。５分ほど並び、肉うどんにありつく（チケットがない人は５００円払う）。腰が強くてボリュームもあり、とても美味しい。入っていた肉は松阪牛、だよね？

そろそろ帰ることにしよう。バス出発場まで２００ｍほど歩く。内宮行きのバスを見つけ、これ幸いと乗り込む。内宮へは五十鈴川駅まで行き、そこから乗合バスで向かうつもりだったので助かった。僕が乗るとすぐにバスは出発。見覚えのある景色に来たと思ったら、宇治橋の前に到着。ここにいたスタッフに訊くと、五十鈴川駅行きのバスもここから出る、出発間隔は10分から15分ぐらいだと言う。今は13時を過ぎたところ。五十鈴川駅15時14分発の上本町行き急行に乗って帰りたい。疲れた頭で考えた結果、14時半にここに戻ることにする。14時半なら予定の電車に乗れるはずだ。

内宮を参拝するのは10数年振りだ。多くの観光客に交じって宇治橋を渡り、正宮に向かう。石砂利を歩き、途中の御手洗場で身と心を清め、千古の森を見上げながら正宮に到着。姿勢を正し、二礼二拍手一礼。横に移動して神明造の建物を眺める。萱葺き屋根の樫木と千木を乗せた建物が、日光を受けて金色に光り輝いている。これぞ日本の象徴なり。厳か、有難いという言葉以外に言葉が見つからない。

帰りは荒祭宮に立ち寄り、神楽殿で休憩。鳥居をくぐるたびに立ち止まって一礼した。一度も忘れず実行したが、最後まで慣れなかった。

おはらい町の参道を歩く。何時間か前に自分はここを走った。そんな感慨にふけりながら、おかげ横丁に足を伸ばす。食べ物屋が目につく。マラソン会場で伊勢うどんは食べたが、まだ食べ足りない。食べ物屋だけでなく、地ビールや地酒の店にも興味をそそられる。でも今の僕は年金暮らし。今日のところは我慢しよう。後ろ髪を引かれる思いでバス停に向かう。

ちょうど14時半、バスの出発所に到着。停車していたバスに乗り込むとすぐに出発し、10分ほどで五十鈴川駅に着いた。予定の電車まで30分余り。駅前ロータリーのベンチに腰かけ、おにぎりを残していたことを思い出して頬張る。プラットホームに上がると、電車は入線していた。この駅が始発のようだ。

一番隅の席に座ると、しばらくして電車は出発。本を開くが、何度も睡魔に襲われる。乗っていた時間の割りに頁数は増えず。鶴橋、大阪、梅田、飾磨で乗り換え、帰宅したのは20時20分。すぐに雨が降り始めた。今回の旅では雨を想定しておらず、傘を持っていなかった。好記録と、雨に濡れずに帰れたこと。この2つに感謝。これで残りは3県になった。

18）2週連続の好記録　さいたま国際マラソン（45番目、埼玉県、2018年12月9日）

18―1）さいたま国際マラソンを決めるまで

埼玉県にはフルマラソンの大会がたくさんある。数は軽く10以上あるが、完走メダルがあり、一番大きな「さいたま国際マラソン」を走ることにした。この大会は今回が4回目。まだ新しい。ネット情報によると大会運営が未熟で問題があるようだ。でも、年々改善されているらしい。更なる改善に期待にして、この大会に決めた。この大会は昨年まで11月開催だった。しかし、オリンピックや世界選手権の代表選考レースなのに一流選手の参加が少ないという理由で、今年から12月になった。エントリーは先着順。開始日の5月21日に申し込んだ。

宿はそれよりも早く、３月に川口のゲストハウスTを予約した。２泊で３５９０円の安い宿である。２泊にしたのは東京勤務時代の同僚Taさんと会う約束ができたからだ。会えば10数年振りになる。

往復の交通手段は飛行機だ。12月のフライトと価格が発表になった8月下旬に予約した。今回の旅は、1日目は同じ兵庫県出身の大作詞家阿久悠の記念館を訪ね、２日目はマラソンとTaさんとの再会、３日目は大宮の氷川神社、盆栽美術館、鉄道博物館に行くつもりだ。

１週間前から週間予報で天気をチェックしたが、雨の心配はなかった。ただ、この冬最初の寒波が襲来するらしい。雨も歓迎しないが、寒いのも嫌だ。持参する本は２冊。

18－2）　12月8日（土）　マラソン前日

頼んでおいたおにぎりをリュックに入れ、９時10分に自宅を出発。神戸空港駅には11時08分到着した。待合室でおにぎりを食べ終えると搭乗が始まった。定刻に出発し、定刻14時20分に羽田到着。御茶ノ水にある明治大学の阿久悠記念館に向かう。

ＪＲ御茶ノ水駅に到着。お茶の水橋口の改札を出て、１５０ｍほど歩くと明治大学のビルがあった。誰でも入れるはずと思っていたが、予想通りチェックはなし。明治大学の教授のような顔をして入ったが、その必要はなかった。阿久悠記念館はこのビルの地下1階にある。場所はすぐに分かった。思っていたほど大きくなかったが、時間をかけてじっくり見る。阿久悠は誰もが認める作詞家だが、著書も多いことを知った。阿久悠作詞の曲をヘッドホンで聴けるコーナーがあり、八代亜紀の「舟唄」や沢田研二の「勝手にしやがれ」など10曲ほど聴いた。もっと聴きたかったが、ほかの客に遠慮してやめた。

16時40分、記念館を出ると明治大学博物館という文字が目に入った。へえー、博物館もあるのか。入り口がすぐそこにあったので入ってみる。明治大学の沿革などの資料展示はふーんという程度だったが、地下3階に下りると展示室があった。ここが正に博物館で、入った瞬間に広いのが分かった。が、閉館は17時。せっかくの機会なので、時間いっぱい見学することにする。法律学校として設立されたことと関係があるのだろう、罪人の処罰に使う道具（ギロチンなど）がたくさん展示されていて興味深い。しかし一部しか見られず、また来たいと思った。

秋葉原経由で川口に到着。今日の宿は、この駅から徒歩15分ほどのところにある。調べていたので迷わず、18時に到着。オーナーが不在だったが、代理の男性が対応してくれた。通してくれたのは2階の部屋で、僕が寝るのは3段ベッドの最下段。えっ、3段ベッド？　天井の高さは普通なので、一段の高さは推して知るべし。座った状態でも頭が上のベッドに当たる。参ったなあ。料金格安とはいえ、これには参った。あれこれ考えても仕方がないので、教えてもらったスーパーに買い出しに出る。夕食の食材（もちろんビールも）と明日の朝食用におにぎり3個を買う。

宿に帰って2階の小さなテーブルで食べて（＋飲んで）いると、外国人男性が話しかけてきた。ニュージーランド人で26歳だと言う。日本人や日本の景色が好きなので日本に来ている、大宮の先にある土呂の幼稚園で英語を教えて収入を得ていると言っていた。自分の好きなジャムをつけたトーストを食べないかと勧めるので1枚いただく。美味しかった。優しいが、気が弱そうな男だった。

同室の客は1人。中国河南省から来た張という23歳の学生だ。大学3年から日本に来ていて、埼玉大学でアジアの歴史を学んでいるらしい。「来年3月の卒業後は東北大学の大学院進学を考えている。入学試験は終わり、2週間後に出る結果を待っている。中国で政治的な発言をすると逮捕されるので、日本で勉強したい。日本に来て爆買いする中国人は、中国人のごく一部。自分の家はそんなことのできる家ではなく、大学ではたくさんのアルバイトをした」と言っていた。明日の準備をして、21時半に眠りに入る。

18－3）　12月9日（日）　マラソン当日

６時15分に起床。早く目覚めたが、同室の張さんに遠慮して布団の中でじっとしていた。起こさないように静かに準備し、部屋を出る。昨夜と同じ小さなテーブルでおにぎり2個を食べ、６時40分に出発。しようとしたら、オーナーのオバサン（お婆さんに近い年齢だ）がフロントにいた。チェックインしていなかったので、ここでチェックイン。つまり金を払うことになった。ところがこのオバサン、昨日の同窓会で老眼鏡を失くしたらしく、「いくらいただけばいいんでしょう？」と訊いてきた。リュックからメモを取り出し、３５９０円ですと答える。財布からお金を出して支払うと、領収書を書こうとする。領収書などもらうつもりはなかったが、もらっておいた方がよさそうだ。このやりとりでは、「いただいたかしら？」となりかねない。イライラしながら出来上がるのを待ち、宿をあとにする。

駅へ歩いているうちに、便意を催してきた。この状態では会場までとてももたない。川口駅のトイレに入った方がよさそうだ。７時07分発の電車に乗る予定だが、その前にトイレをすませたい。歩きながらスイカを取り出し、改札口を通ってトイレに直行。しかし大の個室４つはどれも使用中だ。困った。見回すと多機能トイレが空いている。迷わず入って事なきを得た。

７時07分の電車に間に合い、座ることもできた。マラソン出場者と思われる人が何人もいるが、そこは都会。そうでない人の方が多い。７時25分、さいたま新都心駅に到着。ランナーらしき人たちのあとについて改札口を出たが、途中から進めなくなった。会場であるスーパーアリーナの開場が7時30分なので、開場待ちをしているらしい。仕方なく待っていると、後方から冷たい風が通り抜ける。寒い。ここは高いビルの間。ビル風の通り道だ。もっと厚着してくればよかった。早く開場しておくれ。震えながら待つ。

10分ほど待って動き出した。２００ｍほど進み、スーパーアリーナの入り口まで来た。ゼッケンを見せ（選手であることの証明だ）、手荷物検査を受け（危険物を持っていないことのチェックだ）、ようやく建物内に入る。エスカレーターで更衣フロアの五階に上がる。ランナーでいっぱいだが、窓際が少し空いている。そのスペースにさっと入り込む。こういうとき必要なのは瞬時の判断と行動。迷いと遠慮は禁物だ。今日のウエアは、上は村岡のオレンジ色のTシャツ、下はいつもの黒のハーフパンツ。寒さ対策として手袋をし、使い捨ての合羽も着用する。

着替えをすませ、残っていたおにぎり1個を食べて準備完了。その後もランナーは増え続けている。リュックを指定の袋に入れてその場を離れる。エスカレーターで下に降り、ストレッチをして時間を潰す。しかし、すぐに厭きてしまう。リュックから取り出すものはもうない。1階に下り、荷物預けに預ける。川口駅でトイレはすませたが、念のためにもう一度行っておこう。アリーナ内のトイレに行くと、5人が並んでいる。5分ほど待つと順番が来て、大を排出。よかった。これで大丈夫だろう。

アリーナ1階で、軽くストレッチをしながら時間を潰す。たくさんのランナーが行き来している。かぶり物をしたランナーが多い。いろんなランナーがいるものだと感心していると9時になった。もう一度トイレに行っておこう。標示に従ってトイレに向かう。そこにあったのは仮設トイレ。屋根はあるが、外気が入るので寒い。しかも長い列ができている。しまった。さっきの館内トイレの方がよかった。そう思ったがあとの祭り。最後尾に並ぶ。寒い。本当に寒い。小刻みに体を動かしながら待つ。待つことに決めたものの、スタートに間に合うだろうか。我々一般の部のスタートは9時40分だが、代表チャレンジャーの部は9時10分だ。開会式が始まったらしい。様子が僅かに聞こえる。埼玉県知事が挨拶している。

列はなかなか進まない。寒い。このままではスタートに間に合わないかもしれないな、並ぶのはやめてスタートエリアに行こうかな、などと思いながら待っていた9時25分、やっと順番が来た。よかったと思ってトイレに入ったが、出たのは小がほんの少々。スタートエリアへ急ぐ。

やはり外は寒い。寒いのはぼやいても仕方がない。スピーカーから中身のない話が聞こえる。喋ってい

■コース図

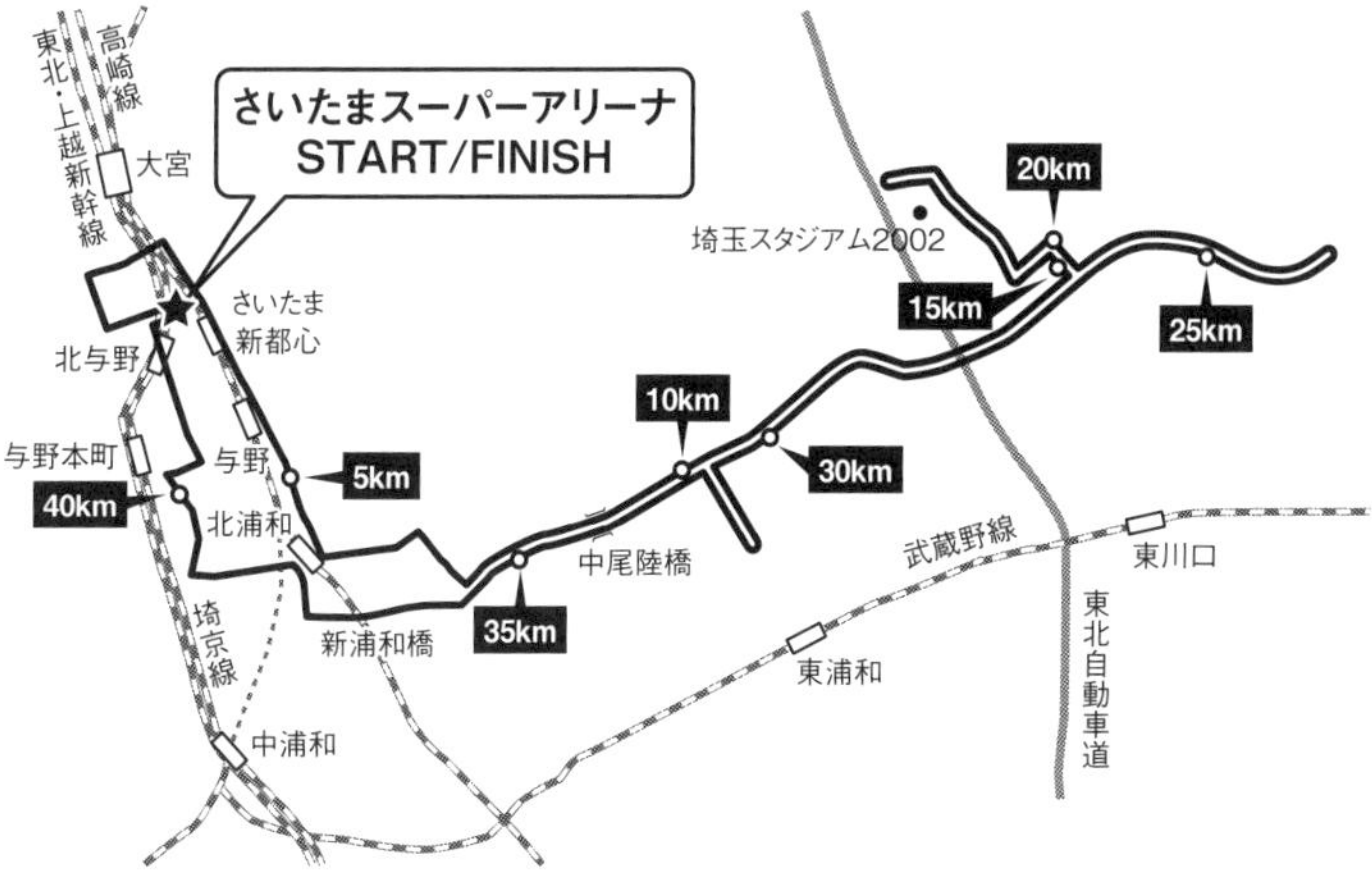
さいたまスーパーアリーナ
START/FINISH
東北・上越新幹線
高崎線
大宮
さいたま新都心
北与野
与野本町
与野
北浦和
埼京線
中浦和
新浦和橋
中尾陸橋
東浦和
武蔵野線
東川口
東北自動車道
埼玉スタジアム2002
5km
10km
15km
20km
25km
30km
35km
40km

■高低図

さいたまスーパーアリーナ START
本太中学校前交差点
駒場運動公園交差点
中尾陸橋
新見沼大橋 有料道路料金所
第1折り返し地点 【埼玉スタジアム2002北口】
第2折り返し地点 【神明町(北)】
新見沼大橋 有料道路料金所
第3折り返し地点 【東浦和駅(北)】
中尾陸橋
新浦和橋
さいたまスーパーアリーナ FINISH
(m)
25
20
15
10
5
0
6.7km
7.6km
9.1km
12.1km
17.4km
23.1km
29.1km
31.8km
34km
36.7km
0
5
10
15
20
25
30
35
40
42.195(km)

るのは、マラソンなど走ったことがない、喋ることが好きなだけの若者だ（個人の感想です）。僕は彼らの話に共感したことがない（またまた個人の感想です）。

待ちに待った9時40分、ようやくスタート。したはずだが、号砲の音は聞こえない。鳴ったかな、と思った時点で時計を押した。しかし動かない。ちっとも動かない。3分ほど経過してからやっと動き出した。スーパーアリーナをぐるりと回って、スタートラインを越えたのはおよそ16分40秒後だった。

数百m進んでは右折を3回繰り返す。沿道の応援は多い。ひょっとしてゴール後に会うTaさんがいるかもしれない。そう思って、探しながら進む。5㎞を45分台で通過。スタート後2㎞ぐらいはランナーが多くて思うように走れなかったが、その後はいい感じで走れている。この調子でいきたいものだ。

7㎞過ぎ、「8㎞ランナーは左折」との声が聞こえた。えっ、8㎞の部もあったの？　フルだけだと思っていた。8㎞ランナーたちは左折し、姿を消した。

また上りになり、今度は陸橋を越えた。いくつも起伏が続く中、10㎞を1時間14分台で通過。スタートラインまでの16分余りを差し引くと、6分／㎞以内のペースで走っている。このペースでずっと走っていたいがどうなるだろうか。

有料道路らしい道（あとで調べると、新見沼大橋有料道路だった）を進んでいると、対向車線を女子の先頭ランナーがやってきた。3人ともアフリカ系のランナーで、腰高のきれいなフォームだ。先程30㎞の標示が見えたので、30㎞手前を走っていることになる。それから1～2分後、日本人トップのランナーがやってきた。見たことのない選手だ。こちらの車線から激励の声が飛ぶ。「頑張れっ！」「ファイト！」。僕も叫んだ。「頑張れーっ！」。お前が頑張れよと言われそうだが、叫んでみると意外に気持ちがいい。しばらくしてゼッケン103番の選手とすれ違った。あの、野尻あずさだ。そのうちに男子選手もやってきたが、知った顔はいない。新見沼大橋を渡り終えると緩やかに下り、また緩やかに上る。厳しいというほどではないが、起伏が多いコースだ。

走ってきた国道４６３号線を左折。左折してすぐが15km地点。１時間42分台で通過。スタートラインまでの16分余りを引くと、ここまで１時間25分台だ。６分／kmで考えると、貯金が４分以上に増えている。対向車線は多くのランナーがこちらに向かってきている。彼らとの差はどれぐらいだろう。と思ったら、反対側に20km地点の標示が見えた。そうか、５kmもあるのか。

対向車線のランナーを眺めながら進む。僕はこれをマラソンのコツだと思っている。厭きがこないし、自分が速く感じられる。埼玉スタジアムで折り返すとまた、対向車線のランナー（今度は後続ランナーだ）を眺めながら進む。左横を女性ランナーがすーっと抜いていった。背中に手書きで「初めてのサブフォー目指して走ります」と書いている。軽く達成できそうな走りだ。どんどん離れていく。

20kmを過ぎた辺りで左折。国道４６３号線に戻ってきた。中間点を２時間17分と少しで通過。ということは、実際は２時間01分以内ということだ。予想以上のタイムで通過している。ここで一瞬、先週のハーフよりもいいタイムかと思ったが、そうではなかった。勘違いだった。先週は２時間以内でゴールしたのだ。先週よりは遅いが、今日も好タイムが出そうだ。ぜひとも４時間10分以内でゴールしたい。

22・７kmエイドは、このコース初めての給食があるエイドだ。半分に切った饅頭があった。手にとって口に入れ、水で流し込みながら通過。

23km過ぎ、２つ目の折返し点に来た。りそな銀行の応援団がいる。前を走っているランナーが近づいてハイタッチをしている。関西人の僕はりそな銀行に馴染みがない。スルーして折り返す。するとまた、りそなの応援団がいた。さっきのランナーがまた近づいてハイタッチをしている。応援団の人たちも、声援だけでは物足りないのか、ハイタッチを楽しんでいる。

25kmを２時間39分台で通過。例によって16分余りを引くと、約２時間23分だ。貯金が７分とまた増えた。

このペースでゴールまで走りたい。残りは17㎞余り。まだ距離はあるが、今日は最後まで走り切れそうな気がする。せっかくのチャンスだ。いいタイムでゴールしたい。後続ランナーを眺めながら進む。少なくなったが後続はまだいる。この辺りのランナーは、ゴールが難しいだろう。

起伏をいくつも過ぎ、新見沼大橋有料道路に入った。大橋を渡り終えたところが30㎞地点。3時間08分台で通過。残りは12㎞と少し。貯金は8分ほど。余力はまだある。この調子で最後まで行くぞ。

左折してすれ違い区間に入った。再び先行ランナーを眺めながら走る。対向車線のランナーを眺めていると気が紛れる。いいペースで走れているのはこれが大きいと思う。

折り返してまた国道に戻ってきた。中尾陸橋を渡ると35㎞地点。3時間38分台で通過する。貯金は変わらず8分だ。このコース最大の難所は36㎞付近だ。何とか踏ん張りたい。

36㎞を過ぎた。今までと同じような起伏はあったが、予想したような難所ではなかった。記憶違いだったかなと思っていたら、上り坂が見えた。右に湾曲しているので全体は見えないが、見えている部分だけでもこれまでの上りと違う。これだな。負けないぞ。

思った通りだった。これまでとは違う坂だ。見上げないように前傾姿勢をとり、腕を振って進む。懸命に足を前に運んで頂上に到達。歩かずに走り切った。今度は下りだ。力を使わずに進もう。と思うが、今度は期待ほど足が進まない。もう6分／㎞より速いと喜んでいる場合ではない。残りは5㎞だ。頑張れ、ツヨシ！

合羽を脱ごう。多くのランナーが着ていた合羽だが、今はほとんど着ていない。僕は脱ぐタイミングを失した。脱ぎ捨てることになるので、ごみ箱があるエイドで脱ぐことにしよう。37・5㎞のエイドに来た。走りながら脱ごうとするが脱げない。仕方なく立ち止まって脱ぎ、スタッフに渡した。

残り4㎞になった。1㎞が長い。多くの人が声援を送ってくれる。有難いと思う。声援に応えてピューッと走りたいと思う。しかし、思うように足が出ない。でも懸命に走る。

40㎞を4時間09分ぐらいで通過。貯金は7分に減った。このままのペースで行ければ、ネットタイムは4時間5分台だ。しんどい。本当にしんどい。しかし負けない。僕は根性なしだが、今日は違う。せっかく好タイムでここまで来たのだ。負けてたまるか。

40㎞を過ぎてからが本当に長かった。すごーく長かった。しかし、必死の思いで走った。これ以上は頑張れないぐらい頑張った。そして、ついにゴール！　両手を挙げてゴール！　デジタル時計は4時間22分台を示している。やった。やったぞ。とうとう走り切ったぞ。歩かなかったぞ。

動けない。両膝に両手をついたまま動けない。しばらくして、大きく大きく深呼吸をして歩き始める。首に完走メダル、肩に完走タオルをかけてもらう。両方を掲げて写真を撮ってもらっているランナーの横を通り、配っている袋を受け取る。中を覗くとロールパンとスポーツドリンクだ。アリーナに入って完走証を受け取る。ゴールタイムはグロスが4時間22分15秒、ネットが4時間05分32秒。よく頑張った。本当によく頑張った。

荷物を受け取ると座りたくなった。ドッコイショとアリーナ中央に腰を下ろす。ほかの多くのランナーも座り込んでいる。疲れた。本当に疲れた。動きたくない。何もしたくない。ただ、じっとしていたい。でも、床面に座るのは辛い。やはり椅子の方がいいな。と思っているとスタッフが、「ここは休憩所ではありません。決められた場所に移動してください」と叫ぶ。やっぱりね。ドッコイショと腰を上げ、重い足取りで観客席の階段を上がる。

2階の通路はランナーで溢れていた。僅かなスペースを見つけ、ドッコイショと腰を下ろす。腰が痛い。何をする気も起こらない。しばらくしてようやく着替える気になり、着替え始める。着替えを終え、ロールパンを口に入れる。嵩張るものは腹の中に入れてしまうのだ。しかし、思うように進まない。一口齧《かじ》ってはお茶を飲んで飲み込む。これを繰り返す。何かで流し込まないと喉を通らない。お茶にしたのは、スポーツドリンクではこのあとのビールが美味しくなくなるからだ。10回ほど同じ動作を繰り返し、やっとパン1個を食べ終える。荷物をリュックに詰め込み、ようやく帰る準備が整った。

Taさんに電話し、さいたま新都心駅の改札口で会うことにする。トイレに行ったあと、近くのスタッフに出口を尋ねる。「ここを真っ直ぐ行くと外に出ます」。礼を言って出口に向かう。

出口の手前がチップの返却場所になっていた。チップを外すには屈まなければならない。重いリュックを背負い、足の力を使い果たした僕がその体勢になるのは難しい。スタッフのオバサンにお願いして外してもらう。アリーナを出て数分で駅の改札口に到着。付近に人待ち顔が数人いるが、Taさんの姿はない。後ろの窓際のベンチに座っている人を一人ずつ順番に眺めていくと、いた。かなり変化しているが、間違いない。するとその人は立ち上がり、握手を求めてきた。頭髪の量は減り、色も変わり、がっしりしていた体も少し小さくなっているが、間違いなくTaさんだ。

近くのビルの居酒屋に入り、生ビールで乾杯。あとは720㎖入り焼酎のボトルを1本頼み、近況や昔の思い出話など、5時間近く話した。

一緒に京浜東北線に乗り、Taさんは北浦和で下車。僕は川口まで帰ってきたが、まだ飲み足りない。もう少し食べたい気持ちもあったので、宿を通り過ぎて昨日のスーパーまで歩く。半額になった弁当とビール500㎖を2本買い、宿に着いたのは21時前。ドアを開けると、3人がテーブルを囲んでいた。オーナーのオバサン、昨日案内してくれたオジサン、若い男性客の3人だ。前の2人は酔っているようだ。僕に、一緒に飲もうと言う。若者は飲んでいないようだ。やっかいな人たちにつかまったと思ったが、僕もビールを買ってきている。一人で飲むよりもいいかと思って同席する。話してみるとオーナーは、ハワイやロサンゼルスに住んだことのある国際人、オジサンは熊本出身の60歳でNPO活動でアフガニスタンや東ティモールにも行ったことがある人らしい。今はこの宿に住み込んで手伝いをしていると言う。「へぇー」。２人の異色の経歴に思わず声が出る。若者は千葉県佐原で農業をやっている23歳。出張で川口に来ていて、今日が2泊目だと言う。この若者はアルコールが飲めないらしく、少しして部屋に戻った。僕の参加をこれ幸いと思ったのだろう。２人と1時間半ほど話している間に、ビール２本を飲み終え、弁当も食べ終えた。まだ話そうと言う２人に許しを請い、２階に上がる。張さんは眠っている。静かに着替え、眠りについた。

18-4）　12月10日（月）　マラソン翌日

７時半に起床。張さんを起こさないように、静かに着替える。出発しようとしたら張さんも起きていることが分かった。「大学院に合格するといいですね。再見」と言って別れる。1階に下りるとフロントにオーナーはいない。７時半からフロントにいると言っていたのにいない。昨夜遅かったのでまだ寝ているのか。それとも二日酔いか。どちらか分からないが、それでもやっていけるのだから気楽なものだ、と言ったら叱られるだろうな。別れを言って出発したかったので残念。寂しくドアを開ける。

予定通り、氷川神社、盆栽美術館、鉄道博物館を訪ね、羽田から夜の飛行機で帰宅したのは23時55分。好記録が出て、Taさんにも再会した。行きたかったところにも行けた。有意義な2泊3日だった。

19）ロッカーが開かずに困った　はが路ふれあいマラソン（46番目、栃木県、2018年12月16日）

19-1）　はが路ふれあいマラソンに決めるまで

栃木県のフルマラソンはこの「はが路ふれあいマラソン」と、「おやま思川ざくらマラソン」、「大田原マラソン」、「さのマラソン」の4つがある。このうち、おやま思川は走りたいと思っていた長野マラソンと近い日の開催なので、候補から除外。大田原は制限時間が4時間なので完走は無理。さのの開催はこの大会の1週間前だが、さいたま国際を選んだ。以上の理由で今年が5回目の、募集人員2500人の「はが路ふれあいマラソン」になった。栃木県の東南部「芳賀《はが》地区」を構成する真岡市、益子町、茂木町、市貝町、芳賀町をコースとする大会だ。

このはが路ふれあいマラソンが、47都道府県制覇の最後の大会になる予定だった。芳賀は、現役時代に何度も出張で来たことのある宇都宮市の清原工業団地の近くで、馴染みがあった。だから、縁がある（といってもその程度だが）この大会は47都道府県制覇を飾るに相応しいと思っていた。しかし、10月の弘前・白神アップルマラソンが台風襲来で中止。制覇は持ち越しになり、この大会は47都道府県の最後を飾る大会ではなくなってしまった。

エントリーしたのは開始日の8月4日。大都市の大会と違って待たされることなく、スムーズにエントリーできた。往復の交通機関は飛行機にした。スカイマークの神戸—茨城便が安くて（往復とも片道6900円）、時間も節約できるからだ。神戸空港とスカイマークの存在は有難い。

宿泊はJR下館駅前のビジネスホテルにした。大会当日は、下館駅から真岡鐵道で真岡駅まで行けば、シャトルバスで会場まで連れて行ってくれる。

大会の数日前から当日の天気予報を見ていると、大会4日前の時点では雨の確率が60%。しかし、2日前は20%、大会前日は0%と雨の心配はなくなった。ただ、寒波の影響で当日は最高気温が7℃、最低気温がマイナス1℃で、この冬一番の冷え込みとなるらしい。暑いのも苦手だが、寒いのも困る。でも仕方がない。僕にはどうしようもない。

事前に届いたパンフレットで出場者の名前を見ていると、昨年の秋田内陸100㎞で一緒になった東京・小平のKaさんの名前があった。会えればいいが、会えるかな。彼女のゼッケン番号を忘れないようにメモした。

19―2）12月15日（土）マラソン前日

大会前日は4時半に起床。頼んでおいたおにぎりはできていなかった。妻が起き出してきて、眠くて作れなかったと言う。今から作ろうかと言ってくれたが、出発まで時間がない。買えばいいのでいらないと言うと、菓子パンを渡された。

5時に自宅を出発。5時17分発の電車に乗り、神戸空港駅に7時18分到着。空港ビルに急ぐ。飛行機の出発時刻は7時45分。その20分前にチェックインをすませておかなければならない。つまり7時25分までだ。空港駅と空港ビルは隣接している。電車が定刻に着けば間に合うが、遅れれば予約金はパーである。神戸に前泊することも考えたが、電車の遅延はないと決めた。結果、遅延はしなかった。間に合った。

飛行機は定刻に出発し、定刻9時に茨城空港到着。途中で冠雪した富士山が見えた。石岡駅行きの空港連絡バスは9時40分出発だ。時間があるので、バス乗り場を確認してから空港ビル内を探検。2階の食堂（どなたもご自由にお使いくださいと書いてあったので、使わせてもらいました）から外を見ながら、妻が持たせてくれたパンを頬張る。

ＪＲ石岡駅に10時13分到着。駅舎内を少し散策して39分発の水戸行きに乗る。友部に11時02分到着。水戸線に乗り換え、ホテルのある下館駅に58分到着。ホテルは見えているが、チェックインはまだできない。夕食の食材を買う予定のスーパーはすぐに見つかった。中に入って総菜や弁当類の売り場を確認。品揃えは多くないが、ここで買うことに決める。夕食までの繋ぎにおにぎり2個を買い、店内の休憩所で頬張る。

次は図書館だ。時間を潰すには図書館に限る。今回の旅行前にこのスーパーの近くに筑西市の中央図書館を見つけ、ここにしようと決めていた。筑西市民のような顔をして入り、読みかけだった本を開く。読み疲れて気がつくと、ちょうど15時。チェックインできる時間だ。10分ほど歩いてホテルにチェックイン。リュックの中の荷物を出し、中身を本だけにしてもう一度図書館に向かう。

18時半、図書館を出る。日は完全に暮れて真っ暗だ。スーパーで夕食と明日の朝食の食材を購入。夕食はお好み焼き、カツ丼、男爵ポテトサラダとビール2本。明朝はホテルの朝食を食べるつもりだが、食べられなかったときのためにおにぎりを2個、ほかにお茶を1本購入。

ホテルに戻る前に駅に立ち寄る。真岡鐵道の乗り方を調べるためだ。スイカは使えないが、JRの券売機で切符を買えることが分かった。目的は果たせた。

ホテルに戻り、電子レンジで弁当を温め、風呂に湯を入れ、明日の準備をして入浴。僕は安上がりにできている。風呂上りにテレビを見ながらビールを飲めれば満足だ。夕食を終えてベッドに寝転んでテレビを見ていたら、眠っていた。途中で目が覚めたが、また眠ることができた。最近には珍しくよく眠れた。

19–3） 12月16日（日） マラソン当日

5時45分、目覚ましで起床。急いで出発準備をし、6時過ぎに食堂のある1階に下りる。先客が2人いて僕は3番目。ビュッフェスタイルだ。ビジネスホテルだから豪華ではないが、まずまずの内容。時間があればもっとゆっくり、たくさん食べていた。

トイレをすませ、6時40分にホテルを出る。寒い。JR駅構内の、端っこにある真岡鐵道の、一両だけの電車に乗り込む。ランナーでいっぱいかと予想していたが、乗客は10人ほど。予想は外れたが、座って本が読めるのは有難い。6時54分に出発。

7時17分に真岡駅到着。西口にシャトルバスが待っていた。このバスもガラガラ状態で出発し、15分弱で会場到着。忘れないうちにと総合案内へ行き、遠来の参加者に贈られる「はるばる賞」を受け取る（中身はカステラだった）。僕の住所は北海道でも九州・沖縄でもない。こんな賞をもらうのは初めてだ。

寒い。未舗装の路面には霜柱が立っている。霜柱を見るのは久し振りと思いながら更衣室に向かう。案内書には1万人プールの更衣室を使うと書いてあった。1万人プールはどんなに素晴らしいプールだろう、ぜひ見てみたい、もちろん最新式の屋内プールだろうな、と想像していたのだが、古い屋外プールだった。夏は開放的でいいと思うが、今は冬である。寒い。更衣室は、屋根と壁はあるものの外気が入る構造だ。ロッカーはずらり並んでいるが、腰かけ用のベンチはない。予想と大きく違ったがこれが現実。受け止めなければならない。まずはトイレだ。5分ほど並んで大を排出。

スタートまで時間がある。走るウエアになると寒いので、着替えないまま場内を観察する。プールの半分は閉鎖されているので、行動できる範囲はそれほど広くない。今日は冷えてはいるが風はない。日差しがあるので、日に当たれば暖かい。プールに残っている（残してある？）水に氷が張っている。氷が張る気温なのだ。簡単なストレッチをし、観察を兼ねて会場を歩く。多くのランナーが走ってウォーミングアップをしている。8時半から始まる開会式の案内が聞こえるが、遠いので行かない。

少し暖かくなってきた。そろそろ着替えてもよさそうだ。更衣室に戻り、ゆっくりと着替えを始める。今日のウエアは、上がいつもの村岡Tシャツ、下はいつものハーフパンツだ。寒さ除けに合羽を着る。多くのランナーに交じって着替え、荷物をロッカーに入れる。投入する100円玉は、プールの入り口でスタッフからもらった。着ていたジャケットやジーンズも入れるので、リュックはパンパン。はるばる賞もあるのでギューギューに詰めないと入らない。ロッカーに入れるだけで一苦労だった。

更衣室から出て、体を動かしながら時間の経過を待つ。会場に来てからずうっとKaさんを探しているが、姿はない。スタート20分前、スタッフがスタート地点に向かうように促す。ようやくその時間になった。

スタート地点は、予想タイム順に並ぶように区分けされていた。僕は「4時間から4時間半」の中に入る。日陰なので寒い。早くスタートしないかなと思いながら待つ。今日の目標は4時間20分以内。先週のさいたま国際ではいいタイムが出たが、今日のコースは中盤に大きな起伏がある。先週と同じようにはいかないだろう。4時間20分以内と決める。

9時33分、ようやくスタート（なぜか33分という中途半端な時間）。スタートラインを越えたのは50秒後。200mほど走って左折すると、沿道にいた女性が、「あっ、村岡！」と叫んだ。その瞬間、僕のウエアのことだと分かった。この栃木にも村岡を知る人はいるのだ。村岡Tシャツを着た甲斐があった。

2車線の狭くはない道だが、スタート直後なので混雑して狭い。周囲のランナーと接触しないように、注意して進む。1㎞を過ぎて下り坂があったが、調子よく下れない。焦るな。まだ始まったばかりだ。

2㎞を過ぎた辺りだった。後方から女性の声が聞こえる。何度も聞こえるが、何と言っているのか分からない。次第に近づいている。何だろうと思いながら振り向かずに走っていたら、軽快に走る女性ランナーに抜かれた。走りながら、「頑張りましょう」と繰り返している。聞こえていたのはこの声で、声の主は赤羽有紀子だった。彼女は北京五輪のマラソン代表。芳賀町出身で、この大会のゲストだ。開会式では挨拶したのだろう。彼女がゲストであることをすっかり忘れていた。

5㎞付近で4時間のペースランナーとその集団に抜かれた。ついていきたいが、今日の目標は4時間20分だ。ついていかなくてもいいだろう。

5㎞を29分台で通過。自分の感覚よりもいいタイムだ。このペースで進もう。5㎞過ぎの最初のエイド、喉は渇いていないがスポーツドリンクをとる。飲みたくなくても飲む。マラソンではこれが大切だ。

7㎞付近だったと思う。コースが片側の一車線だけになった。狭いので周囲のペースに合わせて走る。これでは最後までもたない。そう思いながら進む。

■コース図

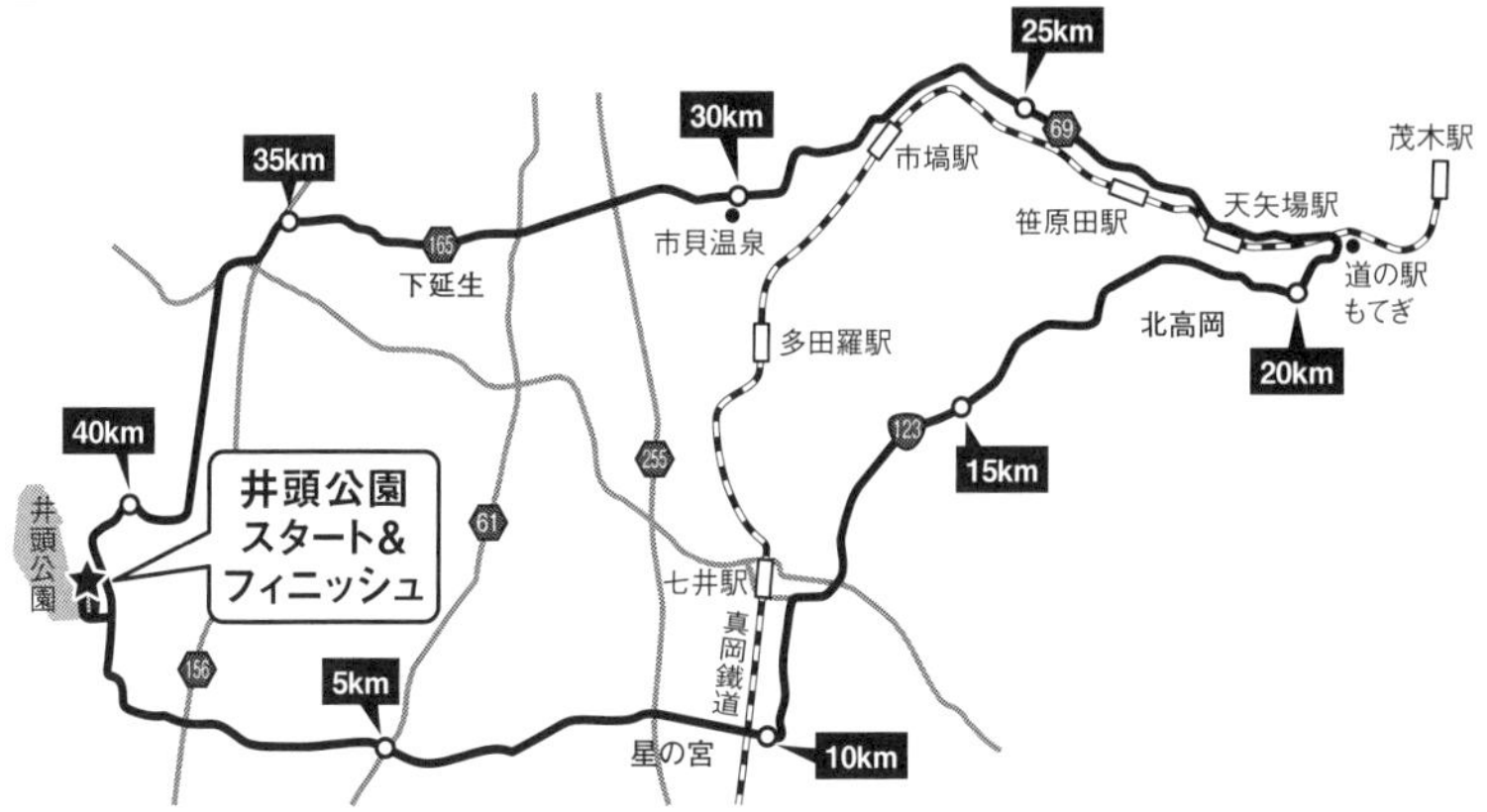
25km
30km
35km
40km
5km
10km
15km
20km
井頭公園
スタート&
フィニッシュ
井頭公園
市貝温泉
下延生
市塙駅
笹原田駅
天矢場駅
茂木駅
道の駅
もてぎ
多田羅駅
北高岡
七井駅
真岡鐵道
星の宮
69
165
123
255
61
156

■高低図

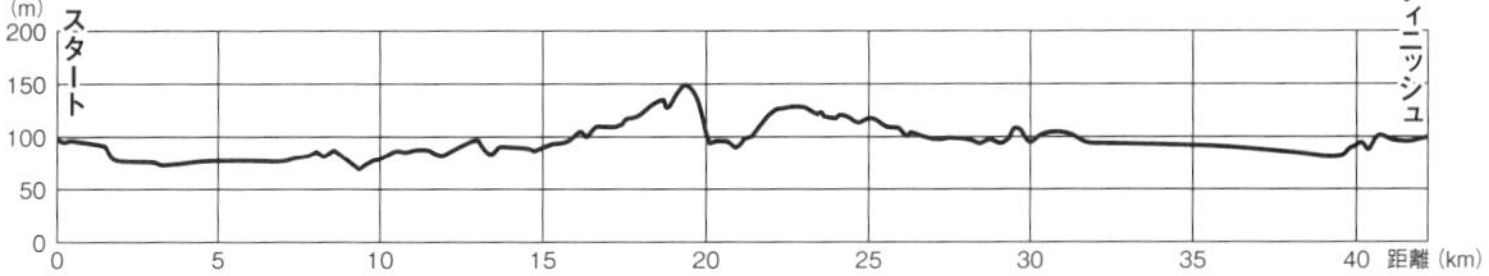
(m)
200
150
100
50
0
スタート
フィニッシュ
0
5
10
15
20
25
30
35
40
距離（km）

ＪＡのメンバーが沿道でいちごを提供していた。地域の名産なのだろう。走りながら籠に手を伸ばすと、1個だけ取れた。見ると半分以上青い。アチャーと思ったが、引き返して取り直すほどのことではない。頬張ると案の定、美味しくなかった。代金を払っていないので言いにくいのですが、青いのは出さないでくださいな。赤いのだけ出してくださいな。

真岡鐵道の踏切を過ぎ、10㎞地点を58分台で通過。速い。無理をしている。このペースでは最後までもたない。ペースを落とそう。和太鼓集団が演奏する交差点を左折。上りが始まった。先は長い。焦ってはいけない。

坂を上り切ったところで何かを配っていた。前のランナーが受け取った。何だろうと近づくと、完走祈願のお守りらしい。様子では毎年配っているようだ。僕も頂戴する。

小さな起伏が続いている。このコースは19・5㎞付近にピークがある。そこまでは起伏を繰り返しながら徐々に上る。それをイメージし、自分が今どの辺りを走っているのかを考えながら進む。マラソンは長い。力の配分が重要だ。力以上のペースで走ってはいけない。15㎞を1時間28分台で通過。いいタイムだが疲れてきた。コース高低図によれば、この辺りから19・5㎞付近まで上りが続く。ペースを落とそう。足が重くなってきた。19㎞付近のエイドでスポーツドリンクを飲むと、便意を感じた。次のトイレには入るぞ。長い列ができていても、絶対に並ぶぞ。

これまでとは違う急坂になった。やっとの思いで上り切り、少し下ったと思ったらまた上り。ここはコース一番の難所だ。必死に上り切ると、下りになった。今度はこれまでにない急な下りだ。しかも長い。大きく曲がりながら下っている。予想以上の下りを終え、平坦になったところが20㎞地点。1時間59分台で通過。まだ平均6分／㎞以下だ。でも、これまでだ。もうこのペースでは走れない。

少し行ったところに大きなエイドがあった。道の駅のようだ。「温かい味噌汁があるよーっ！」というオバサンの声に引き寄せられ、味噌汁を手にとる。包み込むように両手で椀を持ち、手を温めながら飲む。

周囲に目をやると、あった。トイレがあった。先客３人の後ろに並ぶ。１分ほど待つと順番が来た。中に入る。取り敢えずの目的は小だが、大にも備えた体勢をとる。すると、出た。予想以上に出た。大に備えたのは正解だった。

４分（推定）でコースに戻る。残りは半分と少し。おそらく21・６㎞ぐらいだ。この４分で、タイムに拘る気持ちはなくなった。だからと言って、いいかげんな走りはしたくない。精一杯走りたい。

中間点を２時間10分台で通過。この中にはトイレの４分が入っている。今日の目標を４時間20分としよう。４時間20分、ちょうどいい目標だ。

また上りになった。前傾になり、腕を振って走る。ここも頑張りどころだが力まない。先は長い。

上り切った。今度は緩やかな下りだ。25㎞を２時間35分台で通過。とうとう平均６分／㎞をオーバーした。これからペースの落ち込みをいかに抑えるか。それが問題だ。

足は重くなったがペースはあまり落ちていない。戦意も維持できている。全都道府県制覇記念マラソンにはならなかったけど、素晴らしいタイムは出せなくても、自分の力は出し切る。それが僕のマラソンだ。

30㎞を３時間06分台で通過。残りが12㎞余りになった。４時間20分のゴールは微妙なところだ。やっぱりいい目標だっただろ（誰に言っている）？

沿道の応援を受けながら進む。民家が多いわけではない。応援する人も多くない。でも応援してくれるのは有難い。感謝しなければならない。若い人が少ないが、都会のマラソン以外は似たようなものだ。

１㎞毎の距離標示を確認しながら進む。残りが10㎞、９㎞と減っていくのは嬉しい。早くゴールしたい。早く楽になりたい。そう思っていると、辛くても走り続けることができる。

35㎞を３時間39分台で通過。４時間20分のゴールはもう無理だ。36㎞付近だったと思う。エイドに立ち寄ると、「水餃子がありますよーっ！」の声。エイドではここまで飲み物しかとってこなかった。せっかく栃木県まで来たのだ。ご当地の自慢はいただこう。口に入れる。温かくて美味しい。礼を言ってエイドをあとにする。

2㎞ほど走るとまたエイドがあった。今度は豚汁だ。せっかくだから、これもいただく。温かいのが有難い。汁も美味しく、全部飲み干す。

そこからすぐのところに、「もうすぐ蕎麦がありますよ」と書いた幟があった。また食べ物？　そんなに続けなくてもいいのに。そう思いながらも、内心は楽しみだ。ところがなかなか現れない。「もうすぐ蕎麦」は見間違いだったのか。そう思いながら走っていると、エイドが現れた。そこに蕎麦はあった。ここまで来たら蕎麦も食べていこう。感謝の気持ちで、いただきまーす。

交差点を右折し、40㎞地点に向かう。残りは3㎞程度だ。ここ数㎞はほとんど下りだった。このあとに坂が待っているはずだ。田畑が広がっている地区から、森を切り開いたような道に入っていく。この先の3㎞は、どんな景色が待っているのだろう。

上りが始まった。この5㎞ほどでたくさん食べた。エネルギーは補給した。もう歩くわけにはいかない。前傾姿勢で腕を振り、坂を上り切る。上り切ったら下りが始まった。下りの途中が40㎞地点。置いてあるデジタル時計がスタートからの時間を表示している。僕の前のランナーが立ち止まり、時計と40㎞の立て札を並べて写真を撮ろうとしている。それを横目に通過する。そこから30ｍほどで下りが終わり、また上りが始まった。再び前傾姿勢になり、腕振りを意識して上る。でも、先程のランナー（写真を撮っていたランナーだ）に抜かれる。せっかく抜いたのに抜き返された。悔しい。ついていけない。100ｍほどの急坂を、やっとの思いで上り切る。ふーっ、やっと上りが終わった。そこにいたスタッフが「残り2㎞になりましたよ。もう坂はありませんよ」と激励してくれる。よし、頑張るぞ。力を出し切るぞ！

両側に田畑が広がる道を進む。このペースなら最後までもつはずだ。そう思いながら走る。しかし抜かれる。えっ⁉　このランナーに抜かれる？　僕を抜いたランナーはスピードがあるように見えない。しかも笑ってしまうようなフォームだ。それなのに抜かれた。情けない。これが僕の力なのか。

懸命に走ったが数人に抜かれ、ゴール前まで来た。ゴール横のデジタル時計が４時間25分台を示している。やはり25分を切れなかったか、頑張ったのになあ、と思いながら両手を挙げてゴール！

終わった。やっと終わった。スタッフにチップを外してもらい、スポーツドリンクを２杯飲み干す。完走証のゴールタイムは４時間25分53秒、ネットタイムは４時間25分03秒だった。トイレに入ったし、水餃子、豚汁、蕎麦と３つも続けて食べたからね。納得しながら更衣室に向かう。

更衣室は朝と同じように混雑していた。ただ、レース前のような緊張感はない。疲労と安堵が入り交じった空気だ。パンツのポケットに入れていた鍵を取り出しながら、ロッカーに到着。ロッカーは縦が４段、横は20列以上並んでいる。僕のロッカーは最上段だ。僕の下のロッカーに入れたランナーが、鍵が開かなくて困っていた。そこに僕が到着した。僕が開錠しようとすると、鍵は入るが動かない。動かないから開かない。下のロッカーのランナーが、「寒くて手が悴《かじか》んでいるからかと思ったのですが、そうじゃないんですかねー」と呟くように話しかけてくる。ここで僕は一旦休憩。その間に下のロッカーのランナーが試みる。開かない。何度も試みる。やはり開かない。今度は僕の番だ。やってみると、今度は開いた。よかったー。どうなるかと思った。下のロッカーのランナーが「いいなあ」と呟いたあと、今度こそという感じで試みた。すると、開いた。気持ちが通じたのか、やっと開いた。彼の口から「よかったー」という言葉が洩れた。しみじみとした喜びの声だった。周囲に目を向けると、あちこちで同様のことが展開されていたようだ。原因は錆だと思われる。

開いたのはよかったけれど、寒い。混雑の中、着ていたウエアを脱ぎ、ベンチもなくつかまるところもない場所で、ふらつかずにズボンを穿くのは難しい。疲れた体に鞭を打ち、気合いを入れて短時間で着替えを終え、バス乗り場へ急ぐ。想定したタイムでゴールしたので、19時35分発の飛行機には間に合うはずだ。しかし、シャトルバスの出発時間は「随時運行」で決まっていない。早めに行って、一本でも早いのに乗っておきたい。

乗り場に到着すると、バスはいた。しかし、乗っているのは一人だけ。どうやら出発したばかりのようだ。スタッフによると、次の出発は15時らしい。現在14時30分。30分も時間があるが、文句を言っても始まらない。バスの中で待つことにする。座席にリュックを置いたあと、ストレッチをしておこうと思いつく。バスを降りて10分ほどしていると、おにぎりが残っていたことを思い出した。バスに戻って食べ終えたとき、会場で豚汁のサービスがあったのを思い出した。しかし、バスの出発時間まで15分しかない。それまでに満席になれば、早く出発すると言われている。サービスをやっている場所は往復だけで5分近くかかるだろう。行っても並ばないと食べられないかもしれない。猫舌の僕は、フーフーしないと食べられない。もっと早く気づいていればよかった。涙を呑んで諦める。

15時、バスは空席だらけで出発。乗ったのは10人ほどで、10分余りで真岡駅到着。次の下館行きは15時28分発だ。跨線橋を渡って東口に行く。構内の掲示板を見ると、ここはＳＬの出発駅で、駅舎がＳＬの形をしていると書いてある。ならばと外に出て、駅舎を背景に自撮りする。

15時56分に下館駅到着。友部行きのＪＲは3分後の59分発だ。急いで乗り換えようと跨線橋に駆け上ったが、友部行きは同じホームと分かり、慌てて駆け下りる。何とか乗車して、友部駅到着は暗くなった16時40分。46分発の常磐線に乗り換え、15分で石岡駅に到着。空港行きバスは17時20分発だ。来なくて心配したが、5分遅れてきて出発。18時前に茨城空港に到着した。

まずチェックイン。軽くラーメンでも食べようかと思ったが、どれも１０００円以上で諦める。２階の隅にマッサージチェアを見つけ、本を読みながら出発時間を待つ。飛行機は定刻に出発し、神戸空港に20時50分に着いた。ところが神戸は土砂降り。プラットホームは寒風が通り抜けてとても寒い。21時10分の電車に乗り、2つの駅で乗り換え、最寄り駅に23時16分到着。接続が悪くどの駅でも待たされ、とても寒かった。傘をさしても雨に濡れ、帰宅したのは23時半。何度も言うけど、寒かったー。

20）全国制覇のヴィクトリーロードは赤絨毯　弘前・白神アップルマラソン（47番目、青森県、2019年10月6日）

20－1）弘前・白神アップルマラソンを走るまで

この大会は昨年もエントリーしたが、台風で中止になった。その結果、最後は青森県になった。青森県のフルマラソンはこの大会しかなく、1年後のこの大会を待つしかなかった。

今年こそは念願を果たそうと思っていた1月、予期せぬことが起こった。26日に妻が交通事故に遭ったのだ。自転車に乗って横断歩道を渡っているとき、前方から左折しようとした車にはね飛ばされ、頭部を強打した。高齢者が運転する車だった。

思いもよらぬ事態に僕は動揺した。翌日走る予定だった「たつの市梅と潮の香マラソン」はもちろん出走をとりやめた。手術は成功したが、妻の意識はなく、管を何本もつけられたまま苦しそうに眠っている。顔は内出血でパンパンに腫れあがっている。医師から頭だから障害が残ると言われたが、どんな障害だろう。意識は戻るのだろうか、寝たきりになるのだろうか、車椅子生活になるのだろうか、杖が必要な生活になるのだろうか。それとも自力で歩けるようになるのだろうか。入院期間はどれぐらいになるのだろう。記憶は戻るのだろうか。そもそも喋れるのだろうか。医師に訊くと、何とも言えないが孫に勉強を教えられるまで回復した人がいると言う。性格が変わることがあると言う。変わるのなら優しくなって欲しいが、今そんなことを願うのは不謹慎のように思える。

僕はマラソンを続けたい。15年以上続けてきたマラソンは、生活の一部になっている。走らない僕はただの飲ん兵衛だ。それは分かっている。妻に障害が残れば、僕の行動は制限される。マラソンもはしご旅もできなくなるだろう。もし強行すれば、薄情者、冷血人間と言われるだろう。面と向かって言われないまでも、後ろ指をさされるのは間違いない。僕は弱い人間だ。それは辛い。しかし、走りたい。こんなに不安なのだ。走らずにいられようか。

事故から3日後の29日、壊された日常を取り戻そうと練習を再開した。こういうときこそ冷静にならねばならぬ。走ろう。走って自分を取り戻すのだ。思えば49歳で走り始めたのも、ストレスから逃れるためだった。おかげで乗り越えることができた。あれから16年、今また試練が訪れている。この試練も走って乗り越えよう。

と思ったのだが、思うように走れない。いろんなことが頭をよぎる。手術は成功したと言われたが、本当だろうか。意識は戻るのだろうか。喋れるようになるのだろうか。最後に交わした言葉は何だったろう。もっと言葉を交わしておけばよかった。もっと優しくしておけばよかった。寝たきりになったらどうしよう。車椅子になったらどうしよう。家はリフォームが必要かな。夫婦揃っての旅行など無理だろうな。行けるとしても、近くだけだろうな。先日買い替えたばかりの車は、車椅子が入るタイプに買い替えなければいけないかな。

次から次へと思いが巡る。考えるまい。今は考えても仕方がない。そう思おうとするが、考えてしまう。走っている途中で胸が詰まる。走れなくなって止まる。落ち着いたら歩き始め、歩きながら回復を待つ。回復したら走り出す。

この日走ったのはいつものコースの7㎞。途中で3回も走れなくなった。今までこんなことはなかった。

大切な人を亡くし、その人のことを思うと胸が詰まるというのは聞いたことがある。信じなくはないが、そういうものかなと思うだけだった。しかしこの日、理解した。胸が詰まって走れなかった。

試練を乗り越えるため、従来と同じ頻度で同じ距離を走った。日が経つにつれ、胸が詰まる回数は減った。2月4日も走った。10kmだった。走り終えたあとはいつもと同じだった。が、翌日の午後、右足の膝上付近が痛み始めた。夜にはすごい痛みになった。この部分のこの痛みは経験したことがない。どうしたのだろう。何が原因なのだろう。心当たりがない。事故後5回走ったが、距離も頻度もこれまでと同じだ。ランが原因とは思えない。一時的かもしれないので、様子を見ることにした。ところが痛みは一向に引かない。2月8日、とうとう我慢できずに病院に行った。大腿四頭筋と骨の接続部分の炎症だと診断された。休むことが一番と言われ、痛み止めの薬を処方された。薬を飲むと、その日のうちに痛みが引き始めた。よかった。どうなるかと思った。

医師は、痛みの原因はマラソンだと言った。言われれば思い当たる節はある。事故後、ランニングフォーム（と言えるほどのものではないが）が変わったのだ。それは自覚していた。思うように進まないので、無理に足を進めようとした。余計な力が入っていたのは間違いない。知らないうちに、それまで使っていなかった筋肉を使っていたのだ。

事故と足の痛みの両方で、予定していた2月9日の「竹富町やまねこマラソン」（沖縄県西表島、23km）と17日の「おきなわマラソン」（沖縄県沖縄市、フル）を諦めた。2つを繋ぐはしご旅も諦めた。エントリー費用も飛行機代も無駄になった。残念だがそんなことを言っている場合ではない。妻の回復次第ではもう走れないかもしれないのだ。

3月はフルマラソンを2つ予定していた。3日の「鹿児島マラソン」と10日の「古河はなももマラソン」（茨城県）である。この2つもエントリー代だけでなく、飛行機代も支払っている。両方とも諦めざるを得ないかと思っていたが、2月中旬から足は回復し始めた。鹿児島マラソンでは前年に知り合った女性ランナーSaさんから、ゴール後の飲み会に誘われた。彼女は数少ないラン友で、しかも女性である。昨年の飲み会は楽しかったので断りたくない。古河はなもマラソンは、以前から上京の機会があったら連絡するようにと言ってくれていた先輩Kiさんが、昔の仲間との飲み会をセットしたぞと連絡が来た。6人も集まったぞと言われた。妻のことはもちろんまだ話していない。懐かしい人たちの顔も見たい。妻は入院中。退院の目途は立っておらず、3月も入院しているのは間違いない。妻の退院後は、大会に出場することができないかもしれない。そう考えると、入院中はチャンスと言える。であれば出場しよう。足を治して絶対に出場しよう。そう決めた。

痛み止めの薬を毎日飲みながら、恐る恐る練習を再開した。練習し過ぎると痛みが再発するかもしれない。だからといって練習しなければ、スタミナ不足で完走できない可能性が高い。痛みが再発しないように、練習不足にならないように、注意しながら練習した。

病院には毎日行って、妻の様子を見ていた。ICUから一般病棟に移り、呼びかけると反応するようにはなった。しかし、言葉は発せず表情もない。2月28日、看護師から、「お父さんの名前は分かりますか」と問いかけると、ゆっくりながら初めて「ツ・ヨ・シ」と答えたと聞かされた。自分の名前も答えたという。子供たちの名前は答えられなかったそうだが、記憶が完全になくなったわけではないようだ。妻は必ず回復する。そう信じることにし、翌々日の3月2日、鹿児島へ飛んだ。

鹿児島マラソンは4時間40分24秒で完走した。前年よりも5分余り遅かったが、状態を考えれば上出来だ。Saさんとも再会し、彼女のランニング仲間と楽しく酒を飲んだ。一週間後の古河はなもマラソンも4時間33分33秒で完走した。これも上出来だ。好タイムを狙わなければ、そこそこのタイムで走れることを学んだ。Kiさんや懐かしい先輩たちとも久し振りに会った。中には30数年振りの人もいて楽しく飲んだ。

迷ったけれども、両大会とも出場してよかった。そう思った。

ところが、４月初めに左足の内側のくるぶしが痛くなった。この部分の痛みも初めてだ。心当たりはない。ひどい痛みというほどではないが、かなり痛い。普通に歩けないので日常生活にも支障がある。腰痛も再発した。日が経過しても、どちらの痛みも治まらない。４月21日の津山加茂郷フルマラソン（岡山県）が近づいてきた。この大会も、ここ２年は他県遠征のために出場していないものの、毎年出場している。今回で12回目だ。足も腰も痛みは一向に引かない。このままでは完走などあり得ない。出場するかどうか迷ったが、出場することにした。決めた理由はテーピングサービスだ。以前、ここのテーピングのおかげで完走したことがある。それに期待した。

マラソン当日の朝、早めに会場へ行き、左足首と腰のテーピングをしっかりやってもらった。くるぶしの痛みは、くじいたのに気づかなかったのだろうと言われた。走った結果は、５時間47分44秒で完走。足も痛かったが腰の方がもっと痛く、苦しいマラソンだった。制限時間まで12分余り。この大会12回目にして最悪、フルマラソン１１０回目にしても最悪のタイムだった。テーピングをしていなかったら、とても完走できなかった。

このあと、４つの大会にエントリーしていた。５月19日の柴又１００Ｋ（東京都、埼玉県、茨城県、１００㎞）、６月９日のみかた残酷マラソン（兵庫県、24㎞）、６月16日の隠岐の島ウルトラマラソン（島根県、１００㎞）、７月７日のゴールドコーストマラソン（オーストラリア、フル）だ。いずれも事故前にエントリーしたものだ。結果は、柴又１００Ｋは80㎞で途中棄権、みかた残酷は完走したが出場14回目にして最悪のタイム、隠岐の島ウルトラは完走は無理と判断して出走を断念、ゴールドコーストは４時間40分15秒で何とか完走した。出場した大会はどれも、お金を払っているので出場しないのは勿体ないと思っての出場だった。エントリーしたときのワクワク感は全くなかった。

さて、弘前・白神アップルマラソンの開催日は10月6日である。出場するとなると、3泊4日になる。それだけの日数を、家を不在にしてもいいものか。妻はいま入院中だが、大会の頃には退院している可能性が高い。退院後は家族が妻の面倒を見なければならない。エントリー期間は6月1日から7月31日までである。先着順ではあるが、前年の参加人数を見ると定員に達していない。遅くてもエントリーできそうだ。エントリーしようか、それとも今年は諦めようか。迷いながら時を過ごした。悩んだ結果、出場することに決めた。7月18日、キャンセル覚悟でエントリーした。神戸―仙台の往復飛行機、仙台のホテルもその日に予約した（弘前のホテルは大会数日前までキャンセル無料だったので、5月に先行して予約していた。仙台―弘前間の高速バスは予約開始が1か月前なので、このタイミングでは予約できなかった）。

8月の終わりに、妻の退院が9月8日（日）と決まった。退院直前に、退院後は介護保険サービスを利用することにした。が、基本的に妻の面倒を見るのは退職して24時間フリーの僕だ。その僕が不在にするのは10月4日（金）から7日（月）までの4日間。この4日間をどうするか。同居の息子2人と相談した結果、片方が休みをとってくれることになった。よし、これで参加できる。

さて、話は少しそれるが、弘前・白神アップルマラソンの前の週は、地元の村岡ダブルフルがある。この村岡のコースはほとんどが山道で、厳しいコースとして有名だ。種目は100㎞、88㎞、66㎞、44㎞の4つで、制限時間は100㎞と88㎞が14時間、66㎞は11時間、44㎞は9時間だ。僕は毎年エントリーしているが100㎞は完走する自信がなく、挑戦したことはない。88㎞には2回挑戦し、どちらも12時間30分前後でゴールした。あと1時間半あるから、100㎞は走れるのじゃないかという意見もあろうが、それは村岡を知らない人だ。僕の走力では、88㎞走ったあとで12㎞を1時間半では走れない。

それぐらい厳しいコースなので、妻のこともあり、エントリーするかどうかとても迷った。翌週は2年越しのアップルマラソンが控えている。好きな大会ではあるが、故障したり疲れが残ればアップルマラソンに響く。地元だから来年以降も走ろうと思えば走れる。大事をとってアップルマラソンに備えるか、好きな大会だから今年もエントリーするか。

４月、迷いに迷った末、44㎞にエントリーすることにした。日曜日一日だけなので妻のことは息子に頼めば何とかなる。44㎞なら今の状態でも、ゴールはできるだろう。村岡をアップルマラソンの足慣らしと考えよう。足慣らしにしては厳しいコースだが、アップルマラソンに影響しそうなら途中棄権しよう考えてエントリーした。結果は６時間46分で完走。44㎞は８年振りだったが、８年前より１時間08分も遅いゴールだった。足の状態もよくなく、十分に練習できないままの出場だったので、辛くて何度も棄権しようと思った。が、プライドが許さなかった。

ゴールはできたものの、疲労が残った。足の筋肉疲労が木曜日になっても濃く残っていた。この状態では、疲労が残ったままアップルマラソンを迎えることになる。困った。やはり走るべきではなかったか。

そう思っているとき、村岡で一緒だったラン友Ａさんから連絡が来た。Ａさんには、アップルマラソンで47都道府県制覇になると言っていた。そのＡさんが、「ラン友Shさんがアップルマラソンに出るらしい。アップルマラソンで47都道府県を制覇するとFacebookに載せていますよ」というのだ。Shさんは僕も会ったことがある。10年以上前の「にちなんおろちウルトラ」（１００㎞。鳥取県。調べてみると２００７年。この大会は２０１０年を最後に今はない）でＡさんから紹介されたのだ。僕より少し年長で、当時でも僕よりずっとキャリアがあるベテランランナーだった。あれから会ったことはないが、名前はその後もいくつかの大会で見かけていた。

届いていたアップルマラソンの大会パンフレットを見ると、Shさんの名前がある。ゼッケンは１５２６番だ。顔はうろ覚えだが、ゼッケンを頼りに探せばいい。同じ目標を同じ日に同じ大会で達成するなんて、やろうと思ってもできるものではない。スタート前にShさんを見つけよう。Shさんは僕を憶えているとは限らない。まず自己紹介し、話しかけた理由を話す。そしてお互いの健闘を誓い合いたい。ゴール後も喜びを分かち合いたい。

この大会にはもう一人、会いたいランナーがいる。2年前の秋田内陸100kmで一緒になった青森のTaさんだ。昨年のこの大会で再会する予定だったが、叶わなかった。パンフレットを見ると、Taさんの名前はあったが、残念ながらNaさんの名前はなかった。Taさんは536番。Taさんとも再会を喜び合いたい。

20-2) 10月4日(金)、5日(土) マラソン前々日と前日

日本の秋は台風シーズンである。一週間前の時点では今年も危ない感じになっていた。台風18号が東北地方に向かうという予想だったのだ。2年連続で中止かと心配したが、少し早く来て、コースもずれた。それはよかったのだが、東北地方に上陸する前に温帯低気圧に変わり、仙台直撃のコースになった。僕の仙台への移動は大会前々日の10月4日。神戸空港出発が17時30分、仙台空港到着は18時50分だ。温帯低気圧は何とちょうどその時間に仙台を通過するという。東北地方全体に強い風が吹くという。マラソンよりも仙台に行けるかどうかの問題になった。すごく迷った末に申し込んだのに、今年も走れないのか。

飛行機は折返し条件つきで神戸空港を出発した。離陸直後、機内放送でも折り返すかもしれないとのアナウンスがあった。しかしその後は折返しに関するアナウンスはなく、無事に着けそうな感じになってきた。そして定時より少し早く到着した。空港からのアクセス線が動いているか心配したが、これも大丈夫だった。仙台駅に着いても風雨はそれほどではなく、予約していた広瀬通りのカプセルホテルまでほとんど濡れずに着くことができた。これで大丈夫だ。あさっての大会は間違いなく開催される。心配していた足も、幸い今日はほとんど筋肉痛を感じない。こちらも大丈夫そうだ。

翌朝9時半出発の高速バスに乗り、弘前に着いたのは13時57分。弘前に来たのは秋田内陸１００㎞のあとに訪れて以来、２年振りだ。２年しか経っていないが懐かしい。弘前駅前のバスターミナルから会場まで歩く。受付不要なので会場に行く必要はないが、ホテルのチェックインはまだできない。チェックインまでの時間は会場付近や弘前公園を歩きたい。２年前に入った郷土文学館にも入ってみたい。

今日の宿「スマイルホテル」の前を通って会場に着くと、ゴールの設営中だった。ゴールは何と郷土文学館の真ん前だ。観光館、山車展示館、郷土文学館に入ったあと、弘前公園を歩く。２年前に石垣の修理中だった弘前城は、まだ工事中だ。10年もかかるらしく完成はまだまだ先らしい。雨が降ってきた。散策は中止し、傘をさしてホテルへ急ぐ。チェックインしてリュックを置いてすぐ、夕食を買いにイトーヨーカドーへ向かう。今日はラグビーW杯の日本対サモアの試合がある。日本はグループリーグA組で、ここまでロシアと強豪アイルランドに勝利して２戦２勝。目標のベスト８進出に向かって予定通りの滑り出しだ。今日も勝てば、ベスト８に大きく前進する。昨日のカプセルホテルと違い、今日は個室だ。誰に遠慮することなく、ビールを飲みながら思い切り応援できる。考えてみれば今日は昼食抜きになった。明日に備えてたくさん食べよう。ビールは２本に抑えるつもりだ。

食材を買ってホテルに戻ったのは18時過ぎ。試合開始は19時半だからちょうどいい時間だ。明日の準備をして、風呂に入って、準備万端で試合を迎えられる。心ゆくまで日本を応援できる。

買ってきたのは天ぷら、オムライス、焼きそば炒飯弁当の３品。ビールは５００㎖を２本。前半と後半で一本ずつという計算だ。本当は３本にしたかったが、明日は重要な節目の日だ。何としてもゴールしたい。痛みはなくなってきたとはいえ、足の状態は万全ではない。ここまで恥多き人生だったが、ゴールできなかった原因は飲み過ぎだったというのはいかにもまずい。ここは失敗したくない。ビールはゴールしてから浴びるほど飲めばいいのだ。

頭の中のタイムスケジュール通りに、試合開始時間を迎える。試合は日本が先制し、一時は同点に追いつかれたものの逆転を許すことなく得点を加え、16－9で前半を終えた。僕は飲むピッチを抑えながら応援した。しかし、前半終了時点で2本目の半分まで飲んでいた。このままでは最後までもたない。イトーヨーカドーまで買いにいけば、戻ってきたら試合終盤だ。少し高いがホテル内の自動販売機で買うしかない。明日のスタート時刻まで時間はたっぷりある。この時間なら1本追加してもあとに残ることはあるまい。聞くところによると、ラグビーの本場英国ではビールを飲みながら観戦するというではないか。英国文化に倣うのは、日英友好に繋がるはずだ。よし、飲もう。そうと決めたら急げ。ここは4階。アルコールの自動販売機があるのは9階だ。急がねばならない。ハーフタイムのうちに戻ってくるのだ。

全力応援の甲斐あって、日本は38－19で勝利した。試合終了の直前にビールも食べ物もなくなり、満腹になった。この調子なら予選最終のスコットランド戦でも勝ってくれるだろう。幸福感に包まれて眠りについた。

20－3）弘前・白神アップルマラソン当日

6時に起床。このホテルのレストランの朝食は7時に始まる。しかし今日はアップルマラソン。ホテル側の配慮で6時半になっている。6時25分に部屋を出て、エレベーターの前に立つ。開いたエレベーターはランナーで満員。体を横にして、滑り込むように乗り込む。

長蛇の列を心配したが杞憂だった。料理は和洋のバイキング。好きな料理と飲み物をトレーに載せていく。もっと載せたいが、欲しいもの全部は載せられないし、後ろには並んでいる人がいる。いったん席に着き、食べ終えたらまた取りにいけばいい。昨夜たくさん食べたので胃の中にはまだ残っているが、バイキングならたくさん食べたい。満腹するまで食べたいが、マラソンのスタートは9時だ。あと2時間半しかない。会場までは歩いて5分だが、トイレも行かなければならない。今日は有終の美を飾る大切な日だ。何もかもすませ、気持ちに余裕を持って、準備万端でスタートしたい。ビールを３本も飲んでおいて何を今更、という気がしないでもないが、昨日は昨日、今日は今日だ。過ぎたことは悔やんでも仕方がない。やることをやれば結果はついてくる。と言いながらも、飲み物は野菜ジュース、りんごジュースのほかに牛乳も飲んだ。ここまでくると貧乏性が悲しい。

満腹の一歩手前で朝食を終え、トイレもすませ、走るウエアそのままで7時50分にチェックアウト。外は心配したほど寒くはない。夜も降っていた雨はあがっている。絶好のマラソン日和だ。８時ちょうど、会場に到着。まず最初に参加賞だ。米２kgかバスタオルのどちらかを選ぶ。２kgは重いのでバスタオルを選ぶ。荷物を預け、トイレに向かう。朝食のあと部屋で2回排出したが、出し切った感じではない。スタートまでにできることは全てやっておかなければならない。10分ほど並んで3度目の排出。完全にすっきりという感じではないが、だいぶ軽くなった。これで大丈夫だろう。

体を動かしながら、スタート地点に向かう。行き交う男性ランナーのゼッケンを見る。見つけたいのは１５２６番と５３６番。Shさんと Taさんだ。フルのエントリーは約２０００人。このうち男性ランナーは約１７００人。都市マラソンに較べれば多くはないが、少ない人数ではない。この中から２人を探し出すのだ。スタートライン周辺を歩くが見つからない。場所を変えて、ランナーが行き交う場所で探す。やはり見つからない。結局2人とも見つからないまま、スタート時間を迎えることになった。僕が並んだのは、スタートラインから30ｍほど後方。周囲から聞こえるのは津軽弁ばかり。先程、「No Apple, No Life」と書いたTシャツを着たランナーを見かけた。これまで「No Noodle, No Life」や「No Run, No Life」などは見たことがあるが、「No Apple」は初めてだ。さすがにここはりんごの国。こういうのを見ると嬉しくなる。前方のスタートライン上には風船のアーチがある。アーチの向こうには津軽富士が見える。津軽弁

■コース図

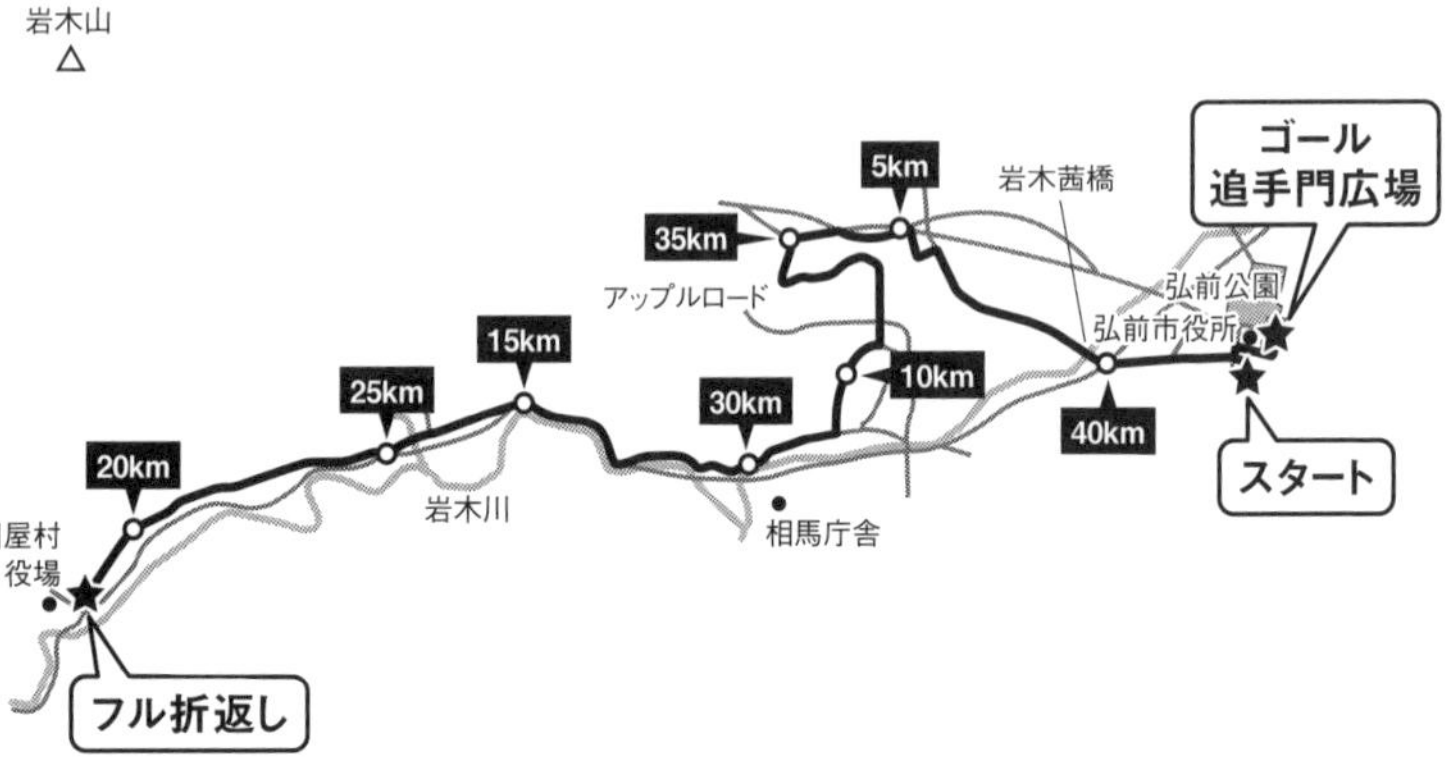
岩木山
ゴール
追手門広場
5km
岩木茜橋
35km
アップルロード
弘前公園
弘前市役所
15km
10km
25km
30km
40km
20km
スタート
岩木川
西目屋村
役場
相馬庁舎
フル折返し

■高低図

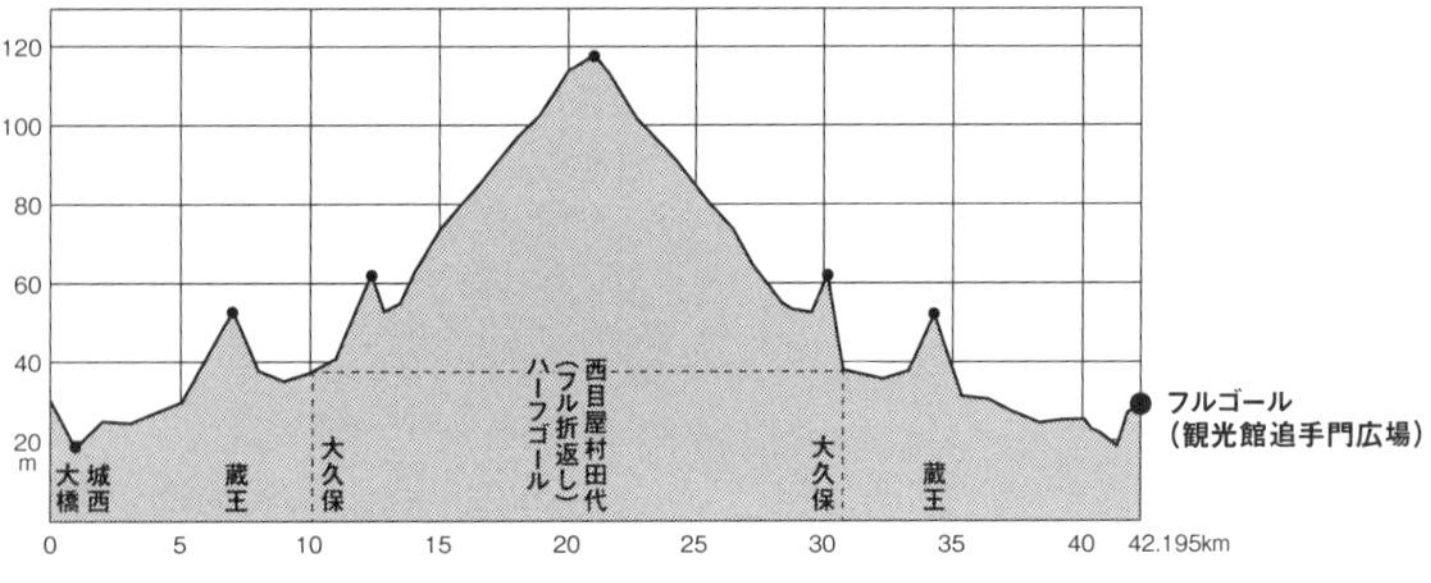
120
100
80
60
40
20
m
大橋
城西
蔵王
大久保
西目屋村田代
(フル折返し)
ハーフゴール
大久保
蔵王
フルゴール
(観光館追手門広場)
0
5
10
15
20
25
30
35
40
42.195km

とりんごと津軽富士。遠い弘前まで来た甲斐があった。

９時、スタートの号砲。周囲から拍手が鳴る。ゆっくりと進み出し、スタートラインを越えたのは43秒後。節目のマラソンが始まった。

すぐに下り始める。正面右前方に岩木山。中腹から上は雲がかかり、頂上は隠れている。コースはこれから岩木山方面に走り、世界自然遺産の白神山地を抱える西目屋村で折り返す往復コースだ（ハーフはフルの往路がコースになっている）。アップダウンを繰り返しながら往路は概ね上りで、復路は下りだ。折返し点が最高点で、スタート・ゴール地点との標高差は約90ｍ。今日は筋肉痛はない。でも疲労は残っているはずで、体調万全とは言えない。好タイムでのゴールは無理だ。今日の目標は完走すること。できれば５時間以内でゴールしたい。調子がよければ４時間半を狙う。２番目の目標は、走りながらShさんとTaさんを見つけること。ゼッケンで探しながら走る。折返しコースだし、ランナーがそれほど多くないので見つけるのは不可能ではないはずだ。特に作戦はない。高低図を頭に入れて、自分のペースで走るつもりだ。

広い一本道を進んだあと、左折と右折を繰り返しながら進む。この辺りでハーフの先頭ランナーに抜かれた。ハーフは確か15分後のスタートだった。走力が違うから抜かれるのは気にならない。でも、先頭ランナーは先導バイクがフルのランナーを除けてくれるが、あとのランナーはフルのランナーが邪魔で走りにくそうだ。気の毒だなあと思いながら抜かれる。

りんご農園の横を通る。赤くなり始めたりんごがたくさんぶら下がっている。りんごの木を近くで見るのは初めてだ。今年は台風が直撃しなくてよかった。大事に育てたりんごが落ちたら泣きたくなるだろう。

10㎞地点を１時間00分22秒で通過。予想よりもいいタイムだ。しかしまだまだ序盤。喜ぶのは早い。太陽が顔を出し、暑くなってきた。僕は汗をかかない方だが、汗を流しているランナーがたくさんいる。今日は厳しいマラソンになりそうだ。

いつの間にか川に沿って走っている。樹々が繁り、急な上りだと思ったら下りになる。変化に富んだコースだ。自然豊かだがその分、沿道で応援する人はいない。これから折返しまでずっとこんな道を走るのかな、と思ったら森を出て平凡な田舎道になった。少し行くと、市街地らしきところに来た。応援が増えた。「有難うございます」。声に出して答える。口に出せない場合は頷く。声に出せなくても応援には応えたい。分かるように動作や表情で示す。

先頭ランナーとすれ違ったのは15kmを過ぎた辺り。最初にすれ違ったのは91番のランナー。少し遅れて99番。こんなに暑いのに、2人の走りは力強い。力の差があるから仕方ないが、速いランナーが羨ましい。ゲストの吉田香織とすれ違ったのはこのあとだ。すれ違いざまにハイタッチ。

右側を走ってくる先行ランナーを眺める。眺めるのは気分転換になる。それに今日はTaさんとShさんを探さなければならない。536番と1526番。すれ違うランナーの中からこの番号を見つけなければならない。536番のTaさんは僕より若い。秋田内陸100kmも僕より早くゴールした。だから前を走っている可能性が高い。Shさんの走力は分からない。いずれにしても、2人を見つけ、完走できれば今日のマラソンは成功だ。

少し前から腹の調子がおかしい。トイレへ行った方がよさそうだ。やはり昨夜のビールがよくなかったか。2本に抑えておくべきだったか。スタートまでに3回もトイレに行ったのに……。すれ違うランナーは右だが、トイレは左だ。どちらも見逃さないようにしないといけない。両方を気にした結果、どちらも見過ごす。そうなったら最悪だ。太陽は照りつけている。暑い。汗が流れる。

すれ違うランナーがだいぶ増えた頃、536番が来た。視線を上げてそのランナーの顔を見る。思い出した、この顔だ。間違いない。と思った瞬間に通り過ぎた。一瞬だった。声をかける時間などなかった。

白髪が多かった。そうそう、Taさんは白髪が多い人だった。集団で来たので、たくさんのゼッケンから見つけ出すのに時間がかかった。残念だ。Uターンしようか。できないことはないが、Taさんの方が速いから追いつけない。それに今はトイレ問題も抱えている。今日優先すべきはゴールすることだ。ゴール後に見つけよう。

今度はShさんだ。すれ違うランナーがかなり多くなり、折返しが近そうな雰囲気になった頃だ。エイドがあった。その裏に仮設トイレを発見。エイドでまず水分補給。そしてトイレに直行。幸いトイレを待つランナーはいない。ドアノブの部分も空室と分かる青だ。よかった。ついている。ドアを開けると更についていた。洋式だった。20㎞走ったあとの和式は辛い。ドアを閉めたことを確認し、素早くその体勢になる。すぐに排出。よかった。もう少し遅かったら危なかった。

よかったよかったとコースに戻ろうとした瞬間、痛っ！ 左足の膝をひねった。この部分は1か月ほど前から違和感があった。だから今日はサポーターをつけている。ああそれなのに、それなのに。トイレ危機のあとは膝か。次から次へと降りかかる危機難題。困った。天は我を見放したか（新田次郎『八甲田山死の彷徨』）。

歩きながらコースに戻る。恐る恐る走ってみる。何とか走れる。ゆっくりでいい。ゆっくりでいいから進むのだ。多くのランナーに抜かれながら走りを再開。痛みはそれほどではない。行けるかもしれない。今日の目標は完走すること。ゆっくりでいいからゴールを目指すのだ。

Shさんはトイレに入っている間に通り過ぎただろうか。そうなら仕方がないが、そうではない可能性も残っている。すれ違うランナーを眺めながら進む。そして、折返し地点に来た。膝をひねらないように注意しながら折り返す。今度は後続のランナーだ。１５２６番を探しながら進む。Shさんは僕の後ろを走っているだろうか。そうでなければ、無駄なことをしていることになる。でも、できることはこれしかない。

中間点を2時間14分台で通過。考えてみれば20㎞地点に気づかなかった。Shさんを探していたからだろう。トイレに入っていたのは3分か4分だ。それを除くと中間点まで約2時間10分。だとすると、後半も同じタイムで走れば4時間半以内のゴールになる。しかしそれはもう無理だ。後半は下り基調だとしても、ひねった膝をかばう走りになる。思った以上に時間がかかるだろう。痛みが増せば走れなくなる。節目のマラソンはどうなるのだろう。歓喜のゴールか、それとも無念のリタイアか。

トイレの心配はなくなった。Shさんを探すことに集中する。後続ランナーはフルだけでなくハーフのランナーもいる。ランナーの数は多いが、探せないというほど密状態ではない。絶対に見逃さないぞ。そんな気持ちで進む。そして、中間点を過ぎてだいぶ経った頃、1526番が現れた。見つけた！と思った瞬間、通り過ぎた。苦しそうな表情だった。とても辛そうだった。Shさんはあんな顔だったかな。はっきりとは憶えていない。しかし、1526番ははっきり見え、そのランナーは年齢相応に見えた。だから間違いないだろう。でも、またもや声をかけられなかった。考えてみれば、お互いに相手を探しているなら別だが、1回しか会ったことのない人間の片方が、走って向かってくる相手を見つけたからといって声をかけられるものではない。声をかけても、「どこのどなた？」ということになろう。多くのランナーが通り過ぎる中、「2007年のにちなんおろちウルトラでお会いした原田です。安来のAさんに紹介してもらいました。憶えておられますか？　パンフレットにお名前が載っていたので探していました。お久し振りです。Shさんは今日、47都道府県制覇なんでしょう？　実は僕もそうなんですよ。今日で47都道府県を全部制覇できるんです」と早口で説明することになる。でもすぐに思い出してくれるとは限らない。思い出してもらえないばかりか、変な人に妨害されたと思われかねない。そう考えれば、声をかけられなかったのはよかったのかもしれない。

そんなことを考えながら進んでいると、後続のランナーがまばらになってきた。フルのランナーもハーフのランナーもいる。歩いているランナーが増えてきた。この位置にいるフルのランナーは、ゴールはもう無理だろう。フル初挑戦ゆえに走れないのか。それとも予期せぬ故障で走れないのか。人それぞれに思いを持ってエントリーし、スタートしたはずだ。思い通りに走れている人は、ずっと前を走っている。そうでない人はフルの厳しさを味わっている。でも、それでいいじゃないか。失敗してこそ成功がある。今日の経験を生かして、次回は完走すればいい。喜びはその方が大きい。あのとき完走できなくてよかった、と思えるはずだ。

そんなことを（きっと先輩面して）思っていたら、疲れてきた。足が重くなってきた。足が思うように前に出ない。頑張って走ってきたがとうとう限界が来た。歩きに変える。ここ何㎞か、同年輩のランナーと抜きつ抜かれつになっている。こう書くと、お互いに必死に走り続けているように思うが、実態は２人とも走りと歩きを繰り返している。走れなくなったら歩きに変え、走れるようになったら走る。片方が歩いたら、もう片方が抜く。そんな感じだ。お互いの存在は気にしているが、アイツに負けまいと頑張っているというよりも、自分に負けまいと頑張っている。ゴールまであと何㎞だ、ゴールするまで頑張るぞ、そう思って走っている。苦しい。とても苦しい。でも頑張る自分に酔っている部分もある。しんどいけれど気持ちいい。ゴールしたときの達成感を想像する。それを考えれば途中リタイアはできない。

30㎞地点を３時間13分台で通過。残りは12㎞余り。４時間半以内のゴールは難しくなったが、５時間ではゴールできそうだ。エイドのおばさんが大きな声で励ましてくれる。有難う。頑張ります。

本当に疲れてきた。ここは通った、ここも通った、こんなところを通ったかな、そんなことを思いながら進む。自宅の前で果物と飲み物を提供している私設エイドがあった。有難い。優しい気持ちに頭が下がる。しんどいので立ち寄らずにいられない。礼を言っていただき、礼を言ってその場をあとにする。

左に立派な山が見える。岩木山だろう。雲はなく、青空を背に全身を現している。あと１か月もすれば冠雪するのだろうか。千昌夫は「津軽平野」で、「お岩木山（おいわきやま）」と歌っていた。地元ではイワキサンではなく、オイワキヤマと呼ばれているのだろうな。「津軽平野」は僕のカラオケのレパートリーだ。30代の頃、カラオケ大会でこの歌を歌った。うまく歌えたが、賞はとれなかった。津軽の冬の厳しさを知らない人間が歌っても、人の心に響かなかった。

いよいよ走り続けられなくなった。37㎞を過ぎてしばらくして、広い道路に出た。周囲のランナーも苦しそうだ。残りは5㎞を切った。もう少し、もう少しと、自分を叱咤して足を進める。1㎞毎に標示があるが、次の標示までが長い。間違っているのではないかと思うほどだ。

大きな橋を渡ると40㎞の標示があった。4時間28分台で通過。4時間半のゴールはもちろんのこと、4時間40分も無理だ。残り2・195㎞に15分はかかるから、4時間45分が目標だ。ここまで来たら、当初目標の5時間以内は忘れよう。そんなタイムでゴールしても嬉しくはない。

市街地に入った。沿道の声援を受けながら進む。知った人はいないが応援してもらえば嬉しい。目が合えば頷き返し、感謝と頑張りますの気持ちを表す。「有難う。応援有難う。頑張ってますよー。ゴールまで頑張りますよー」。心の中で返事する。

上りになった。もう少し、もう少しと思って走る。でも、何㎞も前からそう思って頑張ってきた。この坂の頂上まで走り続ける力はもう残っていない。ゴールまでまだ1㎞以上ある。前のランナーも歩いた。ここで僕が歩いても仕方ないではないか。

坂が終わる手前に41㎞の標示が見えた。あそこからは走り出そう。そしてゴールまで走り切ろう。そう決めて41㎞地点に到達。呼吸は苦しく、足の余力もない。でも決めたことだ。走り出そう。まだ上っているが走りを再開。沿道の人も応援してくれている。みんな知らない人だけど、応援には応えたい。

上り坂が終わった。係員の指示で左折。少し走って今度は右折。沿道の応援が増えた。ゴールが近いのが分かる。家族や知り合いが戻ってくるのを待っているのだろうが、残念でした。あなたが待っている人はもっと後ろですよ。足は重く、苦しくて苦しくて仕方がないが、歩かない。ゴールはまだか、ゴールはまだかと思いながら走る。左の建物の隙間からゴールらしきものが見えた。近い。直線距離で数十ｍ。ここを左折してしまいたいが、それをやってはいけません。我慢我慢。我慢してそのまま直進する。そして左折。そしてまた左折。すると、正面にゴールが見えた。赤の絨毯が敷かれている。そうだった。昨日ここに来たとき、スタッフが絨毯を敷いていた。絨毯の幅は１ｍほど。両側にはロープが張られている。拍手に迎えられながら進む。競り合うランナーはいない。すぐ後ろにランナーがいる気配もない。今この瞬間、この赤の絨毯は僕だけのヴィクトリーロード。47都道府県制覇のヴィクトリーロードだ。ゴール左横にデジタル時計が見える。４時間43分20秒台を刻んでいる。やっと終わる。42・195㎞がやっと終わる。47都道府県の挑戦がこれで終わる。好タイムではないが、２年越しのゴールだ。カメラマンは見えない。ゴールシーンを撮ってくれているかどうか分からない。でも、両手を挙げ、万歳ポーズでゴーーール！

終わった。やっと終わった。５ｍほど歩くとスタッフに、胸のゼッケンから抽選券を外された。この抽選券は抽選箱に入れられ、このあと抽選会の主役になる。直後に別のスタッフからりんごを一個手渡された。さすがはアップルマラソン。完走賞はりんごだ。両手で押し戴き、すぐ横のベンチに腰を下ろす。若いスタッフが近寄ってきて、シューズのチップを外してくれる。有難う。助かります。りんごを齧りながら、ゴールするランナーを眺める。そう、Shさんのゴールを待つのだ。本当はゴールするランナーのために席を空ければいいのだが、今はとてもその気になれない。それぐらい疲れた。もっと前から座っている若いランナーたちよ、席を空けてあげてよ。オジサンは疲れました。全然動けないのかと言われるとそうではないが、動きたくありません。

Shさんは現れない。すれ違った時点で僕とだいぶ差があったが、どれぐらい離れていたのだろう。10分以上はあったと思う。とても苦しそうな表情だった。後半はもっと開いたかもしれない。途中棄権した可能性もある。ゆっくり齧ったりんごだが、芯だけになってしまった。人心地ついたので席を立つ。でも、ゴールするランナーは見逃さない。ちらちら見ながら、行き交うランナーの中にTaさんの姿も探す。向こうで始まった抽選会にも注意を払う。

抽選会は終わった。NAHAマラソン招待券やランニングシューズなど、10人以上が当選したが僕の番号は呼ばれなかった。仙台行きのバスの発車は16時だ。これから着替えて、バスターミナルまで行かなければならない。現在14時半を過ぎたところ。Shさんはまだ現れない。15時の制限時間まではまだ時間はあるが、こちらの時間がなくなった。気になるが帰る準備をしよう。

預けた荷物を受け取り、更衣室になっている観光館に入る。先客はほとんどが床に腰を下ろしている。が、僕は運よく椅子に腰かけることができた。腰痛持ちには椅子の方が有難い。何度も大きな溜息をつきながら、着替えを終える。外に出ると、テントの売店が弁当の値引きを始めていた。おにぎりと稲荷ずしを買い求める。さて、バスターミナルまでどうするか。弘前駅までは弘前公園からシャトルバスが出るが、定時に出るかどうか分からない。待たされる可能性もある。疲れているが、クールダウンを兼ねて歩くことにする。

20分でバスターミナル到着。仙台行きの乗り場を確認したあと、隣りのイトーヨーカドーに入る。ビールを買うのだ。昨日も来たのでビール売り場は分かっている。売り場に直行し、500㎖入りを1本だけ購入。コンビニと違ってここはスーパーだ。ビール1本だけ買う客は珍しかろう。若くて可愛いレジ係に変な客だと思われたくないので何品か買おうか。いや。変な客と思われてもいい。2度と会うことはないのだ。勇気をふるって1本だけ持ってレジに行くと、レジ係は大ベテランのオバサンだった。

バス乗り場に戻り、ベンチに腰かける。おにぎりと稲荷ずしを横に置き、缶を開ける。冷たくて苦みのある液体が喉を通過する。美味い！　これがあるからマラソンはやめられない。と思っていたら、乗客が集まり始めた。落ち着かないので、急いで飲み終える。仙台行きバス乗り場のベンチは飲酒のためにあらず。

出発5分前にバスは来た。すぐに満席になり、バスは出発。すぐにメールで、47都道府県制覇がかかっていることを知っているラン友数人に完走を報告。報告を終えた頃にはすっかり暗くなっていた。途中で二度のトイレ休憩をして、仙台駅前のバス停に到着したのは定時ぴったりの20時37分。昨日もそうだったが、分単位まで正確なのはすごい。

一昨日泊まったカプセルホテルに向かう。ホテル近くで「すき家」を発見し、牛丼の大盛りを注文。本当はビールも飲みたいが、牛丼にビールは合わないので我慢。ただ、体が水分を欲していた。水を2杯お代わりした。21時過ぎ、ホテルにチェックイン。たっぷりとシャワーを浴びて汗を流し、ベッドに入る。5時半に目覚ましをセットして就寝。

20-4）10月7日（月）マラソン翌日

5時半に起床。洗面とトイレをすませ、5時55分に出発。駅近くの吉野家で朝食をとり、6時半に仙台駅到着。6時44分発の電車に乗り、7時16分に空港駅到着。定刻の9時15分に飛行機は出発し、10時40分に神戸空港到着。いつもの電車に乗って、12時55分に帰宅。47都道府県征覇を目標にしてからまる3年。節目の大会が終わった。

〈あとがき〉

・後日、WEB完走証が公開されて正式タイムが分かった。グロスタイムは4時間43分26秒、ネットタイムは4時間42分43秒だった。体調を考えるとよく頑張ったと思う。

・Taさんは4時間13分台、Shさんは5時間47分台でゴールしていた。Taさんとは再会を喜び合い、2年前の約束を守ったことを伝えたかった。Shさんとは同じ目標を同じ日に達成したことを喜び合いたかった。空港の出口で見かけるように、ゼッケン番号と名前を書いた紙を、高く掲げて探すべきだった。そうしなかったことを後悔している。

コラム2　けっこう俊足

高校時代はあんなに遅かったのに、いつの間にか速くなっていた。というのは、こういう事実による。雑誌『月刊ランナーズ』が毎年、「フルマラソン1歳刻みランキング」というのを公開している。全国の対象にしているフルマラソンの大会で、4月から3月までの1年間で完走したネットタイムを集計し、ランナー個人の記録の中からベストの記録を抽出して、同年齢のランキングを発表しているのだ。そのランキングで僕は、100人換算で30位以内に入っているのだ。全国制覇を目指して全国の大会に参加していた2017年度と2018年度の、僕のランキングを紹介しよう。2017年度のベスト記録は長井マラソン（山形県2017・10・15）の4時間16分01秒である。64歳男子でこの記録は2180人中491位。これは100人に換算すると23位になる。2018年度のベスト記録はさいたま国際マラソン（埼玉県2018・12・9）の4時間05分32秒である。65歳男子でこの記録は1942人中328位。これは100人に換算すると17位だ。計算間違いではなく事実である。この順位はもちろん嬉しい。とても嬉しいが、高校時代に僕より遅かった同年齢の人間ばかりがマラソンをやっているとは思えない。同年齢のランナーの中で、僕が群を抜いて真剣にマラソンに取り組んでいるとも思えない（文中で大会前夜も飲んでばかりなのをご存じのはずだ）。どう理解したらいいのか分からずに困っている。

第3章 これから

目標にしていなかったものを途中から目標にし、その目標を達成（三重県がハーフだったが、フルの大会がなかったので達成したことにしてください）して喜んでいる。目標は日々の生活に張り合いをもたらす。退職した我々が目標を持つのはいいことだ。退職するとどうしても、だらだらと過ごしがちになる。それは避けられた。

目標に決めたのが63歳になる直前で、目標を達成したのが66歳になる直前だ。2年3か月で達成する計画だったが台風の襲来で、3年になった。それは仕方がない。残りが1県になった段階で、妻が事故に遭った。どうしようかと思ったが、区切りをつけたくて何とか達成した。しかし妻は頭と体に障害が残り、介護が必要になった。これまでのように、好きなことができなくなった。

以前は、47都道府県を制覇したあとは何を目標にしようかと考えていた。フルマラソン１５０回（現在１１５回）、１００㎞ウルトラマラソン30回（現在27回）などの回数積み重ねのほかに、海外のマラソン大会を毎年1回走る、47都道府県ダブル制覇（各都道府県の大会を2回以上完走）、沖縄の離島のマラソン大会参戦（久米島、伊平屋ムーンライト、竹富町やまねこ、与那国島一周など）、70歳での「走ってやる！」再挑戦（ＮＡＨＡ、台北、加古川のマラソン3大会完走と自転車での台湾一周）、北海道のマラソン大会参戦と自転車での北海道一周（奥尻ムーンライト、オホーツク網走、函館、北海道など道内のマラソン大会に出場しながら自転車で北海道を一周）などを考えていた。が、妻の事故でそれどころではなくなった。全部を棚上げにしなければならなくなった。

本来ならこれを機に、生活を変えるべきだろう。自由な生活に別れを告げ、妻中心の生活に改めるべきだろう。妻の協力あっての自由だったのだ。今度はお返しをする番、妻のために生きるべし。そうだと思う。そうするのがまともな人間だと思う。しかし、僕はまだ諦められない。マラソンにも旅にも未練がある。

個々の大会でゴールしてきたが、今回は47都道府県制覇という目標にゴールした。ゴールはスタートでもある。２０１４年の京都マラソンでもらったステッカーに、バカボンのパパの言葉がある。「ゴールはスタートなのだ！」。さすがはバカボンのパパだ。いいことを言う。ゴールしてそれで終わりではつまらない。次は何を目指すか。コロナ禍に揺れる今、それを考えている。

数年前から人生１００年と言われ始めた。人生１００年とすると、いま僕は3分の2を過ぎたばかり。残りは3分の１。30年以上もある。残りの長い人生を、少しでも有意義なものにしたい。悔いのないものにしたい。好きなことをやりたい。介護だけの生活で終わりたくない。介護もしつつ、好きなこともやる。そんな生活をしたいのだが、できるだろうか。そしてそもそも、そのような生活ははたしていい人生と言えるのか。

命果てるのは妻が先か、自分が先か。それは分からない。どうするかを、死ぬまで問い続けながら生きていく。そうなりそうだ。が、答えを出せないまま、人生のゴールを迎えるのは避けたい。そんなことにならないように、ほどほどの時期に答えを出したいと思っている。

おわりに

この47都道府県制覇については、本にするつもりはなかった。しかし昨年（２０２０年）の前半、足の肉離れで走れない上に、妻の守りだけで日々が過ぎていった。週に5日、介護サービスを利用していてもである。このままでは何もできずに1年が終わってしまう。そう思うと、我慢できなくなった。せっかくこれまで大会毎に参戦記を書いてきたのだ。これらをまとめて本にしようと思った。参戦記は、老後に読み返し、一人でクスッと笑いたいと思って書き綴ってきた。あんなこともあった、こんなこともあったと、意識して細かいことまで書いてきた。その結果、文章量が多くなった。この本にある20大会だけでも、全部合わせるとかなりのボリュームだった。削る作業は大変だったが、編集者のアドバイスと激励によりまとめることができた。一応の読み物になったのではないかと思っている。

スピードランナーにとっては、６分／km前後で速いだの遅いだのと言っているのは、ちゃんちゃら可笑しいだろう。理解できないかもしれない。速い人は約3分／kmで走る。僕は2倍も時間がかかる。そんな鈍足ランナーの参戦記を本にする価値があるのか。そう思う人もいるだろう。でもコラム２に書いたように、これでも市民ランナーの中ではそれほど遅くない。多くの市民ランナーは僕と似たり寄ったりなのだ。広い心で容赦願いたい。

前夜にビールを3本も飲んでおきながら、１秒でも早くゴールしたいというのはおかしい。そう思われる方も多いと思う。でも考えていただきたい。強制されて走っているのでもなければ、オリンピック出場がかかっているのでもない。翌日は4～5時間、１００kmの場合は13時間もの苦しい戦いが待っているのだ。これぐらいの楽しみがあってもいいではないか。飲んだせいで遅くなっても、完走できなかったとしても、それは自分の責任だ。誰にも責任転嫁するつもりはない。

また、何が「この走りを見よ！」だと思う人も多いだろう。速い人は特にそう思うかもしれない。しかし、僕のような鈍足でも、そう思える瞬間がある。数は少ないし、ほんの短い時間だけれど、間違いなくそう思える瞬間があるのだ。ハイになっているからか、疲れているのに気持ちはいい。読者の方もぜひ、実際に走って感じていただきたい。

実は昨年、三重県で「みえ松阪マラソン」が計画されていた。フルマラソンの大会である。開催は12月20日、エントリー開始予定は5月29日だった。大会の計画を知ったのは年初だったので、この大会を走って制覇にしようかと考えてホテルも予約していた。しかし、新型コロナウイルスで中止になった。現状では今年の開催も危ういと思い、「弘前・白神アップルマラソンをもって制覇」と決めた。開催が決まれば走るつもりだ。

ところで、残り20県を走る計画を立てたとき、１００万円あれば全国制覇できそうだと予想したが、結果はどうだったか。当たっていた。ヨロンマラソンと青島太平洋マラソンは、ほかの大会とのはしご旅だったので費用の振り分けが難しいのだが、20の大会を集計すると86万円だった。これからすると、47都道府県征覇だけを目標にしてひとつずつ走れば２００万円ほどでできそうだ。これを高いと思うかどうか。２００万円で何年か楽しめて、体力がつき、飲むビールはより美味しくなると思えば悪くない挑戦だと思う。読者の参考になれば幸いである。

最後に、表6に僕の全レースの実績を示した。気づかないかもしれないが、２００３年の加古川マラソンと２００７年の篠山ＡＢＣマラソンは正確には完走ではない。両方ともゴールラインは越えたが制限時間内にゴールできず、完走と認められなかった。でも主催者に認められていなくても、自分で決めたルール内でゴールすれば完走とした。

記載したゴールタイムは全てネットタイムだ。完走証にネットタイムの記載があればもちろんそのタイムを記載しているが、そうでない大会は自分で計ったものを記載している。このタイムが正しいとは証明できない。でも、誰かに表彰してもらおうというのではないので、自分で決めた基準に従っている。別に不正をしているのではない。それほど速いタイムではないが胸を張りたい。苦しさに耐え、精一杯走ったのだ。ゴールした自分を褒めてやりたい。

これからも僕は小さくてもいいから目標を決め、クリアしていこうと思っている。そのたびに、一人で祝杯をあげたい。自分を分かってくれる人はいても、多くはない。いてもその人が近くにいるとは限らないし、褒めてくれるとも限らない。ならば自己満足と言われようが、自分で自分を褒め、モチベーションを保っていきたい。仲間と飲む酒も美味いが、一人であげる祝杯も悪くない。寂しいときもあるが、一人で飲むのは何と言っても気楽だし、スケジュール調整も不要だ。しみじみとしたいときはしみじみできるので、一人もなかなかいいのだ。

いわて銀河チャレンジのゴール直前。ハイタッチしようと伸びてきた何本もの手に、思わず笑みがこぼれる。

表4　フルマラソンとウルトラマラソンの完走実績（2020年末時点）

ウルトラマラソンの大会名のあとの数字は距離。
（　）内数字は走った年。

地域	都道府県	No.	未走県	2016年秋までに完走した大会		2016年12月以降に完走した大会
				フルマラソン	ウルトラマラソン	フルマラソン&ウルトラマラソン
北海道	北海道	1		北海道（2016）	サロマ湖100（2016）	北オホーツクウルトラ100（2018）
東北	青森県	2	1			弘前・白神アップル（2019）
	秋田県	3	2			秋田内陸リゾートカップ100（2017）
	山形県	4	3			長井（2017）
	岩手県	5	4			いわて銀河チャレンジ100（2017）
	宮城県	6	5			東北・みやぎ復興（2017）
	福島県	7	6			湯のまち飯坂・茂庭っ湖（2017）
関東	群馬県	8	7			ぐんま（2017）
	栃木県	9	8			はが路ふれあい（2018）
	茨城県	10	9			水戸黄門漫遊（2017）、古河はなもも（2019）
	埼玉県	11	10			さいたま国際（2018）
	東京都	12		東京（2008）	伊豆大島ふれ愛100（2015）	
	千葉県	13	11			佐倉朝日健康（2018）、ちばアクアライン（2018）
	神奈川県	14		湘南国際（2016）	三浦半島みちくさ100（2016）	
甲信越	山梨県	15			チャレンジ富士五湖100（2014）	
	新潟県	16			えちご頸城野100（2016）	佐渡トキ（2018）
	長野県	17			野辺山71（2014）、木曽町グレートトラバース100（2015）	長野（2018）
東海・北陸	富山県	18		黒部名水（2015）、富山（2016）		
	石川県	19		金沢（2016）	能登半島すず102（2015）	
	福井県	20			東尋坊愛のマラニック103（2013）	
	岐阜県	21			飛騨高山ウルトラ72（2012）	
	静岡県	22			南伊豆町みちくさ75（2014）	
	愛知県	23			知多半島一周100（2015）	
	三重県	24	12			三重お伊勢さん（ハーフ2018）
近畿	滋賀県	25		あいの土山（2012、2013、2015）		
	京都府	26		京都木津川（2006）、福知山（2006）、京都（2014、2016）、	歴史街道丹後100（2006）、歴史街道丹後60（2008、2009、2012、2016）	歴史街道丹後60（2018）
	大阪府	27		大阪（2014）		水都大阪100（2017）
	兵庫県	28		加古川（2003、2004、2005、2006、2007、2008、2009、2010、2013、2014、2015）、篠山（2004、2005、2006、2007、2008、2009、2010、2011、2012、2013、2015、2016、）、赤穂義士（2006）、神戸（2012）、香住ジオパーク（2014）、加古川みなもロード（2014）、姫路城（2016）、	村岡88（2006、2015）、村岡66（2012）、村岡44（2007、2008、2009、2010、2011）	加古川（2016、2017、2018、2019）村岡44（2019）
	奈良県	29		奈良（2010）		
	和歌山県	30		紀州口熊野（2014）	奥熊野韋駄天100（2016）、高野龍神50（2016）	
中国	岡山県	31		津山加茂郷（2004、2005、2006、2007、2009、2010、2011、2012、2013、2015、2016）、そうじゃ吉備路（2010、2011、2012、2013、2014）	鬼たいじ50（2005、2006、2007）	おかやま（2017）、津山加茂郷（2019）
	広島県	32	13			呉とびしま（2017）
	鳥取県	33		鳥取（2010、2011、2012、2013、2014、2015、2016）	にちなんおろち100（2009、2010）	
	島根県	34			隠岐の島ウルトラ100（2014）	奥出雲ウルトラおろち100（2017）、隠岐の島ウルトラ100（2018）、国宝松江城（2019）
	山口県	35		下関海響（2016）	萩往還70（2012）	
四国	香川県	36		瀬戸内海タートル（2016）	小豆島寒霞渓100（2013）	
	愛媛県	37		愛媛（2014）		愛媛（2017）
	徳島県	38	14			とくしま（2017）
	高知県	39		四万十川桜（2012）、高知龍馬（2015）	四万十川100（2013）	
九州・沖縄	福岡県	40	15			北九州（2018）
	大分県	41	16			仏の里くにさき・とみくじ（2018）
	宮崎県	42	17			青島太平洋（2017）
	佐賀県	43	18			さが桜（2018）
	長崎県	44	19			五島つばき（2018）
	熊本県	45			阿蘇カルデラ100（2015）	熊本城（2020）
	鹿児島県	46	20			ヨロン（2017）、鹿児島（2018、2019）
	沖縄県	47		NAHA（2015）	宮古島100（2016）	宮古島100（2017）、石垣島（2017）、NAHA（2017）
海外				台北（2015）		台湾埔里（2017）、ローマ（2017）、香港国際（2018）、バルセロナ（2018）、ヴェニス（2018）、ゴールドコースト（2019）

↑
三重お伊勢さんのみハーフマラソン

表5　20大会まとめ

No.	大会名（略称）	ゴールタイム	ネットタイム	制限時間	順位	天候
1	呉とびしま	4時間13分54秒	4時間13分24秒	5時間30分	一般男子の部　614位/出走1304人、エントリー1717人 男子60歳以上の部　41位/出走112人、エントリー158人	最低気温2.3℃ 最高気温11.0℃　曇り
2	ヨロン	4時間35分32秒		7時間	男子　71位/213人　男子60～64歳の部　6位/18人	気温20.8℃　晴れ　風速6m/s
3	とくしま	4時間20分06秒	4時間17分24秒	7時間	総合　3021位/9020人、一般男子の部　2496位/8402人	スタート時　7.9℃　曇り フィニッシュ時　10.7℃　曇り
4	いわて銀河（100km）	12時間32分29秒	-	14時間	男子の部　513位/完走1013人、エントリー1336人 男子60歳代の部　42位/完走109人	曇りのち雨のち晴れ　風強し スタート地点（北上）4時　15.1℃　曇り ゴール地点（雫石）17時　17.0℃　晴れ
5	秋田内陸（100km）	12時間58分11秒	-	13時間	総合513位/出走1020人、完走531人	スタート地点（角館）の最低14.3℃、最高25.3℃ ゴール地点の最低12.7℃、最高25.5℃
6	東北・みやぎ	4時間55分59秒	4時間52分01秒	6時間30分	総合男子の部　3483位/7373人 60～64歳男子の部　138位/344人	快晴　後半は風強し 9時　19.5℃　南風1.3m/s 12時　21.5℃　南南東の風　3.7m/s 14時　21.5℃　南南東の風　8.3m/s
7	長井	4時間16分15秒	4時間16分01秒	6時間	総合　216位/エントリー557人 男子60歳以上　38位/エントリー91人	曇り一時雨 9時　12.3℃、13時　13.4℃
8	水戸黄門	4時間30分40秒	4時間26分17秒	6時間	総合　3431位/6535人 男子60歳代　202位/489人	一日中雨 9時　14.3℃、北北東の風3.1m/s 13時　15.2℃、西の風2.0m/s
9	ぐんま	4時間26分39秒	4時間23分51秒	6時間	男子の部　1348位/完走3683人 60～64歳男子の部　54位/完走？人 男女を合わせた総合完走率　76.0%	晴れ 9時　14.9℃、北西の風3.2m/s 13時　22.3℃、南東の風1.0m/s
10	飯坂・茂庭っ湖	4時間42分39秒	4時間42分29秒	6時間	男子総合の部　281位/エントリー503人、完走407人 男子60歳以上　36位/エントリー98人、完走79人	曇りときどき晴れ　風強し 飯坂の天候　9時　7.6℃　西北西の風4.0m/s 〃　13時　10.3℃、北西の風3.4m/s
11	青島太平洋	4時間24分30秒	4時間20分12秒	6時間30分	男子総合の部　2993位/エントリー9508人 男子60歳代の部　250位/エントリー805人	曇り一時雨 9時　4.6℃、13時　8.6℃
12	北九州	4時間36分37秒	4時間31分30秒	6時間	男子総合の部　3818位/エントリー7985人 男子60～64歳の部　188位/エントリー462人 男女を合わせた総合完走率　89.0%	晴れ　最大風速3.3m/s 最低0.4℃、最高10.9℃
13	五島つばき	4時間22分17秒	-	7時間	男子総合の部　125位/エントリー314人、完走257人 男子60～64歳以上の部　12位/エントリー58人、完走50人 男女総合の部　136位/エントリー383人、完走303人	一日中雨で　風あり 最低6.6℃　最高10.2℃ 最大風速4.4m/s
14	さが桜	4時間22分36秒	4時間17分26秒	6時間30分	男子総合の部　2629位/エントリー8109人、完走6565人 男子60～64歳の部　139位/エントリー517人 男女を合わせた完走率　91.7%	晴れのち曇り　微風 最低5.8℃、最高20.0℃ 平均風速1.3m/s
15	佐倉健康	4時間42分21秒	4時間40分18秒	6時間	総合の部　3131位/エントリー6998人、5134人完走 男子60歳以上の部　224位/エントリー804人、559人完走	一日中快晴 8時30分　11.3℃ 最低3.8℃、最高19.3℃
16	仏の里くにさき	4時間24分56秒	4時間24分30秒	7時間	総合の部　366位/エントリー1031人、完走859人 男子60歳以上の部　32位/エントリー131人、完走105人 男女を合わせた完走率　83.3%	晴れ、微風 9時　13.5℃、12時　19.0℃
17	お伊勢さん（ハーフ）	1時間59分46秒	1時間57分23秒	2時間40分	男子総合の部　1730位/エントリー4165人、完走3598人 男子60歳代の部　137位/エントリー435人、完走373人 男女総合の部　1984位/エントリー5701人、完走4863人	スタート時（9時）10.4℃　西の風1.7m/s ゴール時（11時）13.0℃、北北東の風1.5m/s
18	さいたま国際	4時間22分15秒	4時間05分32秒	6時間	一般男子の部　5517位/エントリー13928人、完走11464人 男子60歳以上の部　259位/完走871人	曇り時々晴れ　風少し強い
19	はが路ふれあい	4時間25分53秒	4時間25分03秒	6時間	男子総合の部　1152位/エントリー2559人、完走2111人 男子60歳代の部　111位/エントリー308人、出走285人	晴れのち曇り　微風 6時　－6.3℃、9時　0.4℃、14時　4.7℃
20	弘前・白神アップル	4時間43分26秒	4時間42分43秒	6時間	総合の部　924位/1402人 男子60歳代の部　90位/154人	曇り時々晴れ 最低12.4℃、最高18.6℃

表6　大会に参加し始めてからの全レースの成績

エントリー通算	出場通算	当年	年月日	レース名	距離	タイム
1	1	1	2003/1/1	赤とんぼロードレース	5km	25分20秒
2	2	2	2003/4/20	山崎さつきマラソン	ハーフマラソン	2時間03分12秒
3	3	3	2003/5/25	浜坂町麒麟獅子マラソン	ハーフマラソン	2時間06分43秒
4	4	4	2003/8/24	千種高原マラソン	ハーフマラソン	2時間24分59秒
5	5	5	2003/8/31	かや大江山登山マラソン	23.5km	3時間39分36秒
6	6	6	2003/10/19	生野銀山湖ロードレース	15km	1時間16分34秒
7	7	7	2003/11/30	波賀町メイプルマラソン	10km	53分14秒
8	8	8	2003/12/23	加古川マラソン	フルマラソン	5時間06分35秒
9	9	1	2004/1/18	英田町F1ロードマラソン	ハーフマラソン	1時間55分12秒
10	10	2	2004/1/25	揖保川せせらぎマラソン	5km	23分57秒
11	11	3	2004/2/29	OTTYマラソン	10マイル	1時間23分58秒
12	12	4	2004/3/7	篠山ABCマラソン	フルマラソン	4時間52分07秒
13	13	5	2004/3/14	京都シティハーフマラソン	ハーフマラソン	1時間54分30秒
14	14	6	2004/3/21	兵庫・山東ロードレース	ハーフマラソン	1時間54分04秒
15	15	7	2004/3/28	中町翠明湖マラソン	ハーフマラソン	1時間55分20秒
16	16	8	2004/4/11	三日月マラソン	ハーフマラソン	1時間51分12秒
17	17	9	2004/4/18	作州・加茂郷フルマラソン	フルマラソン	4時間49分43秒
18	18	10	2004/5/9	浦富海岸健康マラソン	10km	47分16秒
19	19	11	2004/5/16	もちがせ流し雛マラソン	10km	54分28秒
20	20	12	2004/5/23	浜坂町麒麟獅子マラソン	ハーフマラソン	1時間54分00秒
21	21	13	2004/6/6	たたらぎ湖マラソン	ハーフマラソン	1時間54分20秒
22	22	14	2004/6/13	みかた残酷マラソン	24km	2時間31分24秒
23	23	15	2004/8/22	千種高原マラソン	ハーフマラソン	2時間29分46秒
24	24	16	2004/9/19	ぶどうの里ふれあいマラソン	20km	1時間59分34秒
25	25	17	2004/9/26	おおかわち高原ロードレース	10km	53分27秒
26	26	18	2004/10/11	ようか八木川マラソン	10km	50分09秒
27	27	19	2004/10/17	蒜山高原マラソン	ハーフマラソン	1時間58分03秒
28	28	20	2004/11/3	京都丹波高原ロードレース	30km	3時間04分38秒
29	29	21	2004/11/7	青垣もみじの里ハーフマラソン	ハーフマラソン	1時間50分53秒
30	30	22	2004/11/14	雪彦マラソン	ハーフマラソン	1時間52分20秒
31	31	23	2004/11/23	川西一庫ダム周遊マラソン	ハーフマラソン	1時間51分49秒
32		24	2004/12/5	高砂マラソン	10km	中止
33	32	25	2004/12/12	西脇子午線日本のへそマラソン	ハーフマラソン	1時間51分38秒
34	33	26	2004/12/23	加古川マラソン	フルマラソン	4時間06分02秒
35	34	1	2005/1/9	武庫川新春ロードレース	ハーフマラソン	1時間49分59秒
36	35	2	2005/1/16	英田町F1ロードマラソン	ハーフマラソン	1時間54分46秒
37	36	3	2005/1/23	播磨町ロードレース	10km	48分45秒
38	37	4	2005/1/30	揖保川せせらぎマラソン	5km	24分11秒
39	38	5	2005/2/13	日本のエーゲ海マラソン	10km	50分46秒
40	39	6	2005/2/27	OTTYマラソン	10マイル	1時間20分51秒
41	40	7	2005/3/6	篠山ABCマラソン	フルマラソン	4時間52分19秒
42	41	8	2005/3/13	京都シティハーフマラソン	ハーフマラソン	1時間50分29秒
43	42	9	2005/3/20	京都ロードレース	ハーフマラソン	1時間46分12秒
44	43	10	2005/3/27	中町翠明湖マラソン	ハーフマラソン	1時間44分16秒
45	44	11	2005/4/10	鬼たいじマラニック	50km	6時間56分47秒
46	45	12	2005/4/17	作州・加茂郷フルマラソン	フルマラソン	4時間29分20秒
47	46	13	2005/5/8	市島三ツ塚マラソン	10km	49分01秒
48	47	14	2005/5/15	もちがせ流し雛マラソン	10km	54分52秒
49	48	15	2005/5/22	浜坂町麒麟獅子マラソン	ハーフマラソン	1時間49分51秒
50	49	16	2005/6/5	たたらぎダム湖マラソン	ハーフマラソン	1時間50分28秒
51	50	17	2005/6/12	みかた残酷マラソン	24km	2時間37分48秒
52	51	18	2005/7/3	大栄町すいか・ながいも健康マラソン	10km	52分16秒
53	52	19	2005/7/24	おおかわち高原ロードレース	ハーフマラソン	2時間17分14秒
54	53	20	2005/8/28	兵庫神鍋高原全国マラソン	ハーフマラソン	1時間52分13秒
55	54	21	2005/9/4	蒜山高原マラソン	ハーフマラソン	1時間55分11秒
56	55	22	2005/10/2	かや大江山登山マラソン	23.5km	3時間05分06秒
57	56	23	2005/10/10	ようか八木川マラソン	10マイル	1時間24分22秒
58	57	24	2005/11/3	京都丹波高原ロードレース	30km	2時間40分16秒
59	58	25	2005/11/6	青垣もみじの里ハーフマラソン	ハーフマラソン	1時間50分24秒
60	59	26	2005/11/13	雪彦マラソン	ハーフマラソン	1時間45分46秒
			2005/11/23	神戸六甲全山縦走	55km	14時間30分
61	60	27	2005/11/27	神戸全日本女子ハーフマラソン	ハーフマラソン	1時間45分57秒
62	61	28	2005/12/11	京都東山三十六峰マウンテンマラソン	30km	4時間09分59秒
63	62	29	2005/12/23	加古川マラソン	フルマラソン	3時間59分24秒
64	63	1	2006/1/2	いなみ新春万葉マラソン	ハーフマラソン	1時間47分57秒
65	64	2	2006/1/8	武庫川新春ロードレース	ハーフマラソン	1時間49分23秒
66	65	3	2006/1/15	兵庫市川マラソン	ハーフマラソン	1時間47分37秒
67	66	4	2006/1/22	美作市F1ロードレース	ハーフマラソン	1時間49分15秒
68	67	5	2006/1/29	播磨町ロードレース	10km	47分23秒
69	68	6	2006/2/5	京都木津川マラソン	フルマラソン	4時間09分19秒
70		7	2006/2/26	OTTYマラソン	ハーフマラソン	雨天中止
71	69	8	2006/3/5	篠山ABCマラソン	フルマラソン	3時間57分46秒
72	70	9	2006/3/12	美咲町柵原星の里マラソン	ハーフマラソン	1時間44分16秒
73	71	10	2006/3/19	兵庫・山東ロードレース	ハーフマラソン	1時間47分16秒
74	72	11	2006/3/26	兵庫・豊岡円山川マラソン	ハーフマラソン	1時間47分10秒
75	73	12	2006/4/2	鬼たいじマラニック	50km	5時間42分57秒
76	74	13	2006/4/16	作州・加茂郷フルマラソン	フルマラソン	4時間05分50秒
77	75	14	2006/5/3	武庫川ユリカモメウルトラ70ｋｍ	70ｋｍ	50kmで途中棄権
78	76	15	2006/5/14	鯖街道ウルトラマラソン	76ｋｍ	11時間21分28秒
79	77	16	2006/5/21	もちがせ流しびなマラニック	10ｋｍ	55分46秒
80	78	17	2006/5/28	新温泉町麒麟獅子マラソン	ハーフマラソン	1時間46分26秒
81	79	18	2006/6/4	たたらぎダム湖マラソン	ハーフマラソン	1時間51分41秒
82	80	19	2006/6/11	みかた残酷マラソン	24km	2時間23分11秒
83	81	20	2006/7/30	おおかわち高原ロードレース	ハーフマラソン	2時間08分22秒

170	168	2	2011/2/27	そうじゃ吉備路マラソン	フルマラソン	4時間39分03秒
171	169	3	2011/3/6	篠山ABCマラソン	フルマラソン	4時間35分39秒
172	170	4	2011/3/20	鳥取マラソン	フルマラソン	4時間19分50秒
173	171	5	2011/4/17	津山加茂郷フルマラソン	フルマラソン	4時間45分19秒
174	172	6	2011/5/22	新温泉町麒麟獅子マラソン	ハーフマラソン	1時間51分36秒
175	173	7	2011/6/12	みかた残酷マラソン	24km	2時間36分49秒
176	174	8	2011/9/18	歴史街道丹後100kmウルトラマラソン	100km	71.8kmで途中棄権
177	175	9	2011/9/25	村岡ダブルフルウルトラマラソン	44km	5時間38分27秒
178	176	10	2011/11/13	赤穂シティマラソン	ハーフマラソン	1時間53分54秒
179	177	11	2011/12/11	さようマラソン	ハーフマラソン	1時間50分48秒
180	178	1	2012/1/29	たつの市梅と潮の香マラソン	ハーフマラソン	1時間49分54秒
181	179	2	2012/2/12	坂出天狗マラソン	15km	1時間16分13秒
182	180	3	2012/2/26	そうじゃ吉備路マラソン	フルマラソン	4時間03分33秒
183	181	4	2012/3/4	篠山ABCマラソン	フルマラソン	4時間17分23秒
184	182	5	2012/3/18	鳥取マラソン	フルマラソン	4時間29分59秒
185	183	6	2012/4/1	四万十川桜マラソン	フルマラソン	4時間25分18秒
186	184	7	2012/4/15	津山加茂郷フルマラソン	フルマラソン	4時間20分00秒
187	185	8	2012/5/4	萩往還マラニック	70km	10時間20分22秒
188	186	9	2012/6/10	飛騨高山ウルトラマラソン	72km	9時間55分56秒
189	187	10	2012/9/16	歴史街道丹後100kmウルトラマラソン	60km	8時間39分59秒
190	188	11	2012/9/30	村岡ダブルフルウルトラマラソン	66km	9時間22分14秒
191	189	12	2012/10/7	森下広一杯八頭町マラソン	ハーフマラソン	1時間57分37秒
192	190	13	2012/11/4	あいの土山マラソン	フルマラソン	4時間25分21秒
193	191	14	2012/11/11	赤穂シティマラソン	ハーフマラソン	1時間53分46秒
194	192	15	2012/11/25	神戸マラソン	フルマラソン	4時間11分25秒
195	193	16	2012/12/9	西脇子午線マラソン	ハーフマラソン	1時間56分34秒
196	194	17	2012/12/16	さようマラソン	ハーフマラソン	1時間52分51秒
197	195	18	2012/12/24	宝塚ハーフマラソン	ハーフマラソン	1時間54分02秒
198	196	1	2013/1/27	たつの市梅と潮の香マラソン	ハーフマラソン	1時間52分43秒
199	197	2	2013/2/24	そうじゃ吉備路マラソン	フルマラソン	4時間24分48秒
200	198	3	2013/3/3	篠山ABCマラソン	フルマラソン	4時間31分07秒
201	199	4	2013/3/9	小豆島寒霞渓ウルトラト遠足	100km	14時間48分17秒
202	200	5	2013/3/17	鳥取マラソン	フルマラソン	4時間43分17秒
203	201	6	2013/4/21	津山加茂郷フルマラソン	フルマラソン	5時間04分33秒
204	202	7	2013/5/9	東尋坊愛のウルトラマラニック	103km	14時間34分34秒
205	203	8	2013/6/1	しまなみ海道ウルトラ100km遠足	100km	15時間15分11秒
206	204	9	2013/6/9	みかた残酷マラソン	24km	2時間50分39秒
207	205	10	2013/9/29	白山白川郷ウルトラマラソン	100km	15時間02分25秒
208	206	11	2013/10/20	四万十川ウルトラマラソン	100km	12時間35分23秒
209	207	12	2013/11/3	あいの土山マラソン	フルマラソン	4時間28分43秒
210	208	13	2013/11/10	赤穂シティマラソン	ハーフマラソン	1時間55分55秒
211	209	14	2013/11/24	揖西西小学校地区訪問継走	700m	3分09秒
212	210	15	2013/12/23	加古川マラソン	フルマラソン	4時間05分09秒
213	211	1	2014/1/26	たつの市梅と潮の香マラソン	ハーフマラソン	1時間51分45秒
214	212	2	2014/2/2	紀州口熊野マラソン	フルマラソン	4時間28分32秒
215	213	3	2014/2/9	愛媛マラソン	フルマラソン	4時間01分21秒
216	214	4	2014/2/16	京都マラソン	フルマラソン	4時間06分29秒
217	215	5	2014/2/23	そうじゃ吉備路マラソン	フルマラソン	4時間07分54秒
218	216	6	2014/3/16	鳥取マラソン	フルマラソン	4時間32分22秒
219	217	7	2014/4/20	チャレンジ富士五湖100km	100km	12時間51分10秒
220	218	8	2014/4/27	香住ジオパークフルマラソン	フルマラソン	4時間20分07秒
221	219	9	2014/5/18	星の郷八ヶ岳野辺山高原100kmウルトラ	71km	9時間47分05秒
222	220	10	2014/6/8	みかた残酷マラソン	24km	2時間33分42秒
223	221	11	2014/6/15	隠岐の島ウルトラマラソン	100km	12時間38分22秒
224		12	2014/9/14	歴史街道丹後100kmウルトラマラソン	100km	故障で参戦できず
225		13	2014/9/28	村岡ダブルフルウルトラマラソン	88km	故障で参戦できず
226		14	2014/10/5	能登半島すずウルトラマラソン	102km	故障で参戦できず
227	222	15	2014/10/26	大阪マラソン	フルマラソン	4時間54分08秒
228		16	2014/11/2	あいの土山マラソン	フルマラソン	故障で参戦できず
229	223	17	2014/11/9	赤穂シテイマラソン	ハーフマラソン	1時間57分35秒
230	224	18	2014/11/15	南伊豆町みちくさマラソン	75km	11時間02分32秒
231	225	19	2014/11/30	加古川みなもロードフルマラソン	フルマラソン	4時間31分55秒
232	226	20	2014/12/23	加古川マラソン	フルマラソン	5時間03分44秒
233	227	1	2015/1/25	たつの市梅と潮の香マラソン	ハーフマラソン	1時間53分20秒
234	228	2	2015/2/15	高知龍馬マラソン	フルマラソン	4時間33分28秒
235	229	3	2015/2/22	そうじゃ吉備路マラソン	フルマラソン	4時間19分22秒
236	230	4	2015/3/1	篠山ABCマラソン	フルマラソン	4時間26分24秒
237	231	5	2015/3/15	鳥取マラソン	フルマラソン	4時間17分08秒
238	232	6	2015/3/28	伊豆大島ふれ愛ランニングストーリー	100km	13時間15分00秒
239	233	7	2015/4/19	津山加茂郷フルマラソン	フルマラソン	4時間25分38秒
240	234	8	2015/4/26	知多半島一周ウルトラマラソン	100km	12時間47分45秒
241	235	9	2015/5/24	黒部名水マラソン	フルマラソン	4時間30分48秒
242	236	10	2015/6/6	阿蘇カルデラスーパーマラソン	100km	12時間30分58秒
243	237	11	2015/6/14	みかた残酷マラソン	24km	2時間42分34秒
244	238	12	2015/8/30	木曽町グレートトラバース100kmウルトラ	100km	14時間20分35秒
245	239	13	2015/9/20	歴史街道丹後100kmウルトラマラソン	100km	73.8kmで途中棄権
246	240	14	2015/9/27	村岡ダブルフルウルトラマラソン	88km	12時間34分05秒
247	241	15	2015/10/18	能登半島すずウルトラマラソン	102km	12時間37分26秒
248	242	16	2015/11/1	あいの土山マラソン	フルマラソン	4時間23分39秒
249	243	17	2015/12/6	NAHAマラソン	フルマラソン	4時間50分49秒
250	244	18	2015/12/20	台北マラソン	フルマラソン	4時間30分57秒
251	245	19	2015/12/23	加古川マラソン	フルマラソン	4時間19分32秒
252	246	1	2016/1/17	宮古島ワイドーマラソン	100km	12時間46分50秒
253	247	2	2016/1/31	たつの市梅と潮の香マラソン	ハーフマラソン	1時間55分02秒
254	248	3	2016/2/21	京都マラソン	フルマラソン	4時間11分40秒
255	249	4	2016/2/28	世界遺産姫路城マラソン	フルマラソン	4時間11分24秒
256	250	5	2016/3/6	篠山ABCマラソン	フルマラソン	4時間36分49秒

84	82	21	2006/8/27	兵庫神鍋高原全国マラソン	ハーフマラソン	1時間59分30秒
85	83	22	2006/9/3	村岡ダブルフルウルトラマラソン	88km	12時間29分12秒
86	84	23	2006/9/9	香住潮風マラソン	10km	58分40秒
87	85	24	2006/9/17	歴史街道丹後100kmウルトラマラソン	100km	13時間06分48秒
88	86	25	2006/10/1	ちくさ高原マラソン	ハーフマラソン	2時間06分07秒
89	87	26	2006/10/8	よさの大江山登山マラソン	23.5km	3時間01分16秒
90	88	27	2006/11/5	兵庫・丹波もみじの里ハーフマラソン	ハーフマラソン	1時間50分25秒
91	89	28	2006/11/12	雪彦マラソン	ハーフマラソン	1時間48分19秒
92	90	29	2006/11/19	湖山池一周ハーフマラソン	ハーフマラソン	1時間47分12秒
93	91	30	2006/11/23	福知山マラソン	フルマラソン	4時間15分39秒
94	92	31	2006/11/26	宍粟市ロードレース	10km	50分53秒
95	93	32	2006/12/3	赤穂義士マラソン	フルマラソン	4時間34分40秒
96	94	33	2006/12/10	日本のへそ西脇子午線マラソン	ハーフマラソン	1時間53分34秒
97	95	34	2006/12/17	三田マスターズマラソン	ハーフマラソン	1時間53分34秒
98	96	35	2006/12/23	加古川マラソン	フルマラソン	4時間28分37秒
99	97	1	2007/1/8	ひらかたハーフマラソン	ハーフマラソン	2時間03分18秒
100	98	2	2007/1/14	武庫川新春ロードレース	ハーフマラソン	1時間52分27秒
101	99	3	2007/1/21	美作市F1ロードレース	ハーフマラソン	1時間53分26秒
102	100	4	2007/1/28	たつの市梅と潮の香マラソン	ハーフマラソン	1時間50分36秒
103	101	5	2007/2/4	丸亀ハーフマラソン	ハーフマラソン	1時間55分00秒
104	102	6	2007/2/11	法隆寺マラソン	ハーフマラソン	1時間51分39秒
105	103	7	2007/2/18	矢掛本陣マラソン	20.5km	1時間54分17秒
106	104	8	2007/2/25	井原全国健康マラソン	ハーフマラソン	不出走
107	105	9	2007/3/4	篠山ABCマラソン	フルマラソン	5時間13分14秒
108	106	10	2007/3/11	美咲町棚原星の里マラソン	ハーフマラソン	2時間01分21秒
109	107	11	2007/3/18	ふくやまマラソン	ハーフマラソン	1時間55分54秒
110	108	12	2007/3/25	翠明湖マラソン	ハーフマラソン	1時間52分52秒
111	109	13	2007/4/8	鬼たいじマラニック	50km	6時間39分23秒
112	110	14	2007/4/15	津山加茂郷フルマラソン	フルマラソン	4時間37分02秒
113	111	15	2007/4/22	剣豪と忍者の里マラニック	45km	6時間22分13秒
114	112	16	2007/5/3	武庫川ユリカモメウルトラ70ｋｍ	70ｋｍ	50kmで途中棄権
115	113	17	2007/5/20	鯖街道ウルトラマラソン	76ｋｍ	11時間41分14秒
			2007/5/20	もちがせ流しびなマラニック	10km	ダブルブッキングのため不参加
116	114	18	2007/5/27	新温泉町麒麟獅子マラソン	ハーフマラソン	2時間02分56秒
117	115	19	2007/6/3	たたらぎダム湖マラソン	ハーフマラソン	2時間03分27秒
118	116	20	2007/6/10	みかた残酷マラソン	24km	2時間41分43秒
119	117	21	2007/6/24	にちなんおろち100kmマラソン	100km	95.6kmで途中棄権
120	118	22	2007/8/19	おおかわち高原ロードレース	ハーフマラソン	2時間37分04秒
121	119	23	2007/9/16	歴史街道丹後100kmウルトラマラソン	100km	46kmで途中棄権
122	120	24	2007/9/30	村岡ダブルフルウルトラマラソン	44km	5時間51分49秒
123	121	25	2007/10/21	蒜山高原マラソン	ハーフマラソン	2時間04分38秒
124	122	26	2007/11/4	兵庫丹波もみじの里ハーフマラソン	ハーフマラソン	1時間55分39秒
125	123	27	2007/11/11	雪彦マラソン	ハーフマラソン	1時間57分29秒
126	124	28	2007/12/9	さようマラソン	ハーフマラソン	2時間06分52秒
127	125	29	2007/12/23	加古川マラソン	フルマラソン	4時間42分05秒
128	126	1	2008/1/20	兵庫市川マラソン	10マイル	1時間27分24秒
129	127	2	2008/2/11	法隆寺マラソン	ハーフマラソン	2時間01分27秒
130	128	3	2008/2/17	東京マラソン	フルマラソン	4時間41分42秒
131	129	4	2008/3/2	篠山ABCマラソン	フルマラソン	4時間50分43秒
132	130	5	2008/4/2	山崎さつきマラソン	ハーフマラソン	2時間01分00秒
133	131	6	2008/6/8	みかた残酷マラソン	24km	2時間50分52秒
134	132	7	2008/9/14	歴史街道丹後100kmウルトラマラソン	60km	8時間13分24秒
135	133	8	2008/9/28	村岡ダブルフルウルトラマラソン	44km	5時間38分15秒
136	134	9	2008/10/19	蒜山高原マラソン	ハーフマラソン	2時間02分13秒
137	135	10	2008/11/2	兵庫丹波もみじの里ハーフマラソン	ハーフマラソン	1時間53分43秒
138	136	11	2008/12/14	日本のへそ西脇子午線マラソン	ハーフマラソン	1時間53分43秒
139	137	12	2008/12/23	加古川マラソン	フルマラソン	4時間27分51秒
140	138	1	2009/1/25	たつの市梅と潮の香マラソン	ハーフマラソン	1時間50分26秒
141	139	2	2009/2/11	法隆寺マラソン	ハーフマラソン	1時間52分57秒
142	140	3	2009/3/1	篠山ABCマラソン	フルマラソン	4時間23分47秒
143	141	4	2009/3/29	あわくら武蔵路健康マラソン	20km	1時間43分49秒
144	142	5	2009/4/19	津山加茂郷フルマラソン	フルマラソン	4時間53分54秒
145	143	6	2009/5/24	新温泉町麒麟獅子マラソン	ハーフマラソン	新型インフルエンザのため中止
146	144	7	2009/6/14	みかた残酷マラソン	24km	2時間33分44秒
147	145	8	2009/6/28	にちなんおろち100kmマラソン	100km	14時間12分52秒
148	146	9	2009/9/20	歴史街道丹後100kmウルトラマラソン	60km	7時間57分06秒
149	147	10	2009/9/28	村岡ダブルフルウルトラマラソン	44km	6時間06分08秒
150	148	11	2009/10/12	森下広一杯八頭町マラソン	ハーフマラソン	2時間00分37秒
151	149	12	2009/12/13	日本のへそ西脇子午線マラソン	ハーフマラソン	1時間59分29秒
152	150	13	2009/12/23	加古川マラソン	フルマラソン	4時間12分04秒
153	151	1	2010/1/31	たつの市梅と潮の香マラソン	ハーフマラソン	1時間50分42秒
154	152	2	2010/2/7	日本のエーゲ海マラソン	10km	53分03秒
155	153	3	2010/2/11	法隆寺マラソン	ハーフマラソン	1時間50分11秒
156	154	4	2010/2/21	結城シルクカップロードレース	10km	49分57秒
157	155	5	2010/2/28	そうじゃ吉備路マラソン	フルマラソン	4時間51分03秒
158	156	6	2010/3/7	篠山ABCマラソン	フルマラソン	4時間35分39秒
159	157	7	2010/3/14	あわくら武蔵路健康マラソン	ハーフマラソン	1時間56分33秒
160	158	8	2010/3/21	鳥取マラソン	フルマラソン	4時間16分54秒
161	159	9	2010/4/18	津山加茂郷フルマラソン	フルマラソン	4時間32分38秒
162	160	10	2010/5/23	新温泉町麒麟獅子マラソン	ハーフマラソン	1時間52分47秒
163	161	11	2010/6/13	みかた残酷マラソン	24km	2時間28分31秒
164	162	12	2010/6/27	にちなんおろち100kmマラソン	100km	13時間56分58秒
165	163	13	2010/9/26	村岡ダブルフルウルトラマラソン	44km	5時間48分23秒
166	164	14	2010/11/28	揖西西小学校地区訪問継走	500m	記録不明
167	165	15	2010/12/5	奈良マラソン	フルマラソン	4時間16分52秒
168	166	16	2010/12/23	加古川マラソン	フルマラソン	4時間13分56秒
169	167	1	2011/1/29	たつの市梅と潮の香マラソン	ハーフマラソン	1時間53分03秒

257	251	6	2016/3/20	鳥取マラソン	フルマラソン	4時間12分36秒
258	252	7	2016/4/17	津山加茂郷フルマラソン	フルマラソン	4時間44分39秒
259	253	8	2016/4/24	奥熊野いだ天ウルトラマラソン	100km	13時間32分42秒
260	254	9	2016/5/14	三浦半島みちくさウルトラマラソン	100km	14時間19分50秒
261			2016/6/4	阿蘇カルデラスーパーマラソン	100km	地震のため開催中止
262	255	10	2016/6/12	みかた残酷マラソン	24km	2時間42分38秒
263	256	11	2016/6/26	サロマ湖ウルトラマラソン	100km	12時間29分30秒
264	257	12	2016/8/28	北海道マラソン	フルマラソン	4時間54分05秒
265	258	13	2016/9/11	高野龍神スカイラインウルトラマラソン	50km	6時間50分26秒
266	259	14	2016/9/18	歴史街道丹後100kmウルトラマラソン	60km	7時間45分48秒
267			2016/9/25	村岡ダブルフルマラソン	66km	故障で参戦できず
268	260	15	2016/10/9	えちご・くびき野100kmマラソン	100km	13時間22分03秒
269	261	16	2016/10/23	金沢マラソン	フルマラソン	4時間23分44秒
270	262	17	2016/10/30	富山マラソン	フルマラソン	4時間21分48秒
271	263	18	2016/11/6	下関海響マラソン	フルマラソン	4時間30分48秒
272	264	19	2016/11/27	瀬戸内海タートルフルマラソン	フルマラソン	4時間26分06秒
273	265	20	2016/12/4	湘南国際マラソン	フルマラソン	4時間26分20秒
274	266	21	2016/12/23	加古川マラソン	フルマラソン	4時間36分54秒
275	267	1	2017/1/15	宮古島ワイドーマラソン	100km	12時間54分32秒
276	268	2	2017/1/22	石垣島マラソン	フルマラソン	4時間26分02秒
277	269	3	2017/1/29	たつの市梅と潮の香マラソン	ハーフマラソン	1時間59分05秒
278	270	4	2017/2/12	愛媛マラソン	フルマラソン	4時間15分10秒
279	271	5	2017/2/26	呉とびしまマラソン	フルマラソン	4時間13分24秒
280	272	6	2017/3/5	ヨロンマラソン	フルマラソン	4時間35分32秒
281	273	7	2017/3/12	台湾埔里マラソン	フルマラソン	4時間48分52秒
282	274	8	2017/3/26	とくしまマラソン	フルマラソン	4時間17分24秒
283	275	9	2017/4/2	ローママラソン	フルマラソン	4時間42分25秒
284	276	10	2017/4/15	奥出雲ウルトラおろち100km遠足	100km	13時間52分02秒
285	277	11	2017/4/23	水都大阪ウルトラマラニック	100km	12時間51分02秒
286	278	12	2017/6/11	いわて銀河チャレンジ100km	100km	12時間32分29秒
287	279	13	2017/7/23	北オホーツク100kmマラソン	100km	80kmで収容
288		14	2017/9/17	歴史街道丹後100kmウルトラマラソン	60km	台風により開催中止
289	280	15	2017/9/24	秋田内陸リゾートカップ	100km	12時間58分11秒
290	281	16	2017/10/1	復興マラソン東北・みやぎ	フルマラソン	4時間52分01秒
291	282	17	2017/10/15	長井マラソン	フルマラソン	4時間16分01秒
292	283	18	2017/10/29	水戸黄門漫遊マラソン	フルマラソン	4時間26分17秒
293	284	19	2017/11/3	ぐんまマラソン	フルマラソン	4時間23分51秒
294	285	20	2017/11/5	湯のまち飯坂・茂庭っ湖マラソン	フルマラソン	4時間42分29秒
295	286	21	2017/11/12	おかやまマラソン	フルマラソン	4時間28分45秒
296	287	22	2017/12/3	NAHAマラソン	フルマラソン	4時間59分48秒
297	288	23	2017/12/10	青島太平洋マラソン	フルマラソン	4時間20分12秒
298	289	24	2017/12/23	加古川マラソン	フルマラソン	4時間33分07秒
299	290	1	2018/1/21	香港国際マラソン	フルマラソン	4時間33分38秒
300	291	2	2018/1/28	たつの市梅と潮の香マラソン	ハーフマラソン	2時間03分30秒
301	292	3	2018/2/18	北九州マラソン	フルマラソン	4時間31分30秒
302	293	4	2018/2/25	五島つばきマラソン	フルマラソン	4時間22分17秒
303	294	5	2018/3/4	鹿児島マラソン	フルマラソン	4時間34分47秒
304	295	6	2018/3/11	バルセロナマラソン	フルマラソン	4時間46分10秒
305	296	7	2018/3/18	さが桜マラソン	フルマラソン	4時間17分26秒
306	297	8	2018/3/25	佐倉朝日健康マラソン	フルマラソン	4時間40分18秒
307	298	9	2018/4/15	長野マラソン	フルマラソン	4時間26分43秒
308	299	10	2018/4/22	佐渡トキマラソン	フルマラソン	4時間41分27秒
309	300	11	2018/6/10	みかた残酷マラソン	24km	2時間39分28秒
310	301	12	2018/6/17	隠岐の島ウルトラマラソン	100km	13時間20分03秒
311	302	13	2018/7/22	北オホーツクウルトラマラソン	100km	13時間12分34秒
312	303	14	2018/9/16	歴史街道丹後100kmウルトラマラソン	60km	7時間57分21秒
313			2018/9/30	村岡ウルトラダブルフルマラソン	66km	台風により開催中止
314			2018/10/7	弘前・白神アップルマラソン	フルマラソン	台風により開催中止
315	304	15	2018/10/21	ちばアクアラインマラソン	フルマラソン	4時間34分56秒
316	305	16	2018/10/28	ヴェニスマラソン	フルマラソン	5時間10分23秒
317	306	17	2018/11/11	仏の里くにさき・とみくじマラソン	フルマラソン	4時間24分30秒
318	307	18	2018/12/2	三重お伊勢さんマラソン	ハーフマラソン	1時間57分23秒
319	308	19	2018/12/9	さいたま国際マラソン	フルマラソン	4時間05分32秒
320	309	20	2018/12/16	はが路ふれあいマラソン	フルマラソン	4時間25分03秒
321	310	21	2018/12/23	加古川マラソン	フルマラソン	4時間27分18秒
322			2019/1/27	たつの市梅と潮の香マラソン	ハーフマラソン	妻の事故で不参加
323			2019/2/9	竹富町やまねこマラソン	23km	妻の事故で不参加
324			2019/2/17	おきなわマラソン	フルマラソン	妻の事故で不参加
325	311	1	2019/3/3	鹿児島マラソン	フルマラソン	4時間40分24秒
326	312	2	2019/3/10	古河はなももマラソン	フルマラソン	4時間33分33秒
327	313	3	2019/4/21	津山加茂郷フルマラソン	フルマラソン	5時間47分44秒
328	314	4	2019/5/19	柴又100K	100km	80km過ぎでリタイア
329	315	5	2019/6/9	みかた残酷マラソン	24km	3時間12分12秒
330			2019/6/16	隠岐の島ウルトラマラソン	100km	故障で不参加
331	316	6	2019/7/14	ゴールドコーストマラソン	フルマラソン	4時間40分15秒
332	317	7	2019/9/29	村岡ダブルフルマラソン	44km	6時間46分31秒
333	318	8	2019/10/6	弘前・白神アップルマラソン	フルマラソン	4時間42分43秒
334	319	9	2019/12/1	国宝松江城マラソン	フルマラソン	4時間19分49秒
335	320	10	2019/12/22	加古川マラソン	フルマラソン	4時間19分35秒
336	321	1	2020/1/26	たつの市梅と潮の香マラソン	ハーフマラソン	1時間57分34秒
337	322	2	2020/2/16	熊本城マラソン	フルマラソン	4時間54分33秒
338	323	3	2020/3/1	丹波篠山ABCマラソン	フルマラソン	中止（新型コロナウイルス）
339	324	4	2020/4/19	津山加茂郷フルマラソン	フルマラソン	中止（新型コロナウイルス）
340	325	5	2020/6/14	みかた残酷マラソン	24km	中止（新型コロナウイルス）
341	326	6	2020/6/21	隠岐の島ウルトラマラソン	100km	中止（新型コロナウイルス）

著者紹介

原田剛（はらだ つよし）

1953年兵庫県龍野市（現たつの市）に生まれる。龍野高校から神戸商科大学（現兵庫県立大学）に進み、1976年製造業の会社に就職。在職中は主に営業部門を担当。体力復活とストレス解消を目的に49歳で走り始め、市民マラソンに出場するようになった。2015年に62歳で退職。退職した翌年にマラソンでの47都道府県制覇を思い立ち、66歳直前で達成した。現在、フルマラソンの完走は115回、100kmウルトラマラソンの完走は27回。2019年に妻が交通事故で介護が必要な体になり、妻の介護とマラソンの両立を模索している。前著に、退職直前の18日間で3つのマラソンと自転車での台湾一周を綴った挑戦記『辞める前に有給休暇で走ってやる！』（幻冬舎）がある。

JASRAC 出 2103464-101

この走《はし》りを見《み》よ！　熟《じゅく》年《ねん》鈍《どん》足《そく》ランナーの47都《と》道《どう》府《ふ》県《けん》マラソン大《たい》会《かい》参《さん》戦《せん》記《き》

2021年8月19日　第1刷発行

著　者　　原田 剛
発行人　　久保田貴幸

発行元　　株式会社 幻冬舎メディアコンサルティング
〒151-0051　東京都渋谷区千駄ヶ谷4-9-7
電話　03-5411-6440（編集）

発売元　　株式会社 幻冬舎
〒151-0051　東京都渋谷区千駄ヶ谷4-9-7
電話　03-5411-6222（営業）

印刷・製本　中央精版印刷株式会社
装　丁　　江草英貴

検印廃止

Printed in Japan
ISBN 978-4-344-93588-4 C0095
幻冬舎メディアコンサルティングHP
http://www.gentosha-mc.com/